中國大學人文啟思錄 第十卷
上冊

歐陽康　主編

文化素質教育要解決好
「以什麼樣的文化來育人」的問題
楊叔子

時隔多年，作為文化素質教育的一項重要成果，影響巨大的《中國大學人文啟思錄》又接著出版了，而且一次就推出了四卷，值得熱烈祝賀！

文化素質教育涉及高等教育的兩個根本，即「育人」和「文化」。對高等教育而言，一方面，牢記「育人」這個根本，就是不忘教育的初心；另一方面，牢記「文化」這個根本，就是不忘教育的內涵。本質上講，教育就是「文化育人」，就是「以文化人」。而文化素質教育就是要解決好「以什麼樣的文化來育人」的問題。

黨的十九大明確指出，「中國特色社會主義進入了新時代」。如何服務於新時代的「總目標、總任務、總體布局、戰略布局」，創新發展具有中國特色社會主義新時代內涵的文化素質教育，是我們要承擔的一項重要歷史使命。

這裡有必要重溫黨的十九大報告有關文化和教育的重要論述。

關於文化，黨的十九大報告指出：「文化是一個國家、一個民族

的靈魂。文化興國運興，文化強民族強。沒有高度的文化自信，沒有文化的繁榮興盛，就沒有中華民族偉大復興。」「文化自信是一個國家、一個民族發展中更基本、更深沉、更持久的力量。」文化自信成為「新時代堅持和發展中國特色社會主義的基本方略」的重要組成部分。

關於教育，黨的十九大提出：「建設教育強國是中華民族偉大復興的基礎工程，必須把教育事業放在優先位置」，「要全面貫徹黨的教育方針，落實立德樹人根本任務，發展素質教育，推進教育公平，培養德智體美全面發展的社會主義建設者和接班人」。

可以說，文化很重要，教育很重要，素質教育很重要，而文化素質教育則將文化、教育、素質教育連接成整體。因此，文化素質教育同樣也很重要。過去二十多年的文化素質教育實踐已充分證明了這一點。

在中國特色社會主義進入了新時代的今天，文化素質教育工作首先要以習近平新時代中國特色社會主義思想為指導，重新認識新時代文化的內涵。新時代的文化，核心是社會主義核心價值觀，這是新時代文化的核心和根本；要創造性轉化、創新性發展中華優秀傳統文化，繼承革命文化，發展社會主義先進文化。其次，要發展文化素質教育，創造出既符合新時代文化建設要求又體現素質教育精神的有效途徑和方法。

文化在發展，教育在發展，因此，「以什麼樣的文化來育人」是一個常說常新的命題。在這個意義上，文化素質教育將會「經久不衰」。華中科技大學提出「讓文化素質教育的旗幟更加鮮豔」，我十分贊成這個口號，也希望華中科技大學在這方面有新的建樹、新的成就。我衷心地祝願，文化素質教育將迎來新的發展高潮。

序 二

新時代大學生
文化素質教育及其實踐導向[1]
歐陽康

　　自一九九五年算起，中國高校的大學生文化素質教育已經開展了二十多年，取得了非常豐碩的成果。《國家中長期教育改革和發展規劃綱要（2010-2020）》將「以提高品質為核心，全面實施素質教育」作為中國教育改革和發展的重要方略，既指出了高等教育的發展方向，也對文化素質教育做出了宏觀的戰略定位。習近平總書記在黨的十九大報告中明確指出，「建設教育強國是中華民族偉大復興的基礎工程，必須把教育事業放在優先位置，深化教育改革，加快教育現代化，辦好人民滿意的教育。要全面貫徹黨的教育方針，落實立德樹人根本任務，發展素質教育，推進教育公平，培養德智體美全面發展的社會主義建設者和接班人。」這為更好地開展文化素質教育指出了明確的方向。由此，在新時代拓展和深化大學生文化素質教育，應強化

1　本文原載《教育研究》2012年第2期，現徵得作者同意做了部分修改，是為序。

其實踐導向。一方面將文化素質教育融入大學生的學習和生活實踐，轉化為他們的生存活動和生命體驗，提高他們的文化品位；另一方面積極引導大學生主動投入當代中國的社會主義現代化實踐和文化建設，在服務社會和報效祖國的過程中展示人生價值，在傳承和創新中華文化的過程中提升思想境界。我們應當從這樣的高度明確新時代大學生文化素質教育的功能定位和目標體系，探討更加科學的價值取向和實施途徑，促進當代大學生更加全面健康地發展。

一、明確文化素質教育的功能定位

改革開放以來中國高等教育取得了巨大的成就，尤其是通過大學擴招和合校，不僅讓更多的適齡青年能夠走進大學，也讓大學在教書育人、科學研究、社會服務和文化傳承創新方面獲得全面發展的強勁動力與必要空間，讓大學有可能回歸大學本性，塑造大學精神，取得了革命性的跨越式發展。但是來自多方面的對於教育尤其是高等教育的不太滿意，最少表明我們教育者包括教育管理者的初衷與社會各界對我們的要求與期盼之間還存在著相當大的差距，仍然值得我們深思。

在當前大學對於教育的擔憂中，一個非常突出的方面便是大學生文化素養甚至基本素養的缺失。這當然並不只是大學的問題，而是涉及整個教育體系宏觀定位和內部協調分工的問題。有人甚至這樣描述過我們在人才培養方面從整個高中、初中、小學甚至幼稚園的教育錯位問題：幼稚園急著教小學的課，小學急著教初中的課，初中急著教高中的課，高中急著教大學的課，而到了大學卻發現還有一些基本的教育缺失，於是不得不去補在幼稚園就應當教的東西，要教大學生們

做人行事、接人待物，教他們以基本的禮貌用語和行為規範，要對大學生進行基礎性的人性、人格、人品培養。這就是人的基本素養與基本品格教育。文化素質教育正是在這種意義上顯得格外重要和緊迫，要求努力提高校園文化建設水準，引導高校凝練和培育大學精神；鼓勵師生員工特別是青年學生參與基層文化建設和群眾文化活動。從本文討論的話題來看，就是要對文化素質教育做一個恰當的功能定位。這裡有三個層面的問題。

第一個層面，文化素質教育在高等教育體系中的定位。文化素質教育應納入全面素質教育的視野來加以考察。全面素質教育包含著非常豐富的內容，文化素質教育只是全面素質教育體系的一個內在組成部分。一九九四年起，時任華中理工大學校長的楊叔子院士和一批有識之士開始宣導文化素質教育。當時有很明確的針對性，就是由於高考文理分科所帶來的理工科學生的知識結構局限和培養方面所存在的問題。由此以來，中國高校文化素質教育經歷了從「三注」（注重素質教育，注視創新能力培養，注意個性發展）和「三個提高」（提高大學生的文化素質，提高大學教師的文化素養，提高大學的文化品位與格調）到「三個結合」（文化素質教育與提高教師素養相結合，與思想政治教育相結合，與科學教育相結合）的過程。當前，文化素質教育面對諸多挑戰，需要我們的積極謀劃與創新。《國家中長期教育改革和發展規劃綱要（2010-2020）》將全面實施素質教育作為中國教育改革發展的基本方向和重要內容，既指出了高等教育的發展方向，也對文化素質教育做出了宏觀的戰略定位。我們應當在這樣的雙重意義和二維高度上來思考文化素質教育。

第二個層面，文化素質教育課程在高校課程體系中的定位。課程

是教育教學的基本形式。文化素質教育只有納入規範化的課程教育體系才有可靠的載體，才能得到具體的實現。多年來，中國高校普遍開設了文化素質教育課，有的學校還推出了一批精品課程，對拓展大學生的學術視野和知識體系、提高大學生的文化素養發揮了積極的作用。但現在看來，要把文化素質課真正開好還有很多的工作要做。一是拓展文化素質教育課程的覆蓋面，將更多的學科內容開設為素質教育的課程；二是擴展文化素質教育課程的內涵，使之具有更加豐富的內容；三是提升文化素質教育課程的品質，使之具有更大的影響力和魅力；四是增加文化素質教育課程的數量，使更多的大學生能夠有機會選修該類課程，受到文化的薰陶與洗禮；五是把文化素質的精神與價值灌注到各種專業課程之中，使之都能提升文化品格，發揮文化素質教育的功能，等等。

第三個層面，文化素質教育在大學生成人成才中的地位。人的全面發展是一個過程，在人的發展的不同時期有不同的具體內容和要求。實踐性文化素質教育在大學生全面素質培養中發揮著非常重要的作用，其最根本的功能在於幫助大學生更早更好地走進社會和參與社會實踐，促進大學生在實踐中增強其文化自覺和文化認同，提升其文化品格，促進其全面發展。

二、構建文化素質教育的目標體系

中國的大學生文化素質教育自實施以來已經取得了一定的成效，在新的歷史時期，文化素質教育何去何從則需要一個明確的目標體系。對於中國高等教育，黨中央提出兩個核心問題——辦什麼樣的大學和怎樣辦好大學，培養什麼樣的人和怎樣培育好人。按照這樣的思

路，這裡我們要問的問題就是，搞什麼樣的文化素質教育，怎樣更好地開展文化素質教育。或者我們也可以把問題轉化為文化素質教育的核心目標何在，如何實現它的核心目標，這就是在多元價值背景下如何更好地履行「立德樹人」的神聖使命。由此，構建文化素質教育的目標體系應著眼於以下幾個方面。

第一，儘快從涉及文化素質教育的一些概念爭論中超脫出來。近年來，圍繞文化素質教育的概念界定和內涵存在著一些爭論，需要我們加以正視。從教育部的官方文件來看，使用的是文化素質教育概念，並將其看作素質教育的內在組成部分。中國絕大部分高校也都是使用的這個概念，在文化素質教育的旗幟下開展相應的活動。近年來也有學校把類似的活動叫作「通識教育」，與國外所說的「General Education」相比照；有的則叫作「博雅教育」或「自由教育」，來源於國外一些高校的「Liberal Education」或「Liberal Arts Education」；國外還有高校將其稱為全人教育，即英文的「Whole Person Education」。有的高校既講文化素質教育，又講通識教育，也用博雅教育，想把多方面的內容都容納進去。也有的學者不贊成諸多提法並存，認為它們是與文化素質教育有區別甚至對立的，主張用文化素質教育來加以統一或統攝。筆者認為，這種爭論，一方面反映了素質教育尤其文化素質教育可能具有的豐富內涵和多樣形態性，另一方面也表明人們力圖從不同的側面來開展活動，強化其不同的側面。從總體來看，這些概念方面的討論如果能夠形成共識，對於澄清問題無疑是有好處的，但如果一時無法達成共識也不要緊，因為關鍵和重要的問題不在於名目，而在於實質，在於我們的總體教育理念和實施方略。不管以什麼名目來展開，只要有利於大學精神的塑造，有利於大學生

的自由全面健康發展，有利於培養更多更好的優秀人才，就應當允許和鼓勵。

第二，文化素質指導委員會和相關單位應當拓展自己的工作邊界。就拓展文化素質教育的工作邊界而言，過去我們關心得比較多的是人文知識的拓展，希望能夠開設更多的選修課，後來發展到了大學生綜合能力培養，設計了多種形式的活動，現在又提升到了高端素養的培育和養成，這就需要更加豐富多樣的載體和手段。就文化素質教育深化和發展的方向而言，則需要更加廣闊的視野、更加創新的思路、更加開拓的精神，著眼於文化的傳承與創新。我們主張強化大學生文化素質教育的實踐導向，這裡的實踐包含大學生本身的學習生活實踐和中國社會的生產與發展實踐。我們一方面應當努力將文化素質教育融入大學生的學習生活實踐，轉化為他們的生存活動和生命體驗，增強大學生校園生命活動的實踐特性和文化內涵；另一方面應當積極引導大學生主動投身於當代中國的社會主義現代化實踐，在服務社會和報效人民的過程中展示人生價值、提升思想境界。這就給文化素質教育提出了很高的要求，也提供了更大的活動與發展空間。如果中國各高校的文化素質教育基地和相關機構都能把工作邊界再拓展一點，工作思路再細緻一點，活動內容再豐富一點，那麼我們的大學生文化素質教育就會在整體上有更大的拓展，拓展的目標就是促進大學生的全面的高素質的培養。

第三，關注文化素質教育的三種內涵或者三個層面。文化素質教育包含著三個基本的層面：一是知識層面；二是能力層面；三是境界層面。我們過去對前兩個層面更為關注，也做了很多很好的工作。在知識層面，我們強調人文與科學並重，要求理工科學生加強人文知識

和修養，人文社科的學生要加強科學精神教育，實際上所有的學生都應該既有科學素養又有人文素養。現實情況是學理工科的學生不一定都有很好的科學素養，而學人文的也不一定必然有很好的人文素養，我們需要一種整體性的教育。在能力層面，我們強調感性與理性能力、動腦與動手能力、批判與建構能力、服務與創新能力等的統一。今天我們更看重的是第三個層面：境界層面。當代大學生缺失的是思想境界，而境界提升實際上是一件很難的事情。馮友蘭先生認為人生有四種境界，即自然境界、功利境界、道德境界和天地境界，人的境界提升是一個從自然到功利到道德到天地的過程。馬克思的墓誌銘上寫的是「哲學家們只是用不同的方式解釋世界，而問題在於改變世界」。向哪個方向去改變？自然是向最理想的方向，而理想則在人的心中，這個理想的生成需要在人的全部生命體驗中去感悟。

從當前大學生的實際情況來看，我們一方面要強調提升境界，另一方面要敢於和善於去面對消沉、面對墮落、面對沉淪。過去我們的文化素質教育往往關注人性和人心的高端方面，這是應當繼承、保持和發揚的。而同樣應當引起關注的，恰恰還有低端的東西。如果人生沒有一個高的境界，人生是沒有意義的，大學生活是沒有目標的，甚至會出現消沉與墮落。所以，我們不僅要問一問「鋼鐵是怎樣煉成的？」也還應該問一下「鋼鐵是怎樣銹蝕的？」從人性的基礎性假說來看，西方文化是原罪說和性惡論，中國文化是性善說。不管是性善性惡，在現實社會中，不管由善變惡，還是由惡變善，關鍵在於自我意識和自我規範，才有可能在行動中獲得自由。

大學生們追求自由，但對自由也有很多的誤解。例如，不少人把自由簡單地理解為隨心所欲。其實真正的自由不僅僅是隨心所欲，首

先是在認識和超越限定。英國哲學家以賽亞‧伯林爵士把自由分為兩種：一種叫作積極自由，即自由地做想做的事情（Freedom to do what you want to do）；另一種叫作消極自由，即超越限定的自由（Freedom from the limitation）。

我們每一個人都生活在限定中，只有把握和消除了限定，才有可能做自己想做的事情，實現積極自由。每一個大學生都生活在受到各種限定的環境中，從他們進大學那一天起，就要遵守校規，要去學習，要去上課，要做作業，要做實驗，完成論文等。這些限定已經將他們壓得喘不過氣了，他們如何去實現自由，達到真正的自由？如果對於自由理解得不正確，他們所追求的自由就可能變成沒有前提的隨心所欲，成為一種放縱，成為一種無政府主義。

三、探討文化素質教育的有效途徑

文化素質教育目標的達成需要有科學有效的路徑支撐。多年來，中國高校在這方面已經形成了很多好的做法，應當繼續保持和發揚。但新時代文化素質教育面對全新的大學生群體，有更高的要求，要使其更加行之有效，還需要加強對教師和學生的情況做具體分析，尤其是從實踐導向的高度回答一些有關教育途徑的基礎性問題。這裡主要討論以下幾個問題。

第一，人的優秀素養，到底是「教」出來的，還是「養」出來的？這裡說的「教」是指來自外部的灌輸，這裡說的「養」就是自我的體驗。過去我們比較強調來自外部的環境影響和教育引導，現在越來越感到體驗的重要性。筆者作為哲學教師，特別重視人生的體驗與感悟。因為，真正的優秀很難說是教出來的，而往往是自己悟和養出

來的，是一種自我教育和自我塑造。最現實的情況是，我們用同樣一套教育體系、同樣一套課程、同樣的教學方法，去教不同的學生，達到的效果卻大不相同。大學四年結束之時，當年以相似的高分招收進校的大學生，在同樣的學校環境中卻迅速地發生分化，大多數人保持在一般狀態，而優秀的和落後的則向兩個極端迅速分化。同樣一個體系對於不同人的作用是非常不一樣的。而這裡最大的差距就在於學生對於學校的教育和環境的作用有非常不同的自我領悟與自我內化。開展大學生文化素質教育，從學校的角度看，就是提供一種氛圍和條件，而其作用，則要看不同學生對其的認同與追尋。

　　第二，學生如何才能由被教育者轉化為自我教育者？我們過去一直強調「全員育人」，但筆者認為更應注重「全員自育」。只有當每一個大學生都能夠自覺地進行自我教育的時候，我們的育人體系才可能發揮作用，否則再好的教育體系對同學們來說無非是一些外在性、強制性和框架性的東西，難以對他們的內在因素發揮實質性的積極作用。這正是實踐性文化素質教育體系的關鍵因素。華中科技大學的一七二名同學，以王艾甫先生無意中發現的沒有發出的八十四張陣亡通知書為線索，為太原解放戰爭中犧牲的湖北籍烈士尋找親屬，開展「烈士尋親」活動，在履行國家責任的過程中迅速成長，變得更加成熟。這項活動獲得國家有關部門的表彰。後來我們繼續開展紅色尋訪，為赤壁市羊樓洞野戰醫院的抗美援朝志願軍烈士尋找親友，尋訪改革開放三十年，尋訪新中國成立六十年，等等。這些活動把同學們引入到中國社會實踐的歷史與現實，促進了外部資訊向同學們內在心理和社會要素的轉換，引領了他們的思想進步，加速了他們的成長過程。這表明充分認識歷史的現代意義，發揮歷史事實的教育作用，促

進歷史意識的現代塑造，對於大學生的健康成長具有更為直接和重要的意義。

第三，教師如何才能由演員變成導演或教練？課程是文化素質教育的重要管道。給大學生上文化素質教育課，教師好像是個演員，在課堂上演講，學生是聽眾，二者之間往往存在著主動與被動的巨大反差。即便教師表演得再好，得到了同學們的好評，但如何實現課程內容的內化，把課堂的教育教學變成大學生所特有的實踐性活動，仍然是件值得探討的事情。因此，文化素質教育的作用應當是讓同學們成為演員或者運動員，教會他們自己去表演、去提高素養、去創造好的成績，而教師的角色應當由演員向導演和教練轉換。在文化素質教育的課堂或者活動中，教師不應當衝到第一線，而應當在第二線甚至第三線，讓學生衝到第一線去實踐、去學習、去探索，並從中獲得進步。

第四，學校的各種教育資源如何在素質教育的統攝下更好整合？各個學校都有很多資源，分散在學校的各個方面，由各種職能部門管理，如何將它們彙聚起來作為一個有機系統投入到大學生文化素質教育，將各方面的力量彙聚成為一種合力，從不同方面推動文化素質教育的發展，這是當前特別值得研究也需要努力去做的事情。很多學校在這方面做出了積極的探索。這裡的一個重要辦學理念在於，素質教育是當前中國高等教育的戰略性選擇，文化素質教育作為素質教育的突破口，不僅是文化素質教育基地的事情，也是全校的事情，學校的各個職能部門都應當把文化素質教育作為自己的工作來抓緊抓好，使學校各方面的力量形成合力，促進大學生全面發展。

四、確立新時期文化素質教育的價值取向

　　新時代文化素質教育的價值取向在一定程度上決定著文化素質教育本身的發展方向，只有確立了科學的價值取向，才能保證文化素質教育沿著正確的方向前進。我們強調新時代文化素質教育的實踐導向，就是要將文化素質教育融入大學生的學習與生活，轉化為他們的自覺實踐，同時要通過多種形式的文化素質教育活動，把大學生引導到火熱的中國社會發展與建設實踐，讓他們在社會實踐中發揮作用，實現價值，增長才幹。為此，新時期文化素質教育應當也有必要在以下方面做出努力。

　　第一，堅持全員育人與全員自育相結合。誰是高校教育教學的主體？對此，高等教育界一直存在爭論。有人主張教師是主體，也有人主張學生是主體，由此形成了教師主體論和學生主體論。在我們看來，教和學是一個過程的兩個基本方面，教師作為教育者，是教育教學的主體，教師對整個教育教學過程起著引領、把關的主導作用，教師的主體性對教育教學的品質有著極為重要的作用；學生作為受教育者，他們是客體，但並不完全是被動的，因為他們同時也是學習、研究、思考的主體，掌握著學習的進度和品質，決定著學習的效果和水準。一個優秀的教學過程是教師的主體性和學生的主體性都很好發揮並有機結合的過程。沒有教師主體性的發揮，則不可能按照預期的目標來培養人；沒有學生主體性的發揮，則再好的教師和教育體系也無法有效地發揮作用。這就是教和學的辯證法，也是教育和自我教育的辯證法。在文化素質教育中也要特別注意處理好這兩個主體之間的關係，讓教師和學生都能夠找到自己的定位。從學校管理的角度看，教師是主導的，優秀的教師應當能夠在有限的時間和空間裡最大限度地

調動學生的學習積極性，使他們向著更加積極主動和健康的方向全面發展，以提升大學生的基本素養，實現對於大學生全面自由發展的有效引領，從而使大學期間的人生為未來人生積累更多的經驗和財富，這就是我們說的全員育人指導下的全員自育。要達到這樣的要求，對於教師的素質無疑提出了更高的要求。甚至可以說，強化素質教育，也在一定意義上意味著對全體教師文化素質的一種重塑，要求每一個人都不斷提升自己的素質。從這樣的意義上可以說，大學教師的教師資格不是一蹴而就、一勞永逸地獲得的，而是需要不斷充實和提升，不斷考核和監督。

第二，堅持素質教育與專業教育相結合。在社會高度分工的條件下，一般來說，大學生最終要通過從事一定的專業工作或在一定的行業中服務於社會，所有的素質都要在專業性的工作中得到表現和應用，發揮出應有的作用。因此，素質不是脫離專業而存在的，文化素質教育是專業教育的補充。相應地，素質教育不可能脫離專業教育而孤立地存在，只能依託和貫穿於專業教育和專業學習之中。如果沒有了專業，再好的素質也難以發揮作用。文化素質教育應當貫穿於專業教育之中，使專業知識與素養的訓練變得更加扎實和豐富。這就要求專業教師具有更高的文化素養，使專業學習具有更加豐富的文化內涵，使專業訓練具有更高的文化品位。

第三，堅持「教練式的教」與「學生自主性的練」相結合。文化素質教育不應當僅僅傳授知識，更要求身體力行。因此，文化素質教育不能採取滿堂灌式的教，它應該是教練式地教，激發和引導學生自主性地練；不僅在課堂上練，也在實踐中練，讓師生在生產和生活實踐過程中實現良性和健康的互動，讓學生在練習中體會到進步、成就

與快樂。做一個好的教練對於教師提出了很高的要求，實踐性的教學也對學生不斷提高自我素養提出了要求，提供了空間和機會，有助於調動他們的學習積極性，激發他們的創造力。

第四，堅持規範式教育與個性化學習相結合。今天的中國高校總體上來說還是比較強調教育的整體性、規範性和統一性的，以便保證高等教育的基本品質，這是必要的。但如何在此前提下進一步加強多樣化和個性化的教育，為學生的個性化發展提供必要條件，則尤為需要探討。今天的中國高等教育由精英型走向了大眾型，但這僅僅是從招生比例來說的，並不能成為降低高等教育品質的口實。從高等教育在中國教育體系中的地位來看，它仍然承擔著培養高端人才的任務，並且仍然應當是精英教育，或者至少應當保持精英品格。精英教育的核心是個性化教育，讓每個受教育者能夠最大限度地發展自己的個性，文化素質教育也應當成為個性化教育的內在組成部分和重要途徑。

在新時代拓展和深化大學生文化素質教育，既是時代的要求，也是未來的呼喚，它涉及中華民族高端人才的整體素養，影響著中華民族的未來復興，同時，也是關係到中國高等教育未來發展前途命運的重大戰略問題。強化大學生文化素質教育的實踐導向，有助於把大學生的校園學習生活引導到社會實踐的廣闊天地，極大縮短校園與社會的心理和文化距離，使大學生個體能夠更早更好地服務於和融入群體和社會文化體系，增長才幹，提升境界，獲得更加全面和健康的發展。也正是在這個過程中，中國高等教育才能夠更好發揮其文化傳承創新功能，為中華文化建設和中華民族的偉大復興做出更加積極的貢獻。

目　錄

大學與教育

教育與生活——關於「教育回歸生活」的哲學思考

孟建偉　中國科學院大學人文學院教授

　　很高興到華中科技大學再做一次演講，這已經是第五次了。我今天講的題目是《教育與生活——關於「教育回歸生活」的哲學思考》。教育回歸生活，是教育界一直在思考的問題。這個問題不是我提出來的，是整個教育界早就在討論的問題。但是，一直以來，我們似乎還沒有完全搞清楚教育為什麼要回歸生活，教育如何回歸生活，教育回歸生活的目的和意義是什麼。弄清這些問題很重要，對我們今天的教育有著很強的現實意義。我想拿這個題目給同學們講一講。主要講這樣幾個問題：第一，教育為何要回歸生活；第二，教育回歸生活的途徑；第三，教育回歸生活的目的和意義。

　　在進入主題之前，我跟大家談談一個比較現實的問題，那是一個重大的現實問題。中國的科學元老錢學森提出：為什麼我們的學校總是培養不出傑出人才？我認為，傑出的創新人才是由多方面因素造就而成的，其中有一個問題可能同我們的教育和生活的脫節有很大的關係。所以，我將從這個角度來闡述教育和創新人才的關係，就是說，如果我們的教育老是面向書本，而不是面向生活，這樣培養出來的孩子，他在很多方面可能會受到局限。教育的一個很重要的特點，就是應當同生活緊密地連繫在一起。如果沒有和生活緊密地連繫在一起，那麼，培養出來的孩子可能就是書呆子，只懂得理論推導，而且是空

洞的理論推導，對實際一無所知。但是，如果我們有很豐富的生活體驗和生活閱歷，然後再去搞理論，那就完全不一樣了。根據我的成長經歷，我深深地體會到，生活體驗和生活閱歷對我們每個人來說的確是非常重要的。有人說，一個人要讀兩所大學，一所就是我們現在所讀的大學，還有一所就是生活這所大學。關於生活這所大學，不管你現在願意與否，將來你是必須經歷的，是不能回避的。所以，我在想這樣一個問題，就是說，如果生活這所大學你是必須讀的，那我們今天的學校為什麼不早早給孩子們這樣一種生活教育。如果說我們的學生從小到大一步一步地脫離生活，一直讀到博士，那讀完以後要讓他怎麼回歸生活？徹底脫離生活的人再回歸生活難不難？很難。浪費不浪費？很浪費。所以，在我們的教育理念裡面能不能將社會的生活和真正意義上的人生生活同我們的大學生活在某種意義上融合起來。這樣一來，我們將來走向社會、回歸生活的時候，就會少走一點彎路。這是我的一個想法。

當然，大家知道，生活的意義還不僅僅是你將來要回歸生活的問題，還要回答一個創造力的問題。為什麼有些人很有創造力，而有些人沒有創造力？我覺得，這同人自身的人性發展密切相關。我們今天的教育非常講究專業化，把某一個專業領域搞得很深很精，但是，如果你從數學到數學，再到數學，你將來一定能成為一個數學家嗎？不一定。我們在座的華中科技大學的同學都在學某個專業，你說一個人一輩子就在這個專業裡面從頭到尾一下子幹到底，就會有創造力嗎？應該不會。人文教育最核心的問題實際上就是要培養我們一種完整而豐滿的人性。這個完整而豐滿的人性如果不具備的話，你的創造力有時候就會大打折扣。人的創造力是一個很奇怪的東西。有時候恰恰是

非專業層面的東西，給了你一種完整而豐滿的人性，而正是這種完整而豐滿的人性激發了你的創造力。還有，人一輩子在鑽研的時候，在做事業的時候，其實還需要好多好多專業以外的靈感。我發現，一個人專業搞得好或搞得不好，往往並不取決於專業本身，還取決於你對這個專業的興趣和愛好。而每個人往往有某一根神經特別發達，比如說陳景潤，那根神經在什麼地方？數學。而楊麗萍，那根神經在什麼地方？舞蹈。所以，我們的教育關鍵是怎麼讓我們千千萬萬的孩子找到那根最敏感的神經。這根神經不是一下子就可以找得到的，好多人一輩子都不知道這根神經在哪。有時候，我感覺到生活裡面的智慧，生活體驗非常重要。我研究了哲學以後，發現其實最好玩的哲學是人生哲學。人生哲學的好處，就是一方面你在創造，一方面你在成長，一方面你還給千千萬萬的人帶來人生智慧。

接下來，我給大家講講另外一個問題，即生活也是一所大學校。如果一個人光是從讀書到讀書，再到讀書的話，你們還體會不出來，最後會變成怎樣。但是，我們這代人有自己的體會。比如說張藝謀、馮小剛，這些人是靠什麼走向成功的？最重要的一點就是生活。如果沒有那種豐富的生活閱歷，他們能拍出好電影嗎？還有莫言，他的魔幻現實主義主要來自什麼？來自生活。所以，生活確實是一所大學校。同學們可能會問：你舉的例子都是有關文學藝術的，那科學有沒有？我告訴同學們，其實科學裡面一些偉大的創造有好多也來源於生活。搞雷射排版的王選就解決了一個大問題，這個大問題來自生活，就是中國需要雷射排版。雷射排版出來了以後，帶來了整個印刷業的革命。如果對生活不是那麼敏銳、那麼敏感的話，他能創造出這個嗎？創造不出來。還有袁隆平，袁隆平的成就來自生活。在中國相關

領域，還有誰比他的成就更大？他在很大程度上把糧食問題解決了，還有比糧食問題更大的問題嗎？他解決的是直接同人民的生活密切相關的最深刻的問題。我給大家舉這些例子就是為了說明，我們許多偉大的創造直接來自生活，而且一定要把重大的生活問題解決了，那才是偉大的。而要做到這一點，你必須對生活要有很深的理解。我覺得，我們今天有一個很重要的課題，就是怎麼向生活學習。

第一點，教育為何要回歸生活。關於教育和生活的關係問題不僅是一個重大的理論問題，而且是教育實踐裡面一個重大的現實問題。教育為何要回歸生活？一言以蔽之，生活是教育的根和本。根和本，這是兩個概念。

其一，生活是教育之根。教育像棵大樹，這棵大樹下面是許多許多根，根是什麼？埋在底下的東西就是根。我們現在讀書在讀什麼？好像是在讀那棵大樹的樹幹，甚至我們不讀樹幹，唯讀這棵大樹結的果。這個果是什麼？就是知識。如果你光讀知識，不讀那個根，不讀那個樹，沒有根，你後來會有發展、會有成長、會有創造嗎？這個難度是很大的，因為我們把根丟了。所以，這是一個大問題。教育回歸生活就是從樹葉、樹枝向樹幹、樹根的回歸，重新領悟根對樹的意義和價值，這是我用很淺顯直白的語言解說理論上的一個很深的問題。這就關係到我們為什麼培養不出創新人才的一個大問題。就是說，如果你把這個根切斷了，這就是應試教育。應試教育的本質是什麼？就是我給你們知識，知識在哪裡用？考試用。就是讓我們的孩子不斷填滿知識，知識是唯一的東西，然後就是考試。由此問題出來了，這樣的話我們的創造力很可能會縮減。為什麼？那個活生生的根被切斷了，就學那個果。所以，我覺得這個問題太大了。教育傾向於過早、

過強、過度地將學生引入課堂、引入書本、引入名目繁多的考試，也過早、過強、過度地使人脫離自然、社會和活生生地生活。我認為，這是我們應試教育應該反思的問題，應試教育最大的問題就在這個地方。本來孩子們應該活生生地生活，你不能把他們在很小的時候就關起來，甚至是連根切斷。這樣一來，人的創造力在某種意義上不會隨著知識的增長而增長，反而會受到壓抑甚至扼殺。這往往是看不見的。

其二，生活是教育之本。本是什麼意思呢？生活不僅是教育的根，而且是教育的本。根和本這兩個字在字典上的意義差不多，本也有根的意思，但是還有事物之根本的含義。我是這樣理解的：生活是教育之根是從認知論的角度講的，生活是教育之本主要側重於本體論、價值論，強調教育和生活的關係，生活是根本，教育是為生活服務的，可以說所有的教育的目的都是為了更好的生活。這一點我們有時候淡忘了。孩子們，我讓你們刻苦學習，不斷地努力學習，可是學習是為了什麼？為了學習而學習？其實，學完了以後就是為了我們更好的生活。如果這個忘了，教育的本就忘了。在教育界，我還提出一個觀點叫作「幸福教育」，我認為，我們所有的教育到最後都要兌現到幸福教育。如果孩子們從小到大的學習是不幸福的，我認為這是一個很大的問題。人一輩子什麼時候最好？那不就是三十歲之前最好嗎？！而最好的年華居然是不幸福的，我覺得這個事情是非常值得反思的。還有一個更深層的問題，如果三十歲之前是不幸福的，三十歲之後還會幸福嗎？難度更大，那個時候人逐漸老起來了，青春沒了，激情也沒了。所以，我認為我們的教育應該是為了更好的生活，不僅要在教育過程中給孩子們幸福，而且使他們將來也能幸福。因此，教

育和生活的關係是一個很深的問題，當然，關於根和本這兩個問題是緊密地連繫在一起的。只有扎根於生活的教育，才會是一種健康的教育，才能更好地服務於生活，反之亦然。這就是教育和生活的關係。

第二點，教育回歸生活的途徑。這是我們一直沒有搞清楚的問題。大家都說教育回歸生活，但是怎麼回歸？我在理論上做了這麼一個解讀：教育脫離生活的直接原因應當歸咎於脫離生活的知識教育和應試教育。我們今天實施的教育大部分可以說就是知識教育，即把知識幾乎看作是教育的唯一內容。為什麼應試教育去不掉？關鍵就是知識教育，因為要測驗你知識有沒有學到，唯一的途徑也許就是考試。這就是教育脫離生活的一個關鍵原因，把同學們所要的東西都歸結為知識了。那麼，這種教育模式的根源是什麼呢？就是狹隘的知識論的教育觀。而狹隘的知識論的教育觀的根源又是什麼呢？可以追溯到狹隘的知識論的科學觀。簡單說來，就是把科學等同於知識，認為知識就是科學的一切，所以只要知識學到了，科學就完全學到了。這個觀點影響極大，因為大家都知道，科學在整個社會裡佔有獨特的地位，科學在整個教育體系中所占比重很大。如果科學觀是知識論的話，那麼，我們所有的教育也都會導向知識論，問題就在這個地方。如果把科學看作是一種純粹的知識，是一個真的經驗命題的體系，那麼，我們只要把真的經驗命題全都學到了，一切就都學到了。這樣一來，我們就會重視科學的辯護和證實過程，而忽視科學的發現和創造過程，進而我們有可能只注重科學結果的辯護與證明，而不管其發現與創新。其實，科學最重要的恰恰是有什麼發現，有什麼創造。你說發現重要還是證明重要？肯定是發現重要。所以，我們今天一個最大的問題就在這裡，關注的是靜態的科學邏輯而不是萌動的科學思想，關注

的是人所發現和創造的知識而不是發現和創造知識的人，關注的是人的認知經驗而不是包括科學生活在內的整個人生的生活經驗。這是我們教育領域，尤其是科學教育中存在的最大問題。

因此，要改變脫離生活的知識教育和應試教育，不僅要改變脫離生活的知識論的教育觀，而且更要改變脫離生活的知識論的科學觀和科學哲學。我是搞科學哲學研究的，但是我對西方的知識論的科學觀和科學哲學有很強的反思。我認為，那種知識論的科學觀和科學哲學有很大的問題，因為它把我們的科學教育純粹歸結為知識教育，這樣一來，我們的創造力在某種程度上反而會下降。所以，要構建一種知識、文化、生命三者融為一體、以生活為根本的新型科學觀和科學哲學，由此形成一種知識、文化、生命三者融為一體、以生活為根本的新型教育觀，從而引導教育回歸生活。這是我的理論上的一個思路，在此基礎上將形成一種新的科學哲學，我在理論上把它叫作科學文化哲學。這種科學文化哲學把知識論、文化論和生活論三者結合起來，而且把它們建立在生活論的基礎之上，形成一種新型的科學觀。我認為，科學領域需要科學知識，還需要科學文化，更需要科學生活。把這三者結合起來，才是培養科學家的完整的觀點。這種新型的科學觀和科學哲學把知識論、文化論、生活論融為一體，並在這個基礎上還將建立一種以生活論為基礎的新型教育觀。這條路裡面蘊含著教育回歸生活的途徑，就是從知識教育回歸文化教育，然後從文化教育回歸生活教育。

首先，從知識教育回歸文化教育是教育回歸生活十分重要而關鍵的第一步。在我看來，科學不僅是一種知識，更是一種包括知識在內的文化。科學文化和科學知識有什麼差別呢？科學文化是樹，科學知

識是果。我們學科學，首先是要把樹學會，而不是說僅僅學會一個果。為什麼？因為果是長不出果來的。如果有了樹，有了文化之樹以後，就會長出無數的果。因此，我認為要學習和理解科學，特別是對於有志於有所發現和創造的人來說，不僅要學習、理解科學知識，更要學習、理解孕育科學知識的整個文化。中國人有個詞我覺得很值得研究，西方人叫作知識，我們叫作學問。你們說學問大還是知識大？我說學問大。學問是什麼？學問包括知識在內所有需要探究的東西。知識人的特點往往是這樣的：這點我知道，我背出來了，那點我知道，我也背出來了。但是，單純的知識往往難以從無到有搞出創新的東西。然而，在新時代大家都知道，衡量一個人是否偉大的標準是什麼？那就是創造。不是說世界上的知識我全都掌握了，那沒用，你哪怕掌握得很少，你有一個東西是自己創造的，你就是偉大的。所以，從科學知識到科學文化的回歸很重要。

第二步是從文化教育回歸到生活教育。如果說科學知識是果，科學文化是樹，那麼，科學生活就是根。與科學文化相比，科學生活是一個更為廣闊而深刻的概念。它涉及人，涉及整個生活，涉及生命本體，涉及科學文化和科學創造所需要的所有元素，這就是科學生活。所有的創造來源於生活，這裡的生活還包括人生觀。你說從事科學需不需要人生觀？恐怕沒有人生觀是不行的。如果光要知識不要人生觀，到最後連怎麼做人都不知道了。其實，做科學家從某種意義上說就是做一個從事科學的人。這要怎麼做？那學問大了，無疑包括對人生的意義和價值的看法。如果你找不到搞科學對自己有何意義和價值的話，那麼，這個科學之路是走不到頭的，或許走到半路上你就不想搞了。這就是關於科學生活的問題，同生命是連在一起的。從某種意

義上說，科學生活與科學文化的關係，同樣是整體和部分的關係、孕育和被孕育的關係。真正意義上的科學教育應當是全面和完整的，不僅應當追求果的教育，而且需要關於樹的教育和根的教育。這就是從知識教育到文化教育，再到生活教育的途徑。

這裡面有三重意義上的回歸。一是關於認識論和方法論意義上的回歸。過去我們讀書，是從知識到知識，再到知識，這是個邏輯推導過程。現在我們希望的是，將知識回歸到生活那裡去，從生活那裡找到知識之根。如果離開了生活，如果你把生活的根切斷了，那麼，你所學到的知識充其量只是死的知識，而不是活的知識。這是關於認識論和方法論的問題，你要接近生活和回歸生活。二是關於價值論和本體論意義上的回歸。就是要使你學到的知識在價值論和本體論層面找到意義。我學完這些知識以後對我有什麼意義，對社會有什麼意義？我要改變我的生活，改變人類的生活，提高人類的物質和精神生活水準。這就是關於價值論和本體論意義上的回歸。三是關於認識論和方法論同價值論和本體論相結合意義上的回歸。我認為，我們今天的絕大部分教育都是關於認識論和方法論意義上的教育，缺乏完整的關於價值論和本體論意義上的教育，尤其是缺乏完整的二者相結合意義上的教育。就是說，只知道我們要去讀書，我們要拼命學習，努力學習，成為有用的人，但是有一點忘了，我學了以後對我個人有什麼意義呢？其實，後者才是最重要的。如果學了以後對我沒有意義的話，對我的生命沒意義的話，那麼，讀書就會在很大程度上失去目標和動力。所以，我認為今天的教育要把真正意義上的創新教育和幸福教育結合起來，就是我在創造著，從而使我成為一個有用的人，但同時也使我成為一個幸福的人。

最後一點，講講教育回歸生活的目的和意義。有人問，教育回歸生活，怎麼回歸？回歸到哪兒去？目前理論界還有不少爭議，我談談個人的看法。怎麼個回歸法？目的在哪？

第一條，讓教育回歸深深扎根於現實的生活，從而從根本上改變教育脫離生活的境遇，重新找回生活之根本。這個現實的生活是由現實的人、現實的生活世界和現實的生活實踐三者組成的，以現實的人為中心。知識教育和應試教育最大的缺陷就是和現實的生活嚴重脫節，使教育變得枯燥、空洞而抽象，變得非人性化，缺乏生機與活力。如果我們把生活和教育緊密結合起來，那麼，我們就會感覺到自己就是時代的弄潮兒，我們就站在這個時代的前沿，我們扎根於現實的生活。所以，這個回歸就是直接回歸現實生活。這裡也需要注意三個觀念。一是關於人的觀念。人是教育的中心和教育之本，無論是知識教育、文化教育還是生活教育都需圍繞人而展開，並服務於人。二是關於生活世界的觀念。現實的生活世界本身就是一所大學校，我們不要忘了這所大學校，要引導人們不僅以讀書人的姿態讀好課堂上的小課本，而且要以創造者的姿態讀好自然、社會和人生這個大課本。三是關於生活實踐的觀念。科學生活需要豐富的觀察和實踐經驗，藝術和哲學生活也需要豐富的觀察和人生的體驗。如果沒有這些觀察、體驗和經驗，顯然難以做成大事，難以有所成就。

第二條，讓教育的理想回歸並融於生活的理想，從而使教育引領現實的生活和創造理想的生活。這個回歸不是低層次的回歸，生活的理想是崇高的。教育的理想要從生活的理想開始，我們不是盲目回歸。如果說第一個回歸即向現實生活回歸是形而下的回歸的話，那麼，第二個回歸是形而上的回歸，是讓教育的理想和生活的理想結合

起來，融合在一起，是高層次的回歸。生活的理想是什麼？生活的理想就是對於生活中的人來說，自身能夠得到全面發展，獲得自由、解放和幸福；對於人所生活的世界來說，它是美好的，富足的，並且是和諧的；對於人的生活實踐來說，它充滿著創造性，並能夠滿足不斷增長的物質生活和精神生活的需要。要注意，人的理想包括物質生活和精神生活兩個層面，我們今天太強調形而下的東西，仿佛房子、金錢等物質方面的東西就是我們所需要的一切，但同時你要知道，其實人還有更高層次的追求，那就是精神世界的自由和解放。幸福包括兩個方面：一是物質生活層面的幸福，這是形而下層面的幸福；二是精神生活層面的幸福，這是形而上層面的幸福。因此，我們的教育要回歸到生活的理想，這個理想不僅是物質生活的理想，還包括精神生活的理想。我們讀大學的意義在何處？從精神生活層面來說，我們有可能享受到沒有讀過大學的人永遠也享受不了的精神生活。這樣一來，我們還是要回歸到這樣的高度，讓人獲得全面的發展，獲得自由、解放和幸福。教育的理想就是用完整而全面的教育培養完整而全面發展的人。不僅有知識，而且有文化，更重要的是還懂生活，會做人。有知識就一定有文化嗎？不是。因為文化有其形而上層面，同我們心靈世界挨得最近的那個東西是文化的核心。就科學而論，有其形而下層面，比如實驗、計算、推演，以及被我們成果化的東西；此外，科學還有形而上層面，那是科學的精神和靈魂。於是，這種回歸不僅要強調知識教育的價值，而且要強調文化教育的價值，還要強調生活教育的價值。能不能給我們一個嶄新的世界觀、人生觀和價值觀，這是很重要的。

最後一條，就是讓教育生活本身回歸理想生活，並成為理想生活

的典範。這是什麼意思呢？就是對於我們今天的教育生活，不僅要把它變成一種理想的生活，而且要把這種生活變成理想生活的典範。我認為，我們今天的大學生活應該變成世界上最美好的生活，讓社會上的人全都感到羨慕。為什麼？你想，有多少人能夠享有這樣的生活？如果全世界的人都來讀書，這個世界還能維持下去嗎？維持不下去的。只有一小部分人才能坐在那兒過著學習生活，這種生活本來就是最理想的生活。如果這個生活你還覺得痛苦的話，那人生也許沒有更好的生活了。所以，我覺得我們的教育要有這樣的一個理想，怎麼使我們的生活讓全社會感到羨慕？這是我們今天要追求的回歸，這個回歸既是一條通往現實生活的道路，又是一條通往理想生活的道路。當然，更重要的是，要讓我們今天的教育生活變成理想的生活。什麼是理想的生活？就教育生活而論，就是理想的科學生活、理想的藝術生活、理想的哲學生活等等。但是，我們離這個目標還比較遠。我們今天許多人沒有把教育生活看成是一種生活，認為只是訓練而已。被訓練和過完善的教育生活是一回事嗎？顯然不是。訓練往往是痛苦的、被動的，而生活應當是主動的、積極的，是從內心深處期盼的東西，兩者完全不一樣。如果我們的教育變成這樣一種理想生活的話，不僅我們讀書四年是很幸福的，而且將來的生活也可能會很幸福。我覺得教育要回歸到理想的生活。這個理想的生活既有深刻的現實性，紮根於生活，又有崇高的理想性；既腳踏實地，又仰望星空。因此，大家不要把文化看成是可有可無的東西，文化是讓你一輩子保持青春的東西，甚至是讓你一輩子獲得幸福的東西。這種回歸不僅對教育的意義很大，而且對生活的意義很大。對教育來說，它提出了一種嶄新的教育模式，就是回歸理想的文化生活的模式。這是一種真正以人為本的

教育模式，更是一種全方位培養創新人才的教育模式。讓人們在理想的文化生活中，不僅獲得理論知識，而且接受文化薰陶。更重要的是，學習和感悟到創造者不可多得的生活經驗和生命體驗，從而最大限度地獲得全面發展，獲得自由、解放和幸福。這就是一個完整的教育觀。然後，對生活來說，它樹立了一種理想生活的典範。這種理想生活是一種學習型的生活典範，更是一種創新型的生活典範。它將激勵人們一輩子都在學習，都在努力，都在創造。所以，它的意義在於教育將不僅作為知識、文化和精神的載體推進生活，而且還將作為理想生活的典範引領生活。謝謝大家！

2013年於華中科技大學演講
董進誠根據錄音整理

無知—有知—認知：
學術研究的返本歸真

曹本冶　香港中文大學音樂系教授

很高興來到這裡，跟大家做交流。我的研究屬於民族音樂學領域，學科的研究指向是文化中的音樂。今天的演講，我想首先與你們分享一下我對自己作為一個學者，在學習過程中所經過的一些反省，然後以此切入，談談何謂民族音樂學及其任務。

民族音樂學和其他很多學科一樣，都是在西方建立和形成的，學科發展過程中的一個階段是在北美，如今被作為學科參照的重要範本。但也是在這個階段，學科出現了一些偏差，這在國際學界已經有不少反省。

民族音樂學作為一個建立于西方文化基礎上的學科，當我們希望將它引進中國之時就面臨一個問題，就是如何將西方的概念、理論進行有效運用，為我們服務，這就是學科本土化的問題，也是我近十年來比較關注的問題。今天，我演講的題目是《無知—有知—認知：學術研究的返本歸真》，這是一個知識習得的覺悟過程。實際上我們做學術研究有一個危險，便是自以為搞學術是什麼深奧高端的東西，這樣會使我們鑽進牛角尖，需要跳出來，以繁化簡看待學術。

三十多年前，北美學界的人文學科都一窩蜂地跟隨社科學科的一些思潮，民族音樂學也一樣，在研究中套用了很多如「結構主義」、「符號學」、「文化認同」、「傳播學」等時髦的概念和理論。對此，

當時北美民族音樂學的元老之一李斯特寫了一篇文章，其中引用了十三世紀哲學家貝肯所說的「阻撓人們獲得真理的四個障礙（盲目跟隨、喜新厭舊，受習俗或主流的擺布，修養和訓練不足，不懂裝懂、弄虛作假）」來警戒北美學界。李斯特批評當時的北美學界盲目跟隨大潮流，喜新厭舊，覺得新的就是好的。李斯特指出，新的不一定就是好的，舊的也不一定就不再合時。人往往會受到大潮流的擺布而失去自己的定位。修煉不足的人會搞一些很玄乎的東西來遮掩自己的不足，比如發明一些「專用名詞」，寫一些人家看不懂的文章。當然，我們都知道，不懂裝懂、故弄玄虛的人在任何地方、任何時代都有。在內地教學期間，經過與內地學界的近距離接觸，我發現內地很多民族音樂學界的人也出現了貝肯和李斯特所說的一些病症。我覺得，任何學科最重要的不是它有多少專用名詞或「新」概念理論，而是它是否有生命動力。那麼，這個動力來自哪裡？我認為學科的生命力來自學科有沒有自我反省的能力。一個學科如果不能反省，就不會有新的理論和概念出來。一直受北美教育的我，年輕時很長一段時間都是聽從北美的那一套在治學，可以說是處於一種「傳聲筒」的狀態。人到中年，開始問自己究竟在幹些什麼。首先想的問題就是「我是誰」。有一個非常有意思的故事，是從佛教星雲大師的一次開示聽來的：話說有一天，一批人想過河，因人比較多而不能一起同時坐小船過去，要分批過。在大家把沙灘上的船向河裡推的過程中，後一批在岸邊等的人當中有一位書生，看到推船的過程中船壓死了很多小蝦之類的小動物，就問站在他身邊的一位和尚，說：「你看看，壓死這麼多小生命，是誰的罪過？」和尚不屑地看了書生一眼說：「他們都沒有罪，既不是船夫的罪過，也不是坐船人的罪過，要有罪過的話是你這個秀

才，沒事找事！」這個故事對我很有啟發，確實，有時候我們做所謂的「研究」，用了一些什麼主義的理論概念，一廂情願地做了一番「闡釋」，寫了一篇多少萬字的文章，以為這些是十分了不起的事情，但試問，我們提出的東西能被學界理解和認同嗎？它對學界有什麼意義和影響？

另外一個我問自己的問題是「我在做什麼」。大家會說，那還不清楚，不是在做學問嗎？那麼，什麼是「學問」？我認為「學問」，就是在「學」的過程中要學會不斷地「發問」——對自己發問和向他人請教。我在國外就讀的時候，教授們上課著重的是要學生不斷地發問，在問題中去學習。我發現，國內音樂學院裡的學生，包括研究生，上課時一般只是錄音、攝像、做筆記，很少發問。在「問」的過程當中去學習是相當重要的。與學問密切相關的問題是「什麼是學術」。「學術」只是知識的獲得嗎？我認為，學術是學習方法的一個過程。

再問「我在做什麼」，就出現「我的研究物件是什麼」這個問題了。有同學會說，你是搞民族音樂學的，研究物件當然是音樂。這自然不在話下，但是對於民族音樂學而言，在二十世紀五六〇年代，學界比較突出的關注是在文化語境中的音樂，即音樂不能脫離它的語境，是與文化上下文直接相關聯的。這是學科很重要的一個著重點。當然，不能定死了對音樂的研究必須要將其與社會文化拉在一塊，因為確實有不少音樂，在其本身文化中已經被視為一個可以脫離語境來欣賞的藝術品，它們不需要你知道語境也同樣能夠被接收和感受。但其他的很多音樂，其存在是與語境分不開的。比如，同一首音樂旋律，如果在民歌的語境中，它是民歌，在戲曲表演的場合則是戲曲，

或者在宗教儀式中用到就變成了具有神聖性的儀式音樂。由此可見，語境使得這些音樂的屬性發生了變化。學科研究的領域是「人」的音樂，具體一點就是「人是怎樣製造和接收音樂的」，這是民族音樂學與其母學科音樂學的終極目標。

所有人文學科的終極指向都是對人的宏觀認識。我們做學術的，追求的應當是真理。什麼是真理？這裡我又要用星雲大師所說的話了。他說，真理具有普遍性、平等性、永恆性、本來性、超越性、可證性。因此，真理並沒有幾條。在我們的研究之中，真理也可以被視為真相。尼泊爾有一位誦經很好聽的藏傳佛教尼姑，她有一次在香港的一個佛教活動中講了一個這樣的故事：一個很有名的佛教師傅，有一天給他的徒弟一個枕頭，說枕頭裡面裝了一個小孩的屍體，作為徒弟的修煉，要徒弟當天晚上枕著這個枕頭去睡覺。到了第二天早上，師父問徒弟昨晚是否睡得好，徒弟的回答是「不好」，因為枕著人的屍體無法入睡。於是師父給他換了一個說是裝著小羊屍體的枕頭，要徒弟枕著這個枕頭睡。次日徒弟的回答是，睡得好多了。師父把枕頭打開，裡面是一塊石頭。師父說，昨天枕頭裡也是一塊石頭。從這個故事，我們可以悟到，我們的思想視野決定了我們對某一件事情的認知，同一件事情以不同的思想觀感視之，會有截然不同的認知結果。換句話說，真相與我們腦袋裡以為的「真相」是有差距的，很多時候我們腦袋裡的「真相」並不是真相本身。比如做田野調查，雖然自以為做得非常嚴謹，任何資料都記錄了下來，但是你根本不可能把真相全部記錄下來，你看到的只是真相的一部分而已。

學術界在追求真理／真相的過程中，用了很多理論概念，但所有的這些只不過是一個從無知到有知的過程。從無知到有知的過程是對

知識的積累，知識的積累最終是需要達到認知的，認知也可以說是一種覺悟。一味只是無限度地做知識的積累，只是一種沒有終極目標的忙碌。所以，書看得多卻不能開悟，是一種徒勞無功的忙碌。這整個開悟過程也可以說是從無到有，最後回到無的過程，最後的無是一個參透了一切，萬法歸宗、萬法歸一的無。如此的學術或學問就被「去神秘化」了，這是我追求的境界。我讀博士時的輔導老師在北美民族音樂學領域非常有影響力，叫恩科蒂亞。我曾經問過他，我是半路出家進入理論性研究的，因為在本科時學的是鋼琴表演，從碩上研究生階段才開始修讀音樂學，進入了學術的門檻。比較中國的很多音樂學同行，他們對於傳統音樂的知識面很廣，我什麼時候才能追上去呢？他說，知識的積累並不是你的終極目標，你有一生去積累知識，但你現在更重要的是培養勘察與參透的能力。我十分贊同這個學術觀點。

人是怎麼製造和接收音樂的？以簡單直接一點的思維看學術研究，其根本無非是對人類「思想—行為」的探究。行為作為思想的可視外殼，是很多學科由此切入並深入探究思想的途徑。雖然不同學科有不同的研究物件，但其研究方法都是始發於對人的「思想—行為」的關注，包括民族音樂學。實際上對人的「思想—行為」的關注在哲學界很早就發生了。同時，我們必須清楚，我們現有對「思想」與「行為」關係的學術思維以行為的可觀性為其先決條件，也就是說，行為的「可觀」是在「觀者」的「能觀」的基礎上建立的。不過，我們看不到的行為、聽不到的聲音是不是就不存在了？這個開放式問題是需要大家多多思考的。

「術」的習得，求的是方法學。關於去理論化的方法學，我有一個習得：一顆心、兩張嘴、三隻眼。「一顆心」指的是對於學科定位

和學術道德的專一，這個定位是堅定不移的，不能盲目地跟隨學術世界中的種種，去除浮躁、急功近利、不懂裝懂和弄虛作假的惡習。「兩張嘴」即是要擁有雙語的能力，使得我們能夠獲取國際學界的精華用於自身的研究，與之平等溝通，獲取我們在國際學界的話語權。「三隻眼」，是在一般我們已經擁有的兩隻眼之外，培養第三隻眼來辨別學術世界中的真偽。

回到民族音樂學，在座的學生中有不少是研究這個的，那麼，在你的理解中覺得民族音樂學是什麼？一個簡明的解釋是，民族音樂學是結合音樂本體結構分析和上下文語境的作為方法手段的音樂學學科。二戰前，以歐洲為中心，稱為比較音樂學，主要以宏觀性的視野比較世界不同的音樂體系。二十世紀五〇年代，改稱民族音樂學，突出對文化中音樂的研究，希望獲得「音樂是什麼」的答案，在人的「思想-行為」框架中追尋「人是怎麼製造和接收音樂的」。音樂的「思想-行為」是一個二元變數的結合，而行為則在音樂研究中分成行為的「社會化過程」和行為的「作為產品的音樂」。注意，這裡的「人」，是音樂的過程和產品的「思想—行為」者，是由「個人」和「群體」組成的「人」。民族音樂學在北美的發展過程中，由於過多地受到人類學的影響，曾出現重群體、輕個人的偏執。對音樂社會化過程的關注，需要借鑑其他如人類學、社會學、語言學等學科作為輔助。但我們一定要記住，其他學科的理論與方法是為了它們自己學科的特定研究對象而設立的，具有針對性，不能隨意套用。很多時候，我們看到一些研究，把其他學科的理論套在自己的研究裡面，卻在沒有搞清楚理論的本意和原來的語境的情況之下隨意套用。歷史學、語言學、人類學都不是研究音樂的，當我們把它們用在音樂研究中的時

候，應該清楚它們適合和不適合的地方在哪裡，按照自己的研究物件和提出的問題進行修正使用。此外，其他學科內不同學派、不同時期的一些理論的側重點是不一樣，不能在自己的研究中混用。北美學界出現的把音樂研究的範疇向著音樂等同文化的方向作無限擴大，甚至把音樂和文化平置，舍音樂取語境為其研究的焦點，在理論方法學上平面地納入其他學科的理論和概念，籠統稱之為跨學科、全方位，導致學科研究物件模糊化，讓民族音樂學淡化或者扭曲等困境，已經在我們的學界出現，但它們絕不是中國民族音樂學所要追求的。

民族音樂學源於西方，這一西方學科有它自己的脈絡，這是它在自身文化社會生活中的一個產品。但這個產品脫離了語境而移到中國，而中國並沒有同樣的語境，如果直接使用會有問題。就像把性能很好的歐洲車拿到潮濕的香港地區來用，時常會出問題一樣。所以民族音樂學作為別人在其他語境中製造出來的產品，若原封不動地將其拿過來使用就會出現問題，必須經歷一個本土化的過程，這樣，我們才可以脫離扮演西方「傳聲筒」的角色困境。

對文化中音樂的研究，我們以田野調查來觀察、記錄和分析局內人的音樂行為與思想，進而作音樂在文化中含義的闡釋。其中的一個關鍵是局外研究者與局內音樂製造者和接收者的關係協調。局外與局內的關係是一個不平等的關係，本身存在著鴻溝。人類學對田野調查有很多概念理論和方法，但無論怎樣華麗都走不出中國人早已知道的「處世之道」，無非就是要以平等互諒、互敬互惠的心態和方式對待田野調查中的局內人。北美民族音樂學的一位重要先驅查理斯・西格曾指出，音樂的存在具有兩個時空。一個是「一般時空」，就是我現在講話時你們聽到的聲音，這是一般時空。但當你回去，把我講的引

述給別人聽的時候，這是一個你的「語言描述的時空」。這兩個時空是不一樣的。所以，我們言談中的「音樂」，跟音樂本身，兩者之間是具有一定差距的，不是同一個東西。無論你以為你的田野調查做得有多好，你看到的和記錄的都是真相的一個側面而已，永遠不是真相本身。這是一個似乎沒有辦法解決的難題，卻又是我們需要不斷提醒自己和反省的問題。

最後是今天的小結。我們要堅守民族音樂學本身的學科屬性，把學科的研究物件定位在音樂上，並以此學科身分認同與其他人文學科作區別，在研究中將音樂作為產品和社會化過程，在「思想—行為」的框架內展開對「文化中音樂」的研究。對於「說音樂」的難度，我們應該有自知之明，所有我們對音樂的所說，只是「一般時空」中音樂的真相的一個方面。因此，對於真相的多面性和不可全知性，要做到謙虛和好自為之。

2013年於華中科技大學演講

馬瑩根據錄音整理

批創思維的論證技巧

熊明輝　中山大學哲學系教授

　　今晚我主要想告訴大家如何論證。論證伴隨我們每個人每天的生活，但是如何論證？有什麼技巧？這是我今晚演講的主題。如果把這個題目譯成英文，就是「How to make your argument」，但其實還有另外一層含義，那就是「How to make your argumentation」，稍後我會告訴大家這兩者的區別。

　　我的工作主要是和法學與哲學相關的，今晚的講座內容主要涉及哲學、邏輯學領域。今晚我主要講四個方面：其一，當前教育面臨的問題；其二，批創思維是時代所需；其三，批創思維的國際動態；其四，批創論證的一般規則。

　　我們先來解讀一下批創思維。批創思維的英文翻譯是「critical and creative thinking」。這個英語短語直譯成漢語其實應該是「批判性思維和創造性思維」，「批創思維」包含了這兩方面的內容，所以也可叫作「批創思維」。

▍一、當前教育面臨的問題

　　首先，我開始講今晚的第一個問題：當前中國教育面臨的困境是什麼。有一份二〇一二年的SAT（即美國高考）分析報告，SAT是美國杜克集團和華中師範大學合作的一個專案。SAT的測試內容主要是

批判性思維的技能，包括六種：分析、推斷、解釋、說明、自我調節和評價。分析報告顯示，以這樣一個題目測試中國學生，結果是參加美國高等院校入學考試的中國高中生中只有百分之七達到了及格線一千八百分，而美國的優質大學普遍要求考生達到二千分，能達到這一要求的中國考生只占所有中國考生的百分之二。由此可見，中國的教育缺乏批判性思維。

二○一○年，在南京召開的中外大學校長論壇上，耶魯大學校長對中國留學生的評價是「中國學生缺乏跨學科知識的廣度和批判性思維」。在中國知網中，以「批判性思維」對論文標題進行檢索，可以發現自一九八五年以來，相關論文只有一三三三篇。其中，一九八五至一九九九年發表的相關論文很少，只占總數的百分之五；二○○○年以後逐漸增加，二○○○至二○○六年發表的論文占百分之二十二；二○○七至二○一三年發表的九七一篇占了絕大部分。由此可見，我們現在越來越重視對批判性思維的研究。雖然批判性思維的研究現狀並不樂觀，但可以說是大勢所趨。

我們再來看看創造性思維，在知網上用「創造性思維」對論文標題進行檢索，其結果為二一九三一篇。其中，第一篇論文誕生於一九六一年，一九六一至一九九九年的幾十年間，發表的標題與「創造性思維」相關的論文的數量只占相關論文總數的百分之九，二○○○至二○一三年發表的論文數則占了百分之九十一。可見，進入二十一世紀後，我們對創造性思維可謂是高度重視。

我們將標題與「批判性思維」相關的論文和標題與「創造性思維」相關的論文作一對比，發現與「批判性思維」相關的一三三三篇論文只占兩類論文總數的百分之五點七，而與「創造性思維」相關的

二一九三一篇論文卻占了百分之九十四點三，由此我們可以得出這樣的結論：「批判不足，創新有餘」。這也印證了耶魯大學校長對中國留學生的評價。我們進一步細看這些論文，還發現對創造性思維的關注主要是在中學教育中，高等教育對創造性思維強調得並不多。而批判性思維的現狀很不樂觀，其實它不應該是某一個專業研究的內容，而是各個學科門類都應該涉及的。

▌ 二、批創思維是時代所需

　　二〇〇一年，美國弗蘭蒙特教育訪華團團長在中美教育研討會的主題報告中說：「批判性思維與創造性思維是推動知識社會前進的動力。」十八大報告中也提出要努力辦好人民滿意的教育，全面實施素質教育，深化教育領域綜合改革，著力提高教育品質，培養學生社會責任感、創新精神和實踐能力。這裡沒有講「批判」，但講到了「創新」。

　　中國頒布了《國家中長期教育改革和發展規劃綱要（2010-2020年）》，提倡全面實施素質教育，實施「基礎學科拔尖學生培養試驗計畫」和「卓越工程師、醫師等人才教育培養計畫」，這兩個計畫都與批判性思維和創新性思維密切相關。最近召開的十八屆三中全會通過了《中共中央關於全面深化改革若干重大問題的決定》，強調要特別培養學生的社會責任感、創新精神和實踐能力，其實也是在沿用十八大的要求。溫家寶曾說：「我在上大學的時候，最大的收穫就是邏輯思維的訓練，這使我至今仍受益匪淺。」中國邏輯與語言函授大學曾向溫家寶提交一份報告，溫家寶在上面做了批示：「邏輯思維是素質教育的重要組成部分，應當予以重視。」溫家寶在二〇一二年中

國科學院和中國工程院兩院院士大會上還提出，要提倡富有生氣、不受約束、敢於發明和創造的學術自由。學術研究要鼓勵爭鳴，因為只有爭鳴才能激發批判思維。批判思維是現代社會不可缺少的精神狀態，是一種獨立思考精神。

在國際上，一九九八年，聯合國教科文組織頒布了《面向21世紀高等教育宣言：觀念與行動》，其中，第一條規定，要把批判性教育和獨立態度視為高等教育培養、培訓和從事研究的使命之一。第九條規定，革新教育方式，培養批判性思維與創造性思維。由此可以看出，無論國際還是國內，批創思維都是時代所需。

■ 三、批創思維的國際動態

那麼我們就會好奇，國際上到底都有哪些相關工作呢？現在我介紹一下批判性思維的國際動態。

首先，看看美國。美國加州三藩市有一個批判性思維基金會，這個協會下設有很多機構，如高級思維培養中心、批判性思維卓越人才國家委員會等，他們出版著作、教材，製作視頻，提供批判性思維的測試。其領軍人物是Richard Paul。他們每年都要召開一次批判性教育與思維改革國際大會，截至目前已經召開了三十三屆，第三十四屆將于明年七月召開。這個協會的使命是「打造一個批判思考的世界」。他們認為：「在我們現在所面臨的這個複雜社會裡，把批判性思維的基礎內在化是我們過上理想而有意義的生活的基本前提。」他們將提供很多的資源和機會來實現自己的使命，他們把智力培訓看作一個終生的過程，認為我們必須不斷通過開放的批判性思維訓練來培養自己的智力。他們也把批判性思維視作我們找到問題的根源和合理解決方

案的基本途徑，「我們所做的每一件事情的品質，都是由我們的思維的品質來決定的」。我們由此可以體會到批判性思維的重要性。一九四九年，美國成立了一個由從事論辯與公共辯護的教育家組成的專門組織——辯論者協會。這個協會所做的工作其實也是與批判性思維相關的，他們的任務主要是為教育者向市民傳授價值技能和批判性思維提供服務。

其次，看看澳大利亞。澳大利亞有一個名叫AusThink的公司，它的廣告語是「批判性思維的寫作與決策工具」。公司總裁原是墨爾本大學的一個副教授，叫Tim van Gelder，後來他對批判性思維產生了濃厚的興趣，於是他辭去了墨爾本大學的副教授職位，在墨爾本市中心租了一層樓開了這家公司。他們研製出了兩個軟體，其目的就是要改進推理，為結構型思維的構建提供技巧，這對我們把握社會的複雜性是很有意義的。其中的一個軟體主要用於實現教育目的，它關注的是封閉性問題，如「那是真的嗎」、「這個有用嗎」、「某人犯罪了嗎」等。另一個軟體用於商業決策，它關注的是開放性問題。

然後，我們再來看歐洲。歐洲國家中相關工作做得比較好的是荷蘭，荷蘭的阿姆斯特丹有一個國際論辯協會，他們的目的就是討論論辯理論及其應用。論辯必然和批判性思維密切相關，很多從事批判性思維相關工作的人都加入了這個協會。

此外，在北美，除了美國外，加拿大也做了很多與批判性思維相關的工作。加拿大有一個安大列論辯研究會，其發起人由於在批判性思維方面的卓越貢獻，現已當選加拿大人文科學院院士。加拿大是批判性思維研究的重鎮之一，加拿大幾乎所有的大學都開設了批判性思維課程。加拿大還有一個非形式邏輯與批判性思維協會，其宗旨是推

動非形式邏輯與批判性思維研究、教育和測試。加拿大哲學學會和美國哲學學會每年都會在安大略地區舉辦年會,為非形式邏輯批判性社會理論和論證理論方面的優秀論文頒獎。

■ 四、批創論證的一般規則

下面,我們來講今晚的重點問題——批創思維的規則及其論證技巧。在座的各位同學為了拿到學位都必須完成畢業論文,寫論文的時候也要作論證,你要提出一個觀點,甚至要呼籲採取某一種行動,目的不是自娛自樂,而是要說服你的目標聽眾,這就需要找到一個理由來支援你的觀點。針對這樣一個框架,我們在論證的時候就需要有一些規則。我們將要討論這樣一些規則:通則、例證、類比、權威、演繹和建構。

首先,來看一般規則。邏輯學家把觀點、立場、看法等稱作「結論」,把理由叫作「前提」。邏輯學家所關心的是得出的結論是否可以接受,這又取決於前提是否可以接受。那麼如果前提可以接受,結論就一定可以接受嗎?不一定。邏輯學家還關心一個問題,那就是前提和結論之間的這個箭頭是否可接受。

我們要進行論證,第一個規則是要能夠識別出前提和結論。這方面的鼻祖是亞里斯多德,亞里斯多德的經典例句為:「凡人皆必死,蘇格拉底是人,所以蘇格拉底必死。」在此例中,哪些部分是前提,哪些部分是結論呢?這裡有一個論證標誌指示詞「所以」,其前的是前提,其後的是結論,這是很容易識別的。也就是說,我們在作論證的時候,必須清楚地知道哪些部分是前提,哪些部分是結論。亞里斯多德的例子是自然語序,是我們習慣的。我們也可以將其表達成:

「蘇格拉底必死，因為凡人皆必死，且蘇格拉底是人。」所以，我們要找到關鍵字來幫我們清楚地認識前提和結論。

在識別前提和結論之後，第二個規則是建構一個論證結構圖。首先是簡單結構，即一個前提支援一個結論；其次是收斂結構，即兩個前提可以分別推導出結論；再一種是序列結構或者串線結構，即一個前提推導出一個結論，這個結論又同時作為前提推導出另一個結論；還有一種是組合結構或閉合結構，即兩個前提共同推導出結論；另外一種是一個前提可以推導出多個不同的結論，其中可能出現極端情形，即推出兩個完全相反的結論。這些是基本的論證結構圖，我們可以據此構造更加複雜的論證結構。當我們作論證評價時，我們就要注意結構論證圖中的基本前提是不是可接受，逐步進行推斷，如果其中有任何一步不可接受，整個論證就不是好的論證。

第三個規則就是要從可信賴的前提開始。以美軍攻打伊拉克為例，布希當年以薩達姆藏有生化武器為由攻擊伊拉克，但是美國軍隊攻進伊拉克之後根本就沒有找到任何的「大規模殺傷性武器」，這就說明布希不是從可信賴的前提開始的，所以他採取的行動有問題。

第四個規則是論證要簡潔。還是看亞里斯多德的例子：「凡人皆必死，蘇格拉底是人，所以蘇格拉底必死。」在實際語言應用中，由於語言經濟原則，不一定每一句話都要表達得很詳細，所以我們只需要說：「蘇格拉底是人，蘇格拉底必死。」這樣就足以將意思表達出來了。所以論證要簡潔，這樣才符合語言的經濟原則。

第五個規則是在論證中要避免載入語言。例如日本提出的「中國威脅論」，其論題表達是「如果中國崛起，同時大量擴充軍備，必將威脅亞太地區乃至世界的和平」。我們該怎樣來反駁這個論題呢？前

件真、後件假的情況是不可能的，然而，用了「如果」這個詞的時候，前件真、後件假的情況也是可能成立的。所以這裡的「如果」其實是載入語言。再如布希在「9‧11」事件之後對全世界所有國家說過的一句話：「你們要麼站在帝國主義一邊，要麼站在恐怖主義一邊，要麼站在我們這一邊。」布希的意思是其他國家只要不站在美國的一邊，就是美國的敵人，要受到美國的攻擊。但其實我們可以既不站在美國的一邊，也不站在恐怖主義和帝國主義一邊，這裡他也使用了載入語言。再看一個有趣的例子，一個人去考駕照，主考官問他：「你看到一隻狗和一個人在車前，你會軋狗還是軋人？」考生不假思索地說：「當然是軋狗了。」主考官說：「那你下次再來考吧。」考生很鬱悶地說：「我不軋狗難道軋人不成？」主考官說：「你應該剎車。」這裡，主考官用了載入語言引導考生跳入陷阱。

第六個規則是要使用具有一致性的術語。從事邏輯工作的人經常會舉一個例子：「中國人是勤勞勇敢的，我是中國人，我是勤勞勇敢的。」總覺得這句話有問題，但又不知道問題出在哪兒，其實問題就在於這裡的兩個「中國人」內涵是不一致的。再看另一個例子：「魯迅的小說不是一天能讀完的，《祝福》是魯迅的小說，因此《祝福》不是一天能讀完的。」這個結論顯然是錯的，問題就在於兩個「小說」的實質概念是不同的。

第七個規則是堅持一詞一義。例如：「男人和女人在情感上是不同的，性別上是不平等的，因此法律面前不應當人人平等。」這裡的問題在於兩個「平等」不是同一個意義。

這是我們的七條通則，所有的論證都應該遵循這樣的規則。

接著來看例證，我們在論證的時候一般都要舉一些例子來證明自

己的觀點，這就是例證，我們在例證過程中至少要給出兩個例子。

我們看這樣一個例子：「婦女是在鬥爭之後才有選舉權的，因此所有婦女權利都是鬥爭的結果。」這句話中只舉了一個權利作為例子，卻得出「所有婦女權利都是鬥爭的結果」，這個論證顯然很弱。但是如果我們把它改成：「只有鬥爭之後才有了選舉權，只有鬥爭之後才獲得了上大學的權利，只有鬥爭之後才有了平等就業權……因此所有婦女權利都是鬥爭的結果。」這樣的一個論證就強多了。可見我們要使用例子，而且例子要用得稍微多一點。

再來看這個論證，「我們單位每個人都支援英拉繼續當泰國總理，所以明年英拉肯定能當泰國總理。」這個論證中「我們單位」和「英拉繼續當泰國總理」根本就沒有關係，所以結論是錯的。我們在論證中一定要選合適的、具有說服力的例子。

再如：「二〇一二年，中國的GDP超過日本，僅次於美國，所以中國已經成為世界上第二強國了。」我們看看人均GDP的資料就知道上述結論不成立。所以我們在論證中一定要選具有代表性的例子。

在進行例證的時候我們還要考慮到給出反例，不要單純依靠大量的正例就認為自己的論證夠強了，還要考慮有沒有反例。例如：「伯羅奔尼薩斯戰爭是雅典人想控制希臘而引發的，拿破崙戰爭是因為拿破崙想控制歐洲而引發的，第二次世界大戰是法西斯統治者想統治歐洲而引發的。因此，一般說來，所有戰爭都是由恐怖欲望所致。」聽起來似乎有道理，但其實是有反例的，人民解放戰爭就不是由恐怖欲望導致的，所以我們還要注意舉出反例來加強自己的論證。

論證中還有一種策略，叫類比，中國古代的人尤其喜歡用類比。類比是要求給出一個相關且熟悉的例子。辜鴻銘提出了一個經典的類

比，即他的「茶壺論」：「一個男的要娶多個妻子才合理，好比一個茶壺要有多個茶杯來配。」他將茶壺和丈夫類比，茶杯和妻子類比，以此來說明一夫多妻制的合理性。但是他去法國後，用這個類比很難說服法國人，於是他就用了另一個法國人相對更熟悉的類比，他說：「你家有自行車是吧？有幾輛自行車呢？」對方回答說：「三輛。」「那有多少個打氣筒呢？」「一個。」「那不就對了嗎？自行車好比妻子，打氣筒就像是丈夫，一夫多妻才合理嘛。」但是他的這個理論遇到了陸小曼這個強勁的對手，以至於他無言以對了。陸小曼在和徐志摩結婚的時候對徐志摩約法三章，她說：「你是我的老公，就好比是我的牙刷，牙刷是很私人的東西，不能我刷過了又給別人刷，別人刷過了又拿來給我刷，所以只能遵守一夫一妻。」同是用類比，最終陸小曼用「牙刷論」終結了辜鴻銘的「茶壺論」，用類比很多時候的確可以得到很好的論證效果。

再來看看權威，在論證過程中，我們很多時候要訴諸權威。權威論證的模式通常是「權威X說Y，因此Y是真的」。如現在的明星代言，大S經常代言化妝品，其實我們知道她的美貌很可能和她代言的產品根本就沒有關係，商家也是在運用訴諸權威的方法，讓我們廣大消費者可以通過記住明星而記住他們的產品。

我們在論證中要善於運用權威資源，同時要注意運用適當的權威資源。在運用權威的時候還要注意尋找公平的權威資源，例如：「德國人說他們的啤酒是世界上最好的啤酒，所以德國的啤酒是世界上最好的啤酒。」德國人當然會說自己的啤酒是最好的，這顯然是不公平的。

另外我們還要注意交叉檢查權威資源，但是人身攻擊不能當作權

威資源。

　　我們在論證的時候要找一些原因，找因果關係，把原因導致結果的過程解釋出來。下面來看我改編的一個故事：「一個人一天去一家餐館點了一份清蒸武昌魚，一瓶黃鶴樓，一盤花生，喝醉了才回去。第二天又去那家餐館點了一份紅燒野鴨，一瓶白雲邊，一盤花生，又喝醉了。第三天還是去同樣的地方點了一份魚糕丸子，一瓶稻花香，一盤花生，還是喝醉了。他就想自己三天以來點的都是不同的酒和菜，唯有花生是三天都點的，卻連續二天都喝醉了，所以肯定是花生導致自己醉倒。」從歸納的角度來說，花生確實可能是原因，但事實上肯定是不成立的，這裡導致他喝醉的原因是酒，雖然黃鶴樓、白雲邊、稻花香是不一樣的品牌，但它們都是酒。

　　同時我們要注意，相關事件不一定就是原因。以我身邊發生的一件事情為例，我一個朋友的太太視力下降，認為是假性近視，經過兩年的治療，不僅沒有好轉，反而還有加重的趨勢。後來我就讓她到中山大學來檢查，因為中山大學的眼科是國內一流的，可能會幫她找到良方。於是我就給中山大學眼科中心的主任發了一封郵件，他就回復說先讓她按流程去做一下檢查，看看到底是怎麼回事，最後再去找他。於是她就去檢查了，是一個碩士生給她檢查的，碩士生問她：「你的父母有假性近視嗎？」「沒有。」「那就不可能是假性近視。得做腦部CT檢查一下，我們這裡做腦部CT檢查要預約十天，你可以去其他醫院做一下腦部CT檢查，看看是怎麼回事。」檢查的結果是垂體瘤，是由垂體瘤導致的視力下降。這裡看起來視力下降和假性近視是相關的，但假性近視並不是原因，由此可見相關事件並不一定是原因。

我們找因果關係的時候還應注意，兩個相關事件是可以互為因果的，即如果A與B相關，那麼A可以是B的原因，B也可以是A的原因。生產力和生產關係、國民素質與文明程度都是如此，兩者互為因果。

　　此外，相關事件也可能有共同的原因，上述例子中，黃鶴樓、白雲邊、稻花香都是酒，這是它們會致醉的共同原因。找因果關係的時候，原因可能很複雜，例如很多人說：「從人行道過馬路比從沒有標識的街道過馬路更危險。」為什麼會有這樣的說法呢？有的人說因為人行道給人造成了一種虛假的安全感，反而讓人敢於冒險，從而導致交通事故。這是一種解釋，但其實真正的原因可能更複雜。

　　尋找原因這一邏輯方式的創始人是法蘭西斯‧培根，培根在其作品《論讀書》中有這樣的論述：「史鑑使人明智，詩歌使人巧慧，數學使人精細，博物使人深沉，倫理之學使人莊重，邏輯與修辭使人善辯。」也就是說，我們的邏輯、修辭與論證相關。法蘭西斯‧培根首先提出了因果連繫的三種方法，後來被完善成求同法、求異法、剩餘法等。

　　接下來我們來看演繹，演繹在論證中是一種很規範的論證模式。例如陳韙與孔融的對白。孔融小時候很聰明，陳韙不以為然地說：「小時了了，大未必佳。」孔融於是就回他說：「想君小時，必當了了。」其中隱藏著一種論證，陳韙的論證是，如果小時了了，那麼大未必佳。用的是充分條件假言推理的肯定前件式。

　　再如電視劇「鐵齒銅牙紀曉嵐」中的一個例子，一次乾隆問紀曉嵐：「何謂忠孝？」紀曉嵐回答說：「君要臣死，臣不得不死謂之忠；父要子亡，子不得不亡謂之孝。」乾隆就說：「那好，朕要你去死。」紀曉嵐說：「謝主隆恩，臣遵旨。」乾隆接著問：「你準備怎麼個死

法？」紀曉嵐說：「臣準備投河而死。」「那你去死吧。」「臣遵旨。」結果紀曉嵐去玩了幾天，回來後乾隆問他：「你不是要去死嗎？怎麼又回來了？」紀曉嵐說：「皇上，我走到河邊上，就要準備投河的時候，屈原從河裡出來了，對我說：『曉嵐啊曉嵐，你此舉大錯也，我當年投河而死是因為國君昏庸，你現在若要投河，先去問問當今皇帝是否昏君再來不遲。』所以若陛下是個昏君，我早已投河而死，如今我回來了，可見陛下並非昏君。」於是紀曉嵐命也保住了，馬屁也拍了。這裡他其實是用了一個分離論證，這也是我們在論證中經常採用的模式。

再來看另一種模式，例如：「如果你研究他文化，你就會知道人類習俗的多樣性；如果你知道人類習俗的多樣性，你就會質疑自己的習俗。因此，如果你研究他文化，你就會質疑自己的習俗。」這種模式叫作「假言三段論」，也是很常用的。

此外還有一種模式——選言三段論，我們以阿凡提的故事為例來講一講。一次阿凡提跟皇帝一起洗澡，皇帝就問阿凡提：「你覺得我死後是會進天堂還是下地獄？」阿凡提說：「陛下，您死後會下地獄。」皇帝就不高興了，說：「憑我的高貴命，怎麼可能死後會下地獄呢？」「是的，陛下。憑您的命運，您是該進天堂，但是很多該上天堂的人都被你殺了，到你死的時候天堂已經人滿為患了，你就只能去地獄了。」這裡阿凡提其實是用了一個選言三段論，即「人死後或者進天堂或者下地獄，陛下你不能上天堂，所以就只能下地獄」。其實這也是他的一種論證策略，告訴皇帝不要濫殺無辜。

再來看看兩難推理，兩難推理也叫兩難論證。講兩難推理之前我們不妨先看一段視頻（播放視頻）。在這段視頻中，提出了一個「先

殺豬還是先殺驢」的問題，兩難論證就表現在若是回答「先殺豬」，那麼驢也是這麼想的；若是回答「先殺驢」，那麼豬也是這麼想的。也就是說，回答問題的人的思維要麼和豬的思維一樣，要麼和驢的思維一樣，用兩難論證達到幽默效果。

此外還有反證法，也叫規避法，我們要證明P，就去假設它的對立面非P是真的，推出Q這個荒謬的假命題，從而得出P是真的。還是以上面講過的阿凡提的故事為例，「人死後或者上天堂或者下地獄，你不能上天堂，所以就只能下地獄了」。這裡其實就用到了反證法。

上面所講的論證，主體都是一個孤獨的思考者，所以它們都只是argument，還沒有達到argumentation。在漢語中，講到論證的時候可以說論證、論辯、辯論，對應的英文單詞分別是argument、argumentation、debate，其實這樣的對應並不嚴格。我們翻翻詞典或者做一點相關的學科研究便可以知道，「論證」既可以指「argument」，也可以指「argumentation」。所以其實「論證」有廣、狹兩義，狹義的就是指「argument」，廣義的就還包括了「論辯」。我們要從一個孤獨的思考者轉變為論辯，結論就不止一個了，幾個結論之間是不一致甚至矛盾的。一個人提出自己的觀點並給出一個論證，另一個人提出自己的不同觀點並給出相應的論證，這個過程就從argument轉變成了argumentation。

argumentation是多主體的，至少要有兩個主體，這就涉及建構論證的問題。第一，要找出爭議事項各方的論證，找出各方的不同觀點；第二，要質疑和辯護每一個論證的前提，修正和重新思考論證；第三，給出自己的主張和提議，並充分發展自己的論證；第四，要充分考慮可能的異議，充分考慮可替代的主張和異議。在這些基礎之

上，我們要完成寫作，寫作時要緊扣大綱，一次只給出一個論點，要用論證來支持自己的主張，同時要注意簡潔清晰，不要主張過多，這樣才能有一個好的論證。在論證的過程中，我們會不可避免地遇到一些定義，概念不清晰的時候要下定義，但是不能用定義取代論證。現在有很多軟體來幫大家分析、論證、評價，我們也做了一個軟體，名字叫「論證圖式」，感興趣的同學可以去中山大學邏輯研究中心的主頁上下載，會為大家作論證提供便利。

我們今晚講了三十條論證規則，另外還有三條問題規則，五條主張規則，六條寫作規則，三條定義規則，總共有四十七條規則，這四十七條規則可以說明我們做出很好的論證，這樣的工作其實就是批判性思維要做的工作。西方還有一種非形式邏輯，批判性思維強調的是技能，而非形式邏輯強調的是理論，用批判性思維和非形式邏輯可以打破人們的邏輯防禦，所以理性思考的技能也很重要。

2013年於華中科技大學演講

田小桐根據錄音整理

大學生與大學精神

李培根　中國工程院院士、華中科技大學教授

　　進了大學，要讀懂大學是一件不容易的事情，有的同學即使畢業了，也未必讀懂了大學。想要讀懂大學，我覺得有一個東西是要知道的，那就是「大學精神」。談論大學精神者雖多，但對於什麼是大學精神卻沒有一個準確的定義，仍舊是眾說紛紜。今天我會引用一些別人的說法，當然更多的是談我自己對大學精神的理解，更重要的是希望同學們通過大學精神去內化自我，使自己在未來能夠更好地成長。

　　德國的高等教育一度是世界高等教育的中心，洪堡對德國高等教育的發展起到了巨大的作用。洪堡講：「自由是必需的，寧靜是有益的；大學全部的外在組織即以這兩點為依據。就整體而言，國家絕不能要求大學直接地、完全地為國家服務，而應該確信，只要大學達到了自己的最終目的，同時也就實現了，而且是在最高層次上實現了國家的目標。」簡單來講，就是國家不能把大學當工具。大哲學家、存在主義重要代表人物雅斯貝斯說：「大學必須有知識上自由的交流。」在大學裡，學術傳承、科學與學術研究、創造性文化生活三要素應當統一。大學自主和學術自由是大學生命的首要原則，大學的內在精神是以每個研究者及學者所表現出來的哲思活動為標誌的。

　　蔡元培說：「此思想自由之通則，而大學之所以為大也。」他的辦學理念應該說對北大乃至整個中國高等教育都影響巨大。哈佛校長

福斯特講：「大學的本質是對過去和未來負有獨一無二的責任，而不是完全或哪怕是主要對當下負責。」這句話恰恰像是說給中國大學聽的，我們的大學好像是對當下負責。所謂的「對過去負責」是指對過去要有記憶，「對未來負責」是引領。浙大前校長竺可楨認為，大學猶如海上之燈塔，是社會之光，不應隨波逐流。中山大學學者任建濤講，大學精神「具有相對於政治組織而言的自由性，相對於組織化社會的自我確認特性而言的批判性，相對于重視功利性的社會習性而言的創造性與傳授知識的超脫性，相對於社會分工的專門定勢而言的包容性」。這從不同角度說明了大學的特點。山東大學前校長、知名法學家、現中央綜治委辦公室副主任徐顯明講：「在這裡，他們共同探求未知，探究學術，追求真理，這就是大學的生活方式，也是大學精神一個很重要的內涵。」對於如何踐行大學精神，他覺得應該不以未來的就業為目的，不以培養黨政幹部為追求，不以培養億萬富翁為目標，不以專業作為知識標準。他還講道：「大學精神的內涵可以發生變化，精神和使命也可以因不同國家的民族和文化差異而有所不同，但高雅和世俗這一分水嶺始終存在。」也就是說，大學和社會有一個高雅和世俗的分水嶺，他將之理解為真理、自由、獨立、民主、自治、創新。現任四川大學校長謝和平說，大學的文化具有鮮明的特徵——追求真理，追求理想和人生抱負，崇尚學術，嚴謹求是，具有強烈的批判精神。「儘管大學文化具有多方面的特質，但其核心和靈魂只有一個，即大學精神。如果說上述五個方面的品質主要表達的是大學文化的共性，那麼大學精神這個概念更多的則是在詮釋一所大學的個性。」

有人將永恆的道德精神、自覺的學術精神、敏銳的時代精神理解

為大學精神的三種表現。清華大學劉瑜教授講：「大學精神的本質，並不是為了讓我們變得深奧，而恰恰是恢復人類的天真。天真的人，才會無窮無盡地追問關於這個世界的道理。大學要造就的，正是達爾文的天真，愛因斯坦的天真，黑格爾的天真，顧准的天真。也就是那些『成熟的人』不屑一顧的『呆子氣』。」還有人講，大學精神包括自由獨立精神、相容並包精神、與時俱進精神、創新創造精神、批判精神等等。提及大學精神的觀點很多，人們似乎對它缺乏一種共識。那麼，我想先說明的是大學精神不是什麼。在我看來，大學精神不是校訓，也不是辦學理念，也不是校園文化，也不是精神風貌。談到校訓，譬如說劍橋大學的「求知學習的理想之地」，哈佛大學的「讓真理與你為友」，斯坦福大學的「願學術自由之風勁吹」，早稻田大學的「學術獨立，培養模範公民」，澳大利亞國立大學的「重要的是弄清事物的本質」。校訓只能在一定程度上體現大學精神，而不能完整地體現大學精神。

什麼是大學精神？我的理解為：大學精神是大學作為獨立於其他社會機構而應有的內在價值觀和使命感。假使用八個字概括大學精神的主要內涵，應該是「獨立、自由、求是、責任」。再簡潔一些，「自由、責任」四個字足矣。因為有自由，會使人獨立，會有求是精神，缺乏自由精神的人很難說是自由的。似乎可以更簡略地只用一個字——人。

我理解的大學精神有三種取向，首先是價值取向，「獨立、自由、求是、責任」體現生命價值。我覺得最重要的是一個人存在的意義、生存的價值，也體現了文化價值、學術價值。其次是責任取向，大學本身應該承載什麼樣的社會責任，大學生又該承載什麼樣的社會

責任。一方面，大學要服務社會，另一方面，大學也要引領社會。大學不僅僅是社會的風向標，還應該是照亮社會前進路途的燈塔，要在很多方面起引領作用，這是大學的責任所在。最後是行動取向，我們講的大學自治、大學要有獨立精神正基於此。

大學精神的特點是什麼？謝和平校長認為大學精神是個性，我恰恰認為大學精神基本上是共性，大學文化則可以表現個性。精神是文化裡的一部分，文化還包含學校裡的習慣以及一些物質的成分，比如說雕塑、建築，這些都是文化的一部分。大學精神的內核基本上是不變的、保守的，外延是開放的、與時俱進的。

我個人認為，大學精神的本質是人道、地道、天道。《易經》有「三才之道」的說法，借用這一觀點，可以說大學精神的本質是向學生和社會傳遞、弘揚並揭示人道、地道與天道。

說到人道，在我看來，馬克思主義中充滿著人道主義，遺憾的是很多人似乎遺忘了馬克思主義中人道主義的一面。《共產黨宣言》中說，每個人的自由發展是一切人自由發展的條件。研究馬克思主義的哲學家弗洛姆認為，應當還原一個人本主義的馬克思。法國著名哲學家利奧塔分析洪堡大學時，認為洪堡大學的核心是一種精神，費希特把這種精神稱為「生命」，就是把科學原則、倫理思想和道德目標融為一體。利奧塔講德國大學的原則是把知識、社會和國家的發展建立在實現主體的「生命」這一基礎上。此外，大學還應當強調人格教育，讓學生充分感知生命價值、人的意義、人的尊嚴。當前社會上的道德危機從事實上反映了大學中人格教育的缺陷，這應該引起我們的高度重視。長期以來，我們對教育的理解仍舊停留在工具意義上，應當有更高層次的追求，即讓學生自由發展，這才是真正從人的意義上

理解教育。

　　地道也就是責任。大學應當承擔一定的社會責任，大學生也該有強烈的社會責任感。現在有很多學生對當前的社會現實、社會問題表現冷淡，不太「接地氣」。美國當代教育家克爾的大學觀認為：一方面，作為社會發展的一種工具，現代大學有責任參與社會問題的解決；另一方面，致力於知識探索，把那些自己能夠做好而別的社會機構不能做好的社會責任承擔起來。

　　再就是對天道的解讀。我認為天道至少包括兩方面的含義：一是天下之道，中國文化中講的「天下」有社會、世界、國家的意思；二是自然環境，如今強調的環境保護、生態文明也是一種世界觀、價值觀。錢穆認為，中華文化對世界最大的貢獻，就是天人的思想；莊子認為：「天地與我並生，而萬物與我為一。」孟子認為：「不違農時，穀不可勝食也；數罟不入洿池，魚鱉不可勝食也；斧斤以時入山林，材木不可勝用也。」恩格斯認為，我們統治自然界，決不像征服者統治異族人那樣，決不是像站在自然界之外的人似的──相反地，我們連同我們的肉、血和頭腦都是屬於自然界和存在於自然界之中的……我們對自然界的全部支配力量就在於我們比其他一切生物強，能夠認識和正確運用自然規律。

　　下面討論大學精神的外化，我們講「獨立」應該外化成大學自治。早期大學主要處理同教會神權的關係，即排除教會對大學獨立和學術地位的干擾。進入當代後，大學所處理的主要是與政府及市場等各個方面的關係。當然，正是在政府的支持下，許多大學得以快速發展，但並不意味著我們在市場和政府面前放棄了獨立性。「誰來教」，「教什麼」，「如何教」，「誰來學」，諸如此類的具體問題應當由大學

自己拿定主意。

　　自由可以外化為學術自由、自由表達。除此之外，我覺得還應該關注學生的心靈自由，讓學生自由發展。我認為，我們教育的宗旨最重要的一點就是讓學生自由發展。首先是人的自由發展。馬克思在《共產黨宣言》中說，每個人的自由發展是一切人自由發展的條件。所以，自由一定要外化成我們的辦學理念，外化成我們的辦學宗旨，就是要讓學生自由發展。「求是」即「學術自由、堅持真理」。二十世紀五六〇年代，美國一名聯邦大法官談論大學問題時有一段話：「在一個大學中，知識就是它自身的目的，而不只是達到目的的手段。如果學校變成教會、國家或任何局部利益的附屬部分，大學將不再對自己的本質保持忠誠。大學是為自己的研究精神所塑造的，大學的任務在於提供一個最有利於思維實驗和創造的環境，這就可以達成大學的四項基本的自由。」「責任」則首先外化成「培養人」，讓大學生能更好地自由發展、更好地成就自己。其次是社會服務的責任。再就是引領，科學發現、技術創新都是引領的表現。但我們似乎忽視了一點，我們怎樣去引領社會進步、思想進步，今天的大學在這方面發揮的作用相當有限。

　　當然，大學精神可以外化成辦學理念。以我校為例，辦學理念是「育人為本、創新是魂、責任以行」，大學的使命是傳播、擴展、保存、轉移知識。我們提倡以學生為中心的教育，希望學生具有質疑、批判精神，讓學生自由發展。

　　第一部分講了大學精神的外化，對它有了一定程度的認識，然而更為重要的是內化自我，使自身更好地成長。福澤諭吉和張之洞都寫有《勸學篇》。福澤諭吉講「人能獨立，國家就能獨立」，他抨擊「國

恩」這一說法，認為「固然人民能夠安居樂業是仰仗政府的法律保護，但是制定法律、保護人民本來是政府應盡的職責，不能叫恩惠」。張之洞的基本觀點則是「人人與國為體」、「中學為體，西學為用」，他認可西方在工業技術上的先進性，呼籲「同心」、「教中」、「明綱」。而福澤諭吉將國家與民眾的關係定格為一種互為依存的雙向連繫，他心中的國民文明為「智力充沛，有獨立自主精神，在人與人的關係上是平等的」。文明的真諦在於使天賦的身心、才能得以充分發揮。他深受西方啟蒙思想家的影響，強調個人獨立和人的解放。他同時也強調責任，認為人人不分貴賤上下，都應該把國家興亡的責任承擔在自己肩上，也不分智愚明昧，都應該盡國民應盡的義務。張之洞則要求民眾同心，認為「今日時局，惟以激發忠愛、講求富強、尊朝廷、衛社稷為第一義」。在《勸學篇·明綱》中，他巧妙地將儒家理念、宗法制度與民族意識相連繫。比較張之洞和福澤諭吉的觀點，我們就能明瞭日本在現代化道路上快速前進的原因。有學者評論說張之洞和福澤諭吉完全不在一個精神層面上，張之洞提倡的「忠君」、「固守三綱五常」正是福澤諭吉批判的迂腐和謬論，福澤諭吉提倡的「平等」、「民權」、「獨立」、「自由」、「文明」正是張之洞批判的異端邪說。花這麼長的時間對二者進行比較，是希望同學們能認識到「獨立」二字的內涵，實現自我精神獨立。

孔子講「古之學者為己，今之學者為人」，他不贊成為人之學，提倡為己之學，這並不是自私，而是不斷完善自我，更好地成為自己。孔子的為己之學閃耀著人性的光輝，和馬克思關於人的自由發展的觀點有相通之處。所以在理解大學精神時，不妨試想一下，我們的學習究竟是為了什麼？自由發展、更好地成為自己才是最重要的。教

育的最高境界不是知識的抵達，而應是心靈的抵達。具體來講，就是要完善自己的人格，真正獲得心靈自由。康德是啟蒙運動的重要人物之一，他認為：「除了自由而外並不需要任何別的東西，而且還確乎是一切可以稱之為自由的東西之中最無害的東西，那就是在一切事情上都有公開運用自己理性的自由。」我們當然不能拋棄中國傳統文化，而應當思考如何融合作為傳統文化核心的禮和主要源自西方的理性。我校哲學系教授鄧曉芒在《啟蒙的進化》中講：「中國當代仍然迫切需要啟蒙，其物件就是中國傳統文化中那些蒙人的東西，應該用理性之光驅散之。」說到西方理性的內涵，鄧曉芒指出其中最根本的兩大原則：一個是邏各斯原則，表現為邏輯的規範性；另一個是努斯原則，表現為自由意志的超越性。這兩者尤其努斯原則是我們文化中欠缺的部分，邏各斯原則我們以前較為欠缺，現在隨著科學發展和社會進步，我們對其的關注度也在提升。

馬克思·韋伯提出價值理性和工具理性的概念。價值理性，也稱實質性理性，即有意識地對一個特定行為的固有價值的純粹信仰，不管是否取得成就。工具理性，也稱為功效理性或者效率理性，即通過實踐的途徑確認工具的有用性，從而追求事物的最大功效。價值理性和工具理性應當得到很好的統一，我們現在更多強調價值理性，工具理性稍顯欠缺。羅爾斯談公共理性，「在貴族政體和獨裁政體中，人們是通過統治者來考慮社會善良。這種理性就是非公共理性。在民主國家中，公共理性是公民的特徵，其目標是公共善良。當有理性的公民考慮公共善良時，這種理性就是公共理性。」公共理性以自己和對方包括所有人都能接受的規則和前提來協商，提倡以對方能夠接受的理由進行說服的互惠構想。他說：「在現在這個充滿衝突和矛盾的世

界中間，公民簡單地說出自己有說服力的論據是不足夠的，必須要找出其他人也能夠共用的理由，即『重疊共識』。」大學生應該有意識地培養自己的公共理性，不要遇事就情緒高漲。卡爾·雅斯貝斯談教育的意義時說道：「教師們在缺乏任何統一的教育思想的情況下強化著自身的努力，論教育的新書層出不窮，教學技巧持續補充。今天，單個的教師比以往任何時候都更是一個自我犧牲的人，但是由於缺乏一個整體的支撐，他實際上仍是軟弱無力的。而且，我們的善所獨具的特徵似乎是，具有實質內容的教育正在瓦解而變成無休止的教學法實驗，這個教育的解體所形成的是種種無關宗旨的可能性。一種嘗試迅速地為另一種嘗試所取代。教育的內容、目標和方法不時地被改變。」也就是說，許多教師所進行的不過是失去靈魂的改革。真正的教育改革，應當始終銘記其靈魂——人，思考如何有利於學生的自由發展。如果脫離這一點，單是做一些技巧上的改變，實際上是相當軟弱無力的。

　　我想，心靈自由是需要心靈開放的，需要自覺。受教育絕不僅僅在課堂上，也在日常生活中，在許多平凡人那裡。心靈開放者還善於質疑和批判，說到質疑和批判精神，馬克斯·韋伯認為，現代化的核心是理性。學者何愛國認為，西方的理性主義以「入世而不屬世」為特徵，與現實世界保持著一種高度緊張的征服和對抗關係，即「理性的征服」。這實際上是批判精神。東方的理性主義，比如儒教，特點是「入世而屬世」，即「理性地適應」現實世界。心靈開放首先要對自己開放，要懂得自己生存的價值、存在的意義，再就是對他人開放。哲學家馬丁·布伯在《我與你》中將人與人的關係分為兩種，一種是「我與你」，一種是「我與他」。他贊成「我與你」的關係，不

贊成「我與他」的關係。「我與他」的關係是當我帶著預期和目的去和一個物件建立關係時，這個關係即是「我與他」的關係。不管那預期或目的看起來是多麼美好，這都是「我與他」的關係，因這個人沒被我當作和我一樣的存在看待，他在我面前淪為我實現預期和目的的工具。「我與你」的關係則意味著將他人看作和我自己一樣的神性的存在。

　　還有做學問時的質疑精神，胡適說：「為人貴不疑，於有疑處不疑；為學貴有疑，於不疑處有疑。」心靈還要對社會開放，要關注社會的重大問題，比爾・蓋茨就號召大學生要關注社會的重大問題。他在哈佛大學畢業典禮上的演講中說：「哈佛大學是否鼓勵他的老師去研究解決世界上最嚴重的不平等？哈佛學生是否從全球的那些極端的貧窮中學到了什麼？」這個社會既存在黑暗面，也有光明面。許多人缺乏批判精神而只看一面，這類人在長遠發展中會遇到許多障礙。心靈也要對教育開放，學校是一個框架，讓學生自由發展並不意味著毫無約束。如何在教育的框架中尋求更大的自由，這是一個善於學習者應當重點領悟的。哲學家赫舍爾在《人是誰》中講到人的「非終極性」，即人始終是未完成的、未定型的、未達到終點的，總是處於一個開放的、充滿可能性的、向著未來的過程中。梁啟超在《少年中國說》中寫道：「使舉國之少年而果為少年也，則吾中國為未來之國，其進步未可量也。使舉國之少年而亦為老大也，則吾中國為過去之國，其澌亡可翹足而待也。」這意味著我們要面向未來，不能只驕傲於過去悠久輝煌的歷史。心靈自由還需要我們善於擁有美的體驗。社會有美的一面，也不免有醜惡的一面，但在學習和生活中，要善於獲得美的體驗。

借用蕭伯納的話說，大學代表著未來和過去，代表著沒有投票權的後代和未曾擁有過的傳統。大學代表著偉大的、永久的抽象而非權宜之計；代表著逐漸的消化吸收而非暴飲暴食；代表著完整的知識、人性和從商業化中拯救出的工業，從專門化中拯救出的科學。大學代表著熱戰中被忘卻的東西，代表著匆忙的日常生活中被放到一邊的東西，代表著我們應該而沒有思考的目標，代表著我們不願面對的現實和我們缺乏勇氣去提出的問題。這是對大學精神的一個很好的詮釋。

羅德斯在《創造未來：美國大學的作用》中說：「在一個充斥著犬儒主義和懷疑主義的年代，大學必須高揚啟蒙主義的大旗。在一個家庭分裂、信仰萎縮和道德衰敗的社會裡，我們的國家極力希望一個新的社會模型的建立，它擁有知識和善良、批判和關愛、懷疑和堅定。這將極大滿足我們這個已經支離破碎的社會的需要，也是我們內心深處的渴望。」「大學是人類社會的產物，也就分享著人類社會的缺陷，像懶惰、妒忌、怨恨和怠忽職守等。但可以這樣宣稱，大學儘管有各種各樣的缺點，如果將來要解決我們的社會問題和重新挖掘出社會需要的內在品質，大學將是至關重要的。」

最後，我希望同學們在幾年的大學生活中，盡可能地去找到自己的心，就是那一顆獨立、自由、求是、責任的心。你們可以在貧窮人那裡找到它，可以在國家和人類社會的重大問題那裡找到它，可以在未來的發展中找到它，可以在理性中找到它，在被忘卻的東西中找到它，在漫不經心的地方找到它。要找到的那顆心不在遊戲中，不在虛擬世界中，不在放任中，不在自己的功利中，也不在權威的說教中。

2014年華中科技大學演講
梁青根據錄音整理

中國教育與世界的差距

石毓智　新加坡國立大學教授

大家好！

這是我第三次站在這個講臺上，第一次談的是「儒家文化與我們今天的教育」，第二次是「為什麼中國出不了大師？——探討錢學森之問」，今天和大家交流的話題是「中國教育與世界的差距」。

今天要講的這個話題和上次我講過的話題都是我整體構想中的兩個子課題。我是研究漢語語言學的，根據這幾年以來的經歷和認識，我對自己的學術有了一個定位——反思我們的傳統，吸收西方的科學精神，讓我們以不同的眼光看世界，從而達到提升我們的民族文化、使我們的國家走向富強的目的。社會主義核心價值觀的前兩個字就是「富強」，光富不強是不行的，那麼「強」體現在什麼地方呢？體現在人才和教育方面。所以我也做了一些相關的研究，總共出了八本書，從文化、教育、科技、思維、歷史等多個方面來考察中華文明所處的地位及其具有的特徵對中國科技創新的影響，我今天要講的這個話題就是我研究的一個核心課題。我們國家的發展和民族的前途與創造力息息相關，我們日常生活中所用的手機、電腦等高科技產品充分體現了創造力的重要作用，但這些東西幾乎沒有一樣是我們中國人發明的，可見我們的創造力亟待提高。

前段時間，國家廣電總局向老年人推廣了一批書，其中有二十本

人文方面的書，我的《縱橫中國夢——一個學者的獨特視野》一書被選入其中。我覺得要實現我們的中國夢，最關鍵的因素是教育和人才，因此我寫了這本書。我們要實現美好理想，就要有一個雄厚的基礎，即教育和人才。

近來，國內的一些大學紛紛提出要建設世界一流大學，華科也是其中之一，相對來說我們還比較謙虛，目標是二〇三〇年建成。而清華提出的建成世界上一流大學的時間是二〇一一年，北大是二〇一五年，浙大是二〇一七年，復旦是二〇二〇年。我覺得很納悶，他們竟然把時間定得這麼具體，難道清華大學在二〇一一年有什麼重大事件發生嗎？為什麼會定在這一年實現從國內一流大學到世界一流大學的跨越？建設世界一流大學似乎成了一種潮流，從中我們似乎可以看到中國人一直存在著一種「大躍進」式的思維，就像當年提出的「超英趕美」、「人有多大膽、地有多大產」這樣的口號一樣，這種「大躍進」式的思維反映了我們存在的一些問題。首先是不了解自己。上週五我在提出二〇一一年建成世界一流大學的清華大學演講，講的也是今天這個話題，我就問清華的學生：「你們認為自己的學校現在是世界一流大學嗎？」沒有一個人給我正面回答，搖頭的人倒是很多。按照他們提出的口號，建成世界一流大學已經三年了，但是實際情況並不是那樣的。說明他們並不了解自己，同時也不了解別人，不了解教育發展的規律。如果我說，到二〇一五年，我要成為世界一流學者，一定會讓人覺得匪夷所思。多所大學紛紛提出「建設世界一流大學」的口號，可能只是學校的相關負責人向上級領導表明決心的一種方式，他們想讓領導看到自己的昂揚鬥志和責任感。若真的要建成世界一流大學，我們還有很多工作要做。

怎樣的大學才算是世界一流大學呢？有很多不同的標準。如果從數量來看，中國很多高校都可以算世界一流大學了，華科當然也是其中之一。在校學生人數夠多，辦學規模夠大，發表論文的數量也夠多。但如果從品質來看，世界一流大學要有頂尖的人才、頂尖的科研成果，這方面我們的高校現在做得還很不夠。大家覺得華中科技大學、加利福尼亞大學、斯坦福大學這三所大學裡有世界一流大學嗎？哪些是呢？我估計大多數同學會覺得斯坦福大學是世界一流大學，其他兩所算不上。我們來看一組資料——在職教師獲得諾貝爾獎的資料。加利福尼亞大學聖地牙哥校區有十七人獲諾貝爾獎，加利福尼亞大學聖巴巴拉分校有六人獲諾貝爾獎。或許同學們覺得加利福尼亞大學不怎麼樣，但他們的頂尖人也是很多的。我們知道有很多不同的大學排名，排名的標準不同，結果就會天差地別。英國大學的排名會考慮學校的經費、學生的國際背景和老師的文化背景等非學生因素，如果以這種方式排名，新加坡國立大學常常進入世界前三十名，北大、清華大概在七八十名。我自己定的標準是把非學生因素全部排除，我們只看學術。世界上有三百所大學和科研機構的工作人員已經獲得了諾貝爾獎這樣的世界頂級獎項，但是我們沒有這樣的人才，所以如果從純學術的角度來看，我們華人世界的所有大學都只能排在世界前三百名之後，包括新加坡國立大學。

　　為了探索中國教育與世界的差距有多大，我做了幾項工作。其中投入精力最多的是「解剖」我的母校斯坦福大學。二十世紀九〇年代，我在斯坦福大學讀博士，後來又利用二〇一〇至二〇一一年學術休假的機會再一次回到那裡。在學術休假期間，我對斯坦福大學開展了全面的考察，也是為了解決溫家寶當時很關心的一個問題——「為

什麼中國出不了大師？」我將那段時間的收穫寫成了《為什麼中國出不了大師：探討錢學森之問》一書。要回答這個問題，首先必須要知道大師是怎麼產生的，這個問題的答案也只能在世界頂尖級大學才能看到。除了斯坦福大學，我還去過八個世界排名前十的大學，除了牛津大學以外。同時我也去過美國、加拿大、日本、德國、法國等國家的其他各種級別的大學，除去知名大學之外的二流、三流的大學，從而考察這些國家的整體教育發展情況。而且我還利用講專業課的機會去遍了中國所有的六七十所重要大學，有的還去了多次。我去這些學校不僅是為了交流，也是為了學習。我接觸到很多人，既有領導，又有年輕的朋友，我和他們談話以了解各個大學的狀況。我目前的相關階段性成果主要體現在兩本書中。其一是《為什麼中國出不了大師：探討錢學森之問》。其二是《為什麼中國出不了約伯斯》。約伯斯被奧巴馬看作當今世界傑出的發明家，他通過科技改變了世界，所以我選擇他作為視窗來看美國的家庭、教育、企業管理、政企關係、科技環境、科技生態等，這些就是這本書的主要內容。

在這一系列的探索之後，我給世界一流大學定下了幾個標準。

第一，在校的科研人員中至少有十人是諾貝爾獎獲得者。這一點反映的是教師的素質。現在全世界有三十多所大學可以達到這個標準，最多的是哈佛大學，達到了六十多人，其次是斯坦福大學，有三十七人。

第二，學校的畢業生中至少有十人是諾貝爾獎獲得者。畢業生包括本科生和研究生，兩者之間更看重研究生，研究生比本科生更能代表學校的科研水準。這一點反映的是學生的素質。現在世界上可以達到這個標準的高校也有三十多所，同樣是哈佛大學位列第一，有

六十九人，劍橋大學則有六十五人。

第三，擁有世界級的大師。可能有同學會說，上面所說的諾貝爾獎獲得者難道不是世界級的大師嗎？我這裡所說的世界級的大師是一個較為寬泛的概念，諾貝爾獎裡的和平獎、文學獎等是沒有什麼科技含金量的，我這裡講的主要是排除掉和平獎和文學獎以後的科技和教育方面的獎項，包括物理獎、化學獎、生理獎或醫學獎、經濟學獎。還有很多學科沒有世界頂級大獎，但同樣有世界級的大師，有些大師對人類文明的貢獻甚至超過了諾貝爾獎獲得者。諾貝爾獎著重強調獲獎者在某一點上的貢獻，但是在面上的影響可能並不是很大，不及一些學科創始人。比如資訊理論的創始人香農，我們現在的輿論媒體資訊產業都離不開香農的發明。所以我們要看一所大學裡有沒有這樣的大師，有沒有一位老師開創了一個學科，成為學科創始人。我這裡有一個資料，統計了世界上十個重要學科的極具影響力人物各一百人。觀察他們的分布情況可以得知擁有大師最多的是哈佛大學，有八十一位；其次是斯坦福大學，三十六位；接著是伯克利大學。這個排名反映了教師隊伍的素質，在亞洲有兩所大學分別有兩位學者進入這個統計表，分別是東京大學和新加坡國立大學。但新加坡國立大學的兩位都是高薪從英國聘來的，其中一位曾是新加坡國立大學的副校長，我曾經就中西教育差別等問題採訪過他。所以人才的來源也是必須加以考慮的。

第四，擁有改變世界的科研成果。考察學校的科研成果是否改變了普通人的思維方式、看世界的角度以及生活方式。以斯坦福大學為例，斯坦福大學的一位心理學教授在二十世紀二〇年代提出了「智商」的概念，這個概念影響了我們對人的認知能力，影響了教育心理

學的發展，給我們提供了一種認識自我的方法。斯坦福大學的心理學系在美國乃至全世界都一直位列第一，產生了許多風雲人物，不僅影響了心理學界，更影響了全世界的教育界和文化界。除了心理學系，斯坦福大學的電腦系也是一直排名第一的，它的研究成果如搜尋引擎等極大地影響了我們的生活方式。由此可以看出，「世界一流大學」不是一個空蕩蕩的聲譽，不是一個很抽象的概念，而是實實在在可以把握的東西，存在於我們每一個人的身邊。

　　第五，在校教師寫出影響世界的科普著作。有人覺得科普是小兒科，只有不從事科研的人才從事科普工作。這是一個偏見，真正影響世界的科普著作都是大科學家寫出來的，如霍金的《時間簡史》。只有大科學家才能高屋建瓴、深入淺出地將深奧的道理用生動淺顯的語言表達出來。一個大學是否有可以寫出風靡世界的科普著作的教授，這也可以反映其教學水準的高低。在華科上學期間，我喜歡數學，買了不少數學方面的書籍，其中之一是《數學與猜想》，是斯坦福大學的波利亞教授寫的，他寫了很多風靡世界的數學方面的科普著作，同時他也是數學大家。

　　以上五點是從宏觀來講的，下面我們來看一些細節。我通過一些圖片來跟大家講一下中西教育在管理方面的差異。

　　大家來看看這張圖片上的椅子，看它有什麼特殊之處。這把椅子是我在斯坦福大學看見的。在學術休假期間，我修了斯坦福大學的一些和我自己的專業無關的課程，其中之一是《數論》，這門課是在斯坦福大學統計學系大樓的某個教室上的。當時坐下來就覺得那把椅子有點不太對，坐著很彆扭，後來才恍然大悟這個椅子是專門為左撇子設計的。這個小細節透露出斯坦福大學在管理上為學生考慮之周到，

體現出其人性化的管理理念。我在華科上過課也教過書，在新加坡等地教過書，卻從來沒看到過一把專門為左撇子設計的椅子。人類總會有一定數量的左撇子，這是很正常的現象。美國大學生的左撇子比例遠比中國大學生高，美國前總統克林頓就是左撇子。為什麼美國有那麼多左撇子而我們中國的左撇子卻很少呢？這是因為我們的左撇子從小就被糾正過來了，根本不允許其存在。而美國則是尊重左撇子，天生是怎樣就怎樣，不去人為地干涉，這反映了美國教育對個性的尊重。如果我們中國哪所大學也出現了這樣為左撇子設計的椅子，那就非常了不起，說明其人性化管理已經達到了很高的水準。

再來談一下關於殘疾人教育的問題。我們的大學校園裡幾乎是沒有殘疾人的。我曾經有一個有殘疾的同學，他學習成績很好，但到高中的時候就被迫中斷學習了。因為高中的學校距他家很遠，交通問題沒法解決，學校也沒有條件給他提供上門授課，所以他只能放棄學習。在殘疾人裡，尤以盲人接受教育的難度最大，華科今天可能有個別殘疾人學生，但裡面沒有盲人學生。然而西方的情況不同，大家看這張照片，這是斯坦福大學的一個盲人學生畢業時與她的導盲犬的合影。我在斯坦福大學上課的時候也親眼見過一個盲人男生在導盲犬的幫助下找上課的教室，這該有多麼艱難，但是斯坦福大學有條件讓盲人學生順利完成學業。我剛到美國的時候，在加利福尼亞大學的聖巴巴拉分校還遇到過一個盲人博士生，他讀完博士後還順利找到了工作。我有一次開會的時候曾請一個著名的美國教授來講學，他從美國輾轉來到中國，我怎麼都想不到他竟然是一個盲人。這些人都讓我很震撼，在美國，即使是盲人，也可以順利完成學業，讀完本科、碩士、博士，甚至還可以留校任教。霍金也是殘疾人，他全身癱瘓，話

都說不了，卻成為舉世聞名的大科學家。這就反映出美國的教育系統對智慧的尊重，即使你是殘疾人，只要你有智慧，都能得到充分的受教育的機會。無論是教室、圖書館還是實驗室，只要正常人可以到的，殘疾人就可以到。所有的設施都設有殘疾人專用的部分，為了少數的殘疾人可以完成學業，學校願意投入資金。我們國內大學幾乎沒有對殘疾人的照顧，在這一點上和西方形成天壤之別。

再來看這張照片，這張照片是我二〇一一年七月在斯坦福大學照的，當時學校已經放假了，我當天晚上六點多去學校，發現從草坪到圖書館、教學樓的犄角旮旯，所到之處，所有的學生都在安安靜靜地看書、做作業，沒有見到一個打鬧的學生，沒有見到一對親熱的情侶。我在華科上學的時候，青年園附近一直是「風花雪月」之地，鮮有學生能靜下來看書學習。當然中國也不乏勤奮的學生，但總體來講，中國學生學習的風氣比西方要差一些。

這張圖片顯示的是斯坦福大學圖書館門口的石碑，一共有八塊石碑，代表世界上主要的八種文字系統，當然也包括我們的漢字。從中我們可以看出他們寬闊的胸懷，所謂「海納百川，有容乃大」，世界一流大學必然要有可以容納世界文化的胸懷。我去清華大學的時候就只看到了漢字，他們的校訓「自強不息，厚德載物」八個字只用漢字寫了出來，沒有代表其他民族文化的文字。這麼一對比我們就可以看出差異來，我們的大學應該是允許所有文化存在的地方，世界一流大學必然要有開闊的心胸，可以容納一切，而不是僅僅強調自己的文化。

還有建築，世界前十的大學我去過九所，那些大學的建築真是美得不可思議。很多建築的美不是投入大量資金就可以實現的，必須要

有創造力和人文意識。在我看來，無論是一個國家還是一所大學，其水準完全可以通過其建築的水準反映出來。我迄今為止見過的最美麗壯觀的一處建築是劍橋大學的教堂，哈佛大學的教堂也很美。劍橋、哈佛、牛津這些世界頂級大學每天都吸引著絡繹不絕的遊客前去觀看，我在斯坦福大學上學的時候每天都會看到城牆外有成千上萬來自世界各地的遊人。我的一個朋友說我們國內大學的硬體已經趕上世界一流了，他所說的硬體主要是指儀器，但是我覺得「大學的硬體」應該是廣義的，建築自然也應該包括在內，而這正是我們很多國內高校的不足之處。

　　我們中國人有很強烈的諾貝爾獎情結，我想其中可能有兩個因素。其一是我們的經濟發展了，我們的文化、體育等各方面都有了很大的進步，我們在奧運會上所得的金牌總數可以排到世界前三。可是在高科技領域的頂級世界大獎，我們迄今還是一片空白。其二是與我們有著複雜的歷史關係的鄰國日本，迄今為止已經培養出了二十多名諾貝爾獎獲得者，這對我們來說也是一個刺激。每年的諾貝爾獎得主揭曉之前，我們的新聞熱點都是對華人得諾貝爾獎的預測，去年就有人預測說袁隆平會得諾貝爾獎，他被提名諾貝爾和平獎。然而袁隆平被提名的是諾貝爾和平獎，這本身就是一個值得我們深思的問題。袁隆平完全有資格去競爭諾貝爾生物學獎，可是他被提名為諾貝爾和平獎，這大概是從他的科研成果解決了中國人的吃飯問題，從而為社會穩定做出了貢獻這個角度來考慮的。我也認同這一點，如果從這個角度來考慮，他確實完全有資格獲得諾貝爾和平獎。但是為什麼他不能去競爭諾貝爾生物學獎呢？這就反映出我們的科技水準和世界上其他某些國家相比還很不夠，還有巨大的發展空間。

斯坦福大學在二〇一二年之後的三年裡，一共產生了五名諾貝爾獎得主，我在去年寫了一篇叫《為什麼斯坦福大學能在兩年出四個諾貝爾獎》的博文，之後沒幾天，我們人文學院的院長何錫章老師就跟我說他轉發了我的文章，何老師說他一看是我們的校友，是我們中文系的畢業生寫的，就立刻轉發了。我這才知道這篇文章在網上廣泛傳播，後來也發表在了北大創新網上，很多人都看到了，產生了不小的影響。為什麼斯坦福大學能在兩年出四個諾貝爾獎獲得者呢？可歸納為以下幾點。

　　第一是前沿。學校從本科階段就開始要求學生站在學科前沿思考問題。以化學系為例，化學系每年會舉辦一次會議，請來十個諾貝爾化學獎獲得者，讓他們講講這個學科的前沿問題，並展望學科在未來十年或者二十年裡的發展。這樣讓學生有和世界頂級大師見面交流的機會，有利於培養學生的自信心，讓學生有信心去爭取諾貝爾獎；同時，更重要的是讓學生可以站在前沿思考學科問題，一旦有所收穫，就有獲獎的契機。

　　第二是專注。我在生物學系做過一個調查，我曾去過他們的一個食堂，去聽在那裡吃飯的人談的都是什麼話題，因為一個人在吃飯的時候談論的話題應該是他最關注的問題。結果吃驚地發現他們都是同一個課題的合作者一起來吃飯，吃飯時交流的都是與課題相關的學術問題，幾乎沒有天氣、體育等方面的閒談。足見他們對課題的專注，可以說是整顆心都被科研課題佔據了。

　　第三是激情。我在斯坦福大學時曾參加過一個叫作複雜系統理論的研究小組，這個小組是生物學系的教授和博士生發起的，全校約有六十人參加，參加者來自數學、語言學、心理學等很多不同的專業。

複雜系統理論現在還不是一個成熟的學科，尚在萌芽階段。複雜系統理論研究涉及生物界、社會界乃至我們人類自身，這些無不是複雜系統，複雜系統理論研究的就是各個複雜系統的共性。所以他們覺得這會是一個對未來有巨大影響的大學科，就組建了這個研究小組。這個研究小組的參與者沒有任何物質報酬，他們完全是在強烈的興趣引領下走到一起共同研究的，為了一個愛好而定期開展會議，進行交流討論，新的學科在這種氛圍中呼之欲出。斯坦福大學還有很多這樣由不同專業的學生出於共同的興趣愛好而自發形成的交流、學習、研究小組，其中有一個與《論語》相關，我還曾經給他們做過一個報告，他們會定期召開會議，認真研讀《論語》。從這些興趣小組中，足見他們燎原之火般的科研激情。

第四是全面。無論是一個國家還是一所大學，但凡是多次獲得諾貝爾獎的，其獲得的獎項大都囊括了化學、物理、生物等多個領域，日本也是這樣。科學本身就是一個生態系統，各個學科之間本身是有密切連繫的，缺少了任何一環都難以有所成就，必須各方面都顧及才能保證長期的繁榮。

今年又發生了一件與我密切相關的事——加利福尼亞大學聖巴巴拉分校的一個日裔物理學家獲得了諾貝爾物理學獎。他是由聖巴巴拉分校的一位副校長、研究生院院長親自到日本特聘過去的，而這位副校長是我在聖巴巴拉分校工作時的老師。當年他和我聊天時說他剛從日本回來，他發現日本一個學者的研究成果很可能獲得諾貝爾物理學獎。我當時覺得他是在說大話，他和我一樣是研究語言學的，怎麼會了解物理學界的情況。但是他還是堅持把那位學者聘過去了。十多年以後的今天，那位學者最終果然獲得了諾貝爾獎，我這才覺得我的老

師的眼光果然不一般。在過去的十年裡，加利福尼亞大學聖巴巴拉分校這所至今僅有六十年歷史的年輕大學共有六人獲得過諾貝爾獎，都是物理學獎、化學獎和生物學獎這樣的科技含量很高的獎項。所以一個大學是否能獲得諾貝爾獎與歷史長短並無必然連繫，聖巴巴拉分校的成功說明領導的眼光也很重要。大學領導首先要能判斷誰的研究成果是最尖端的，其次要提供條件把這樣的人才吸引過來，而且還要有耐心。我的老師把日本學者特聘過去後過了十幾年才終於獲獎了，如果急功近利，等不下去，就可能把學者逼走了，所以耐心也是很重要的。除此之外，還要有安靜的校園環境。無論是斯坦福大學還是聖巴巴拉分校都是很安靜的，只有修道院似的學校才能出思想家，才能讓人靜下心來思考學術問題。

留學是不是就可以消除中國教育與世界的差距呢？恐怕沒有那麼簡單。我們的思維習慣深受生活環境和文化傳統的影響，如果我們認識不到自身存在的問題，留學並不能從根本上消除差距。在美國的各大高校，我看到中國的留學生，其中也有在美國長大的華裔，他們的思辨能力和歐洲留學生有很大的差別。最大的差別體現在發展新學科的能力方面。世界上現在有成百上千的分支學科，沒有一個是中國留學生或者華裔創立的。西方人的思維方式有一個特點，他們善於從一點出發，再逐步系統化，最終發展成為一個新的學科。我們中國人為什麼不能創立一個學科呢？原因就在於我們從小接受的教育。我們的傳統教育強調最多的學者是孔子、孟子、老子，他們主要傳播倫理道德，與科學思維沒太大關係，更沒有建立起系統、科學的思維。而西方學生受希臘文化的影響，他們的教育中強調的學者是亞里斯多德、柏拉圖、歐幾里得等，其中歐幾里得的《幾何原本》堪稱人類歷史上

迄今為止最完整、最完美的公理化系統。所以西方學生從小就深受科學思維的影響。我學的是語言學，語言學界的所有系統理論都是西方學者發明創立的，我們語言學界的華人學者遠遠多於西方學者，但所做的研究工作無一例外都是引進和印證西方人提出的理論，我想其他學科的情況也是大抵如此。為什麼會出現這樣的現象，我覺得和我們的民族傳統、思維習慣以及我們從小接受的教育密切相關，這絕不是出國留學就可以解決的。為此我寫了《中國人的邏輯》一書，反思我們的思維習慣、思維特徵和我們的文明之間的關係。

我覺得影響一個國家教育發展的有哲學傳統、思維方式、社會環境、群眾基礎等幾個因素。我這裡著重講一下群眾基礎對教育發展的影響。這裡有一張圖片，是愛因斯坦二十世紀二〇年代訪問日本時的照片。日本是唯一一個曾請愛因斯坦前去訪問講學的亞洲國家。愛因斯坦當時住在東京的一家賓館裡，某天早上起床開窗時看到窗外大街上站著成千上萬的日本人，他們為一早上能見他一面在大街上等了一夜，由此我們可以看出日本民眾和政府對科學的熱愛。愛因斯坦在東京大學講學，日本民眾紛紛買票前去聆聽，他主講的內容是相對論，考慮到冗長而深奧的理論會讓聽眾感到反感，就省略了一些內容，將四個小時的內容壓縮成三個半小時。結果這一舉動讓主持人和觀眾很不滿意，埋怨他沒講完整，說他是在偷工減料。從這件事中我們可以看出日本民眾強烈的科學熱情，這讓愛因斯坦深受感動，所以愛因斯坦一直以來對日本人評價很高。試想，假設在今天，如果一個像愛因斯坦這樣的科學家來到北京或者武漢，我們中國民眾會有那麼高的熱情嗎？我對此深表懷疑。日本在一九四九年誕生了第一個諾貝爾獎得主，之後又有多個日本學者獲得諾貝爾獎，這和日本舉國上下高漲的

科學熱情是分不開的。一個國家的高端人才與該國大眾的價值觀密切相關，大眾的價值觀會引導年輕人的價值選擇。社會風尚決定人才走向，巴西人對足球的熱愛培養出了眾多的足球明星，中國唐代對詩歌的崇尚孕育出了眾多大詩人。由此可見高端人才的培養絕不僅僅是大學的責任，也不僅僅是政府的責任，還必須依靠社會氛圍。

我們的大學紛紛提出要建成世界一流大學，這不應該只是一個膚淺的口號。知不足，然後能自強。所以我們的教育要進步，就必須面對現實，正視我們的教育與世界的差距。

謝謝大家！

2014年於華中科技大學演講
陳俞蓉根據錄音整理

哲學與科學

當下的形勢與社會建設

陸學藝　中國社會科學院研究員

　　我今天準備講四個問題：第一個問題是當前中國的經濟形勢和社會形勢；第二個問題是為什麼要選擇社會建設作為當前的戰略重點；第三個問題是社會建設到底建設什麼；第四個問題是社會建設可以分為幾個階段。這是同學們要認識的幾個問題。

　　下面我講第一個問題：當前中國的經濟和社會形勢。先講經濟形勢。大家看報、聽廣播都知道中國的經濟形勢這三十年來一直是很好的，呈平穩趨勢，快速增長。這三十年來基本實現了從貧窮國家到經濟現代化國家的轉變，經濟總量在二〇一〇年已經超過日本，成為世界第二大經濟體。而且二〇一〇年的人均GDP是四千四百美元，在二〇一一年已經超過了五千美元，中國已經進入上中等收入國家行列。世界銀行二〇一〇年的標準是人均GDP低於一〇〇六美元的叫低收入國家；一〇〇七到三九七五美元之間的叫下中等收入國家；三九七六到一二二七五美元之間的叫上中等收入國家。根據國際貨幣基金組織二〇一一年的測算，如果按照購買力平價計算，到二〇一六年中國的GDP總量將和美國差不多；如果按貨幣計算，到二〇二五年左右，中國的GDP總量會趕上甚至超過美國。儘管總量超過，但是我們的人口比美國高四倍，所以我們的人均GDP還只是美國的四分之一。如果繼續保持現在的經濟增長速度，在二〇五〇年左右，我

們的人均GDP可能會趕上美國。社科院估計，中國在經濟上至少二十年保持百分之八左右的增速是沒有問題的。總體來說，中國的經濟發展速度超出了所有人的預料，這是好的一面。但是還有另一面，即社會矛盾凸顯。這個也是超出我們預料的，當我們搞經濟建設的時候，認為只要把經濟搞上去了，什麼問題就都解決了，沒想到經濟真搞上去了，蛋糕做大了，現在的一些問題比那個時候還嚴重。我認為這些問題可歸納為以下幾點。第一點是社會分配不公，貧富差距拉大。中國在二〇〇〇年已經提出來了要遏制貧富差距拉大，但是到現在還在擴大。社會分配不公，簡單來說就是我們把蛋糕做大了，這個蛋糕比我們想像的還要大，但是分蛋糕的規矩到現在還沒定好，而且切蛋糕的人也做不到公正，切得偏了，該給的沒有給到，不該給的給了。正因為有這種分配不公，就引起了一系列的矛盾。第二點是民生事業、社會事業建設滯後，公共服務不到位。就是說我們人均GDP到了五千美元的時候，我們的社會事業、公共服務，比如說我們的教育，我們的醫療，我們的社會保障尚未完善。我們把相當一部分力量都搞到經濟建設上面去了，投入到學校、醫院的錢不夠，所以現在看病難，上學難，養老難，住房難，等等。第三點就是現在社會各階層關係緊張，沒有安排好。城鄉關係、勞資關係、官民關係，這個問題比較大。正因為這些關係沒有處理好，所以城鄉矛盾、勞資矛盾、官民矛盾凸顯。第四點是倫理道德滑坡，誠信缺失。現在假冒偽劣產品太多，買東西都靠不住。中國原來是禮儀之邦，現在這個問題卻很突出。第五點是社會治安，刑事犯罪、群體事件、大案要案頻發。第六點是資源、環境問題嚴重。總體來說，我們的經濟形勢有好的一面，但是我們現在社會問題、社會矛盾、社會衝突凸顯，經濟這條腿是長

的，但是社會這條腿是短的。

那麼怎麼來看待這些問題，怎麼來理解這些問題？現在中國好的一面是很多的，但是問題的一面也很多，那麼面對這種情況該怎麼辦？你們可以看到，報紙上現在有兩種說法，一種是中國必須進行政治體制改革，要搞政治建設；另外一種是現在搞政治體制改革不行，適合搞社會建設，搞社會體制改革。那麼我根據國家這幾年的文件，這幾年的會議，給大家做一個介紹，談談為什麼現在要選擇社會建設。根據我研究中央二〇〇〇年以來的文件、領導人的講話和媒體披露的有關方面具體報導，我想可以給大家回顧一下。第一點就是二〇〇二年十六大提出全面建設小康社會。二〇〇二年的時候我們已經實現了人均一千美元的目標，按鄧小平於二十世紀八〇年代提的二十年翻兩番，達到人均一千美元，實現小康，按理說到二〇〇二年開十六大的時候這個目標就已經實現了。但是中央對這件事情分析得比較具體，二〇〇二年開十六大時提出來我們已經實現了小康，但是這個小康是低水準的，是不全面的，而且是很不平衡的。所以又提出還要經過十八年，到二〇二〇年實現全面小康。我覺得這是比較合適的，就是說我們要按照以前來的話我們已經越過低收入國家了，已經實現小康了，我們當時完全可以說小康社會實現了。但中央對當時的形勢分析是比較清醒的，而且提出來還要經過十八年，到二〇二〇年實現全面小康，經濟要繼續發展，民主要更加健全，科技要更加繁榮，社會要更加和諧，人民的生活要更加殷實。和諧社會並不是二〇〇四年提出的，二〇〇二年就提出了社會要更加和諧。中國的可持續發展是二〇〇三年提出的，當年出現了一些經濟社會不協調問題，所以二〇〇三年黨的三中全會提出要實現五個協調，要實現以人為

本、全面協調、可持續發展的科學發展觀，也是要解決前面講的經濟社會不協調的問題。到了二〇〇四年，正式提出構建社會主義和諧社會，而且要通過社會建設和社會管理來實現。所以改革開放以來，有了和諧社會這個思想，可以說是第三個理論上的突破。第一個是黨的十二大提出的社會主義初級階段，第二個是黨的十五大提出的要建設社會主義市場經濟，第三個是建立社會主義和諧社會。社會建設這個詞，是一個新名詞，它在二〇〇四年以前不叫社會建設，叫社會發展。到了二〇〇六年十六屆六中全會的時候，專門為構建社會主義和諧社會這些重大問題做出了重要的決定，其中有一句話就是說，今後我們建設社會主義現代化，要在以經濟建設為中心的背景下，把構建社會主義和諧社會放到特別重要的位置。從二〇〇六年以後，關於社會建設，關於構建社會主義和諧社會在全國推開了。黨的十七大對社會建設做了一個強調，而且把原來建設社會主義三位一體的格局加進了社會建設，原來是三大建設，即經濟建設、政治建設、文化建設，現在變成經濟建設、政治建設、文化建設、社會建設。所以從這一點上說，黨的十七大的這個決定標誌著中國已經進入了以社會建設為重點的新階段。

為什麼要這麼選擇？為什麼不選擇把政治體制改革放到前面而是把社會體制改革、社會建設放到重要的地位？黨的十七大已經給出了一個說法，我從理論上來解釋為什麼要這麼做，我認為有三個方面的原因。第一，這是轉變經濟方式的一種需要，是為了擴大內需。我們講轉變經濟發展方式已經講了若干年，擴大內需也講了好多年，但是老擴不上去，很大的原因就是光從經濟這方面來調整是不夠的，還必須結合社會方面的建設，比如說對科學、教育、醫療、社會事業等方面的投入，這是一種。另外，為什麼群眾手裡不是沒有錢，而是都存

在銀行了，為什麼不敢花？有兩大原因：一是中國的社會保障體系還沒建好；二是教育系統、醫療系統還沒相應建起來。社會事業、民生事業還沒建設好，如果都建起來了，再加上我們國家對社會建設的投入夠了，那麼這些問題都會得到解決。第二，這也是解決社會問題和社會矛盾的需要。現在已經產生了這麼多社會問題、社會矛盾，很多都是因為這個難、那個難引起的，所以現在如果把社會建設各個方面搞好了，好多問題就容易解決了。第三，這也是提升中國綜合國力的需要。中國現在硬實力應該是不錯了，中國的GDP已經位居世界第二，但是中國在科學、教育等方面還有很大的發展空間。中國現在是製造業大國、農業大國，但是中國還不是工業強國、農業強國，包括國防也是這樣。中國的科學技術和軟實力還需要提升。

現在我講第三個問題，社會建設是什麼，建什麼？它的主要內涵是什麼？社會建設，簡單地說，就是建設社會現代化。改革開放三十多年來，我們把經濟現代化建起來了，現在我們面前的主要任務是進行經濟現代化，把經濟現代化作為基礎是很重要的。但是，一個現代化國家，光有經濟現代化還不夠，還必須進行社會現代化、政治現代化、文化現代化。所以我提倡建設一個新的「四化」，八〇年代的「四化」是農業現代化、工業現代化、科技現代化、國防現代化，現在看來這四個現代化實際上是經濟現代化，只強調經濟現代化出了很多問題，那麼解決這些問題就要通過社會現代化來解決。社會現代化，具體來說，不是有些人說的搞社會建設就是搞社會管理，社會建設就是科、教、文、衛、體事業的建設。我認為至少要包括這八個方面才能實現社會現代化：發展民生事業，推動社會事業發展，促進城鄉社區建設，大力培育社會組織，建立誠信體系，完善社會規範，加強社會管理，培育和壯大中產階層。

社會建設將來怎麼進行？我認為有三個階段。第一個階段，也就是我們現在正在做的，就是改善民生，加強社會保障，把社會事業建設起來，把科、教、文、衛、體搞好，同時要進行社會管理。如果說中國花五年，十二五期間能把這兩件事做好，同時把社會管理搞得好一點、有秩序一點，那麼我覺得社會建設就會有一個好的開局。第二階段的關鍵，就是十八大以後，新一代的領導班子應該進行社會體制的改革和戶口體制的改革，工資制度的改革、醫療制度的改革以及社會保障的改革也要跟上去。我認為社會體制改革是攸關國家前途和命運的大事。這個時間是在十三五、十四五之間，如果這一關過了，我想第三階段就好了。緊接著到二〇四〇年以後，我們達到中等發達國家水準，人均GDP可能達到二萬美元以上，然後社會體制完善了，社會建設就可以進行，社會管理也搞好了，也就可以實現經濟現代化、社會現代化了，同時政治體制改革可以相應地進行了。我覺得下一步主要就是要搞社會建設，大致經過這麼三個階段後，市場、政府、社會三足鼎立的社會就會實現了。當然這三個階段是一種理論上的劃分，實際上會交叉進行。從二〇一〇年開始社會建設，社會管理已在全國鋪開，各地都在進行，所以我試想一下，大致相當於二十世紀八〇年代的經濟建設那樣，可以預見，會產生一部分像當年的珠江模式、溫州模式、蘇南模式之類的社會體制改革模式，社會建設的模式也會產生。

2012年於華中科技大學演講
董進誠根據錄音整理

徐光啟：科學、文化與宗教

李天綱　復旦大學哲學學院教授

　　我是復旦大學宗教學系的老師，平時涉及文、史、哲，都是人文的內容。今天到充滿理工科氣息的華中科技大學來做講座，應該講一點跟科學有關的事情，就想到了徐光啟。去年，我和現在已經逝世的導師朱維錚先生編寫了《徐光啟全集》。作為中國近代史上一個重要的人物，徐光啟的事蹟還沒完全被認識到，今天在華科講作為一個科學家的徐光啟就非常有意思。在歷史上，中國科學院副院長竺可楨先生比我更認真地研究了徐光啟的科學，他提出：徐光啟是中國的「法蘭西斯・培根」。法蘭西斯・培根是英國近代科學的奠基人，他引領了十七世紀之後英國的實驗科學思想，那麼徐光啟也就是當時中國科學的奠基人。竺可楨認為徐光啟是中國當時科學的先驅，他的思想和學問一點也不比法蘭西斯・培根差，是一個非常重要的人物。由此，引起了我的一個想法：徐光啟作為一個科學家的地位，一直是明確的，後面還有一些其他的身分，比如政治家、思想家、翻譯家等，這些都有談論。但是，他還有一個身分，也是最重要的身分，還沒有被真正認識到，那就是他是一位宗教家。徐光啟是中國第一代天主教徒，但是我們在那麼多年裡都忽視他。說他是科學家，就不能說他是天主教徒；說他是天主教徒，就不能說他是宗教家，因為宗教家跟科學家兩個身分是衝突的。所以，我想通過一個人物來講科學和宗教的

關係，還有中國和世界其他民族、其他文化的關係。在編寫了《徐光啟全集》之後，我認為徐光啟的作用和地位還沒有被全面地認識清楚，所以今天很高興在華科的人文講座上來談這樣一個主題。

我從一個問題引出今天的主題。二三十年前，大家開始討論一個「李約瑟問題」：中國近代的社會科學為什麼落後於西方？問題是怎麼形成的？這個問題是中國人心頭的一個痛楚、一塊瘡疤。到今天都在焦慮，什麼時候在自然科學領域得到諾貝爾獎？研究中國科學技術史的英國學者李約瑟認為：中國的科學技術在徐光啟之前是不落後的，他寫了十幾卷《中國科學技術史》，論證了中國古代的科學技術一點也不落後，曾經領先於世界，有時候，有的地方比印度、阿拉伯民族更早、更好，更不用說比最晚發展起來的歐洲。李約瑟問：在二三千年前，中國為什麼就有發達的科學技術，到十七世紀以後卻停滯了？我們都知道中國有四大發明——造紙術、印刷術、指南針、火藥。但是「四大發明」是歐洲人「發現」的，並不是中國人命名的。傳教士告訴歐洲人，中國有四大發明，中國古代史書中根本不在乎這四大發明，歐洲人才覺得了不起，因為他們正在發展科學技術，就會對中國古代在這方面的成就特別敏感。到十六世紀中期，歐洲才由古登堡發明了印刷術，紙張和火藥的使用不是很久，指南針是在哥倫布大航海以後才重新使用的。所以，四大發明的含義是歐洲人告訴中國人：「你們有四大發明，比我們更早。」今天，我們在不自信的時候往往會說我們祖先和祖上很發達，有「四大發明」。

中國人在兩千多年前就很發達，為什麼十六世紀以後變得落後了？四大發明被李約瑟詳細考證，並作為一個定案：中國確實發達了二三千年。李約瑟問題提出來之後，人們從哲學、文化、思維習慣等

多方面提供了這個問題的答案，比如說中國人只善於文科思考，如仁、義、禮、智、信、三綱五常等關於道德、倫理的一套東西。還有，中國人的詩詞、歌賦、文章寫得很好，像唐詩、宋詞這樣優美而富有內涵的東西很領先，中國的人文學和文學很好，但是不善於做邏輯思考，這是不是原因？還有人說，中國人的理論思維還好，工藝、技術也很發達，理論和工藝的結合卻不好。從事理論的儒生和從事工藝的匠人不會合作，也就是說儒家傳統看不起工匠技藝，因此不能發展出現代科學技術。現在是理工科看不起文科，過去可是儒生看不起手工藝人。古代把從事工科的人看成是工匠，只是一個幹活的，不像阿基米德、牛頓那樣把工匠的活抽象成一個邏輯的、形而上學的，用數學方式審視和思考出來的整個世界的根本關係，這種「形上學」（Metaphysics）的習慣，我們一直沒有。這裡的「形上學」和我們平時所講的「形而上學」不是一個意思，我們把「形而上學」當作教條主義，這是兩個意思。很多西方學者，主要是著名的哲學家黑格爾，他認為中國之所以沒有發展起近代科學，是因為中國人沒有邏各斯，不會把具體的事情抽象成一個普遍的原理，就像知道一個東西加上另一個東西就是兩個東西，但是不知道1+1=2這個原理。中國人不會邏輯思維，不會做「形上學」的思考，沒有邏各斯。對李約瑟問題的回答大部分都是從這個角度出發的，那麼中國究竟是不是這樣？沒有邏各斯，沒有「形上學」思維？從來不講邏輯？不知道你們的回答是怎麼樣的，但是我們上一代的學者大部分的回答都是說：「是的，就是這樣！」

最近有了另一個說法，這是法國有一個很有名的後現代學者德里達提出的，他覺得中國人沒有邏各斯是好事情。他認為，黑格爾總提

邏各斯，西方人卻被邏各斯害苦了，逼得大家成為一種動物，每件事情都要按部就班地進行，使得西方人很刻板。中國人沒有邏各斯是一件好事情，中國人就很靈活，擅長用不同的方法靈活處理事情，所以沒有邏各斯是好事情。當然，他也認為中國人是沒有邏各斯的。

另一個問題是「錢學森之問」，錢學森的問題和李約瑟的問題有所不同，是最近幾年流行的。其實，中國人的思維方式，或者結合了西方思維方式的中國思維方式也是可以讓人做出成就的。對錢學森來說，他的同輩如楊振寧、李政道拿諾貝爾獎，從楊振寧、李政道之後，海外華人科學家多次拿到諾貝爾物理獎、化學獎等，所以中國人並不笨，中國人不是沒有邏輯能力，其傳統文化和思維方式未必就是發展理工科的一個阻礙。但是，我覺得錢學森的問題有點複雜。他說，民國時期還可以，楊振寧等這些人都不是在一九四九年後內地的教育體系內培養起來的，全部都是民國時期在西南聯大以及中國臺灣地區、香港地區各大學培養起來的。溫家寶見錢學森，錢學森用這個問題考總理，而他暗藏的答案很明顯：一九四九年之後的教育體系恐怕是有問題。這個問題不是我們的傳統不行，不是我們近兩千年的傳統不行，不是近五百年的傳統不夠，也不是民國戰亂時期就科學停滯。事實上，我們的教育體系可能有問題。這是錢學森之問的潛臺詞。這個問題提醒我們不要做文化決定論，不要做傳統決定論，不要認為傳統文化甚至宗教如佛教、道教等是個包袱。舉個例子，元代著名的地理學家朱思本繪製了《山海輿圖》，「百里為方」，用了比例方法，李約瑟認為這比歐洲十六世紀以前的地圖更加精確，但他本人是一個生活在江西龍虎山上的道士。所以，對傳統不能一概而論，要做具體的分析。

雖然我不是楊振寧的學生和朋友，但我有幾次機會和他談論這個問題。二〇〇二年，在香港地區的一次學術討論會上，楊振寧做了名為「溫和的革命家」的主題演講，將自己對傳統文化的態度和物理方面的主張稱為「溫和的革命」。這個稱呼來源於香港中文大學中國文化研究所所長陳方正，陳方正稱楊振寧是「溫和的革命家」。正巧我在研究徐光啟，就問楊振寧：「中國傳統文化是否給你們這一代人精神上的鼓勵、啟示或者是潛在的影響，能夠正面地幫助您取得後來的科學成就？」我把意思說清楚了，這個「傳統」並不是籠統的「文化」，而是指清代發展的「漢學」，包括了數學、天文、曆法等學問，也就是徐光啟、利瑪竇在明末發展起來的「利徐之學」。對此，楊振寧的態度是否定的，他認為中國傳統文化對中國科學沒有好處，清代的數學和二十世紀的中國科學無關！中國人在物理、化學、數學上取得的成就是從西方引進的。他持的是一個「全盤西化」的觀點，在這裡，他確實是一個「革命家」，卻不是很「溫和」，持的是一個與自身科學傳統截然斬斷的決絕態度。

　　我覺得，楊振寧可能不太了解徐光啟，未必完全清楚徐光啟在翻譯《幾何原本》過程中中國傳統文化起了很重要的作用。經過徐光啟、利瑪竇等人復興的數學、天文、曆法知識，固然是翻譯了歐洲十六世紀科學技術突飛猛進的成果，但是也復活了中國漢代的同類知識，如《九章》、《算經》等等。通向現代數學的路徑，既可以有歐洲數學的「微積分」方法，也可以有中國漢學的「割圓術」方法。如果沒有明末已經復興起來的「漢學」，如果當時的數學領域是一片荒蕪，那麼徐光啟、利瑪竇翻譯《幾何原本》、《泰西水法》就會很困難。我們看到，歐洲傳教士在缺乏數學傳統的地方，如非洲、美洲、

太平洋島國和東南亞等地，就沒有很好地傳播現代科學、技術，那些地方至今還是很落後。徐光啟之後的清代學者借用歐洲科學技術將中國兩千年的科學技術復原了。利瑪竇認為中國的道德倫理學說比歐洲先進，漢族人的手工藝也很發達，數學、天文學則是歐洲發達。但是，到了清代，乾嘉學者刻苦鑽研、奮起直追，清代的科學技術雖然沒有同時期的西方進步得那樣快，但較唐、宋、元、明時期有了很大進步。如果徐光啟、利瑪竇開創的科學互譯、文化交流和宗教對話的局面發展下去，中國近代的科學技術是可以和西方成就一起進步的。比如，清代學者李銳發展的割圓術，它比起西方的微積分並不遜色；康熙皇帝的數學造詣，比路易十四、彼得大帝的水準還要高一些。到了清末，海寧學者李善蘭從乾嘉學派那裡繼承數學知識，並沒有拜歐洲人為師，直接就和傳教士偉烈亞力一起翻譯了《幾何原本》的後半部。很可惜，雖然明末清初的天文學、數學等在「西學」的刺激下，比起漢代術數有很大的發展，其他方面的條件卻不支持中國的科技發展。清朝趕走了傳教士，唯一的科學交流管道就中斷了。江南的書院，比如錢大昕的蘇州紫陽書院已經開始傳授自然科學，但朝廷的科舉制仍然不改變「四書五經」的教科書體系，考試、錄取和任官制度也不朝著現代方向改革，這樣的社會環境如何能夠趕超「西學」？所以，中國近代科學技術落後的原因，是綜合性的、社會性的，當然和傳統文化也有關係，但不是任何簡單的原因（比如說中國人不懂邏各斯）能夠解釋的。楊振寧先生是物理學家，不太了解中國社會歷史的綜合情況，他的結論肯定忽視了一些方面，從這點說科學家也是有缺陷的。

我們再來看明代的大科學家徐光啟，他的生卒年是一五六二年至

一六三三年。一六三三年離明朝滅亡和清朝入關只有十一年，徐光啟是為了挽救明朝命運而不懈努力的最後一位學者，他這位「醫國手」去世後，明朝就不可救藥了。徐光啟字子先，號玄扈，天主教聖名保祿，諡文定。大明南直隸松江府上海縣（今上海市）人，葬于上海徐家匯，是崇禎朝的文淵閣大學士。崇禎皇帝在煤山上吊之前頒布的《崇禎曆法》，正是一六三三年之前徐光啟、湯若望等人修訂的。同時，徐光啟還為崇禎訓練了一支新式部隊，相對冷兵器，其先進程度相當於今天的導彈、太空部隊，即從澳門引進了世界上最先進的大炮，成立了專門抗清的神機營。這是徐光啟去世之前做的兩件事情，這兩件事情很有可能挽救明朝的命運。宗教信仰上，很多人都認為曆法的混亂是亡朝的徵兆，一部好的曆法可以厘定當時混亂的形態，穩定人心，重建信心，挽救明朝的命運。徐光啟和他的學生們訓練的神機營，在抗擊清軍入侵時打過大勝仗，傳說用從澳門引進的紅夷大炮轟死了努爾哈赤。這兩件事很關鍵，而徐光啟就是負責人和總指揮，他去世後就失去了挽救明朝滅亡的機會。作為一名天主教徒，徐光啟在中國天主教內部被譽為「三柱石」（另外兩個人是杭州的李之藻、楊廷筠）。今天我們可以暫時不講他的宗教身分，他是中西文化交流的第一人。徐光啟通過中西文化交流，引進西方的文化和科學技術，然後重塑中國古代的科學技術，形成我們中國人近現代的科學技術。針對近代史學者范文瀾說林則徐是「睜眼看世界的第一人」，我和我的老師朱維錚先生都認為不對。徐光啟對當時歐洲的了解，對西方科學技術的掌握，要遠遠超過林則徐。我認為，中國的近代史，並不是在鴉片戰爭之後開始的，而是在鴉片戰爭之前的徐光啟時代，或者說明清交替之際的十七世紀中期就開始了。鴉片戰爭是近代的結果，而

不是近代的開端。林則徐比徐光啟差多了，他是被英、法的「堅船利炮」逼著才學習西方，並不主動。他除了去澳門收集情報之外，並沒跟外國人有那麼密切的接觸和交流。徐光啟則不同，他所處的時代中國很多方面不比歐洲差，他入教也不是為了得到好處，完全是因為信仰。他和歐洲神父交流，很多都是著名學者：利瑪竇是十六世紀重要的數學家、天文學家；鄧玉函是羅馬科學院的院士，和伽利略是同事和朋友。他們促膝交談，一字一字地翻譯和考察，把「西學」知識接到「漢學」上面去。很多人設想，如果清朝皇帝、儒家學者，還有其他工匠人士都一起來從事中西文化交流，改變中國人忽視科學技術的傳統體制，後來的鴉片戰爭就可能會避免。即使爆發貿易戰爭，情況也會大不相同，不會像十九世紀後期的情況那麼糟糕。

今天的徐家匯是上海的繁華地帶，它得名於徐光啟家族聚居地，徐光啟的墓地就在這裡。徐光啟對中國乃至世界都有很深的影響。但是，徐光啟並不完全被人所知，徐光啟作為一個天主教徒的身分，還是沒有被認識清楚。我用親身經歷說明徐光啟的身分是如何逐漸被人們所認識的。上海市文管會前會長、上海市文化局前局長方行曾經給我們上課，他說，一九八〇年，當上海市要修復徐光啟墓地（現為光啟公園）時請了復旦大學老校長、著名數學家蘇步青題「徐光啟墓」。蘇步青並不知道徐光啟的學問也是幾何學，他的題字承認了徐光啟的科學家身分。到了一九八三年，方行為徐光啟築像，請了時任全國人大常委會副委員長、歷史學家周穀城題字，這就承認了徐光啟的政治家的地位。二〇〇三年，我邀請著名學者王元化先生為徐光啟紀念館題字，並由徐家匯區文化局將墓碑前的十字架也修復了，說明了社會上也認同徐光啟是一個天主教徒。對此，當時也有一部分人持

反對意見，認為不應該在科學家墓前豎立十字架，在他們的意識中，宗教基本上等同於迷信，所以他們不贊同在徐光啟墓前豎立十字架。也就是說，徐光啟作為一個科學家是被認可的，但是作為一個宗教家是有疑問的。提出疑問的人應該知道，在徐光啟所處的時代，理性和信仰並不總是衝突的，中國的科學和西方的宗教在明代末年尤其沒有衝突的必要，相反倒是有互相交流、促進的作用。

我認為，徐光啟有四個重要的貢獻從明末一直影響到今天。一是徐光啟推動了中國的農業革命，他將南方水稻引入北方，在天津栽種，並將其經驗寫入《農政全書》。同時，他還引種了番薯（也叫山芋、紅薯）並上了一道《甘薯疏》，推廣番薯，解決民生問題。明代萬曆年間的人口大約是五千萬，明清之際戰亂頻繁，人口減少，但是到乾隆年間，中國人口數量翻了三四倍，達到了三億。很多學者認為徐光啟引種的番薯對這個「人口爆炸」起了重要的作用。過去是北方人往南方遷徙，可是學會栽種番薯的南方人反過來往北面的山區裡遷徙，其中有福建人、浙江人遷到江西、安徽的。清代爆炸式人口增長的原因之一就是由於番薯可以養活更多的人口。二是軍事革命。徐光啟引進了澳門研製的世界上最先進的火炮，裝備了神機營，打了不少勝仗。可惜崇禎昏聵，誤殺了徐光啟的學生孫元化，部隊潰散，明朝就沒得救了。三是曆法革命。徐光啟編寫了《崇禎新曆》，崇禎卻遲遲不敢啟用，直到明朝快要滅亡時才頒布。而清軍一入關進京，就滿城尋找幫助徐光啟修曆的湯若望，他向清朝獻上《崇禎新曆》（《西洋新法曆書》），馬上刊刻，成為清朝使用的曆書，從一六四四年一直沿用到現在。徐光啟、湯若望改變了十二個時辰的計時方法，按照羅馬的格里高利曆法將一整天劃成了二十四個「小時辰」，即「小

時」。另外，徐光啟將十二時辰的一百刻改用西方的九十六刻，這在當時引起了極大的爭議，卻改變和影響了我們現在的生活。四是天文學的進步。在中國，編著天文學和測量是連繫在一起的。徐光啟從小就認真學習中國傳統的數理化、天文學等。據查證，他在上海的金山衛學裡開始學測量。衛學是部隊學校，需要學一些天文、地理、幾何知識，養成了徐光啟一生對軍事的興趣。一六○三年以後，他開始系統接觸西方的天文學、地理學、數學，將它們融會貫通，接到中國學術上來。當時的中國與世界同步，一六○九年伽利略發明了天文望遠鏡目鏡，十年之後就傳到了中國。據考證，徐光啟確實使用了望遠鏡，所以中國科學院上海天文臺於二○○九年在徐家匯開會紀念伽利略發明天文望遠鏡四百周年。一六○七年，徐光啟和利瑪竇還翻譯了克萊烏斯新整理的《幾何原本》，這是文藝復興運動的最新成果。「幾何」（Geometry）的譯法，來自上海話對「Geo」的音譯。徐光啟參照漢代的勾股理論，確定了「點」、「線」、「面」等的譯法。他用的方法跟歐洲文藝復興的方法一樣，一方面重塑中國古代（「漢學」）傳統，另一方面引進西方學術。義大利的文藝復興是重建希臘、羅馬學術體系，翻譯希伯來文、阿拉伯文的經典，方向不同，但方法一致。徐光啟和他的夥伴利瑪竇一起將歐洲文藝復興帶到了中國，我稱之為「雙重的文藝復興」（Double Renaissance）。

在《農政全書》中，收入了徐光啟、熊三拔翻譯的《泰西水法》。一般來說，學者只說這是「水利之書」，講水利工程。其實，這本書是從神學、哲學開始的，先講天地、自然，風雨、雷電，然後才講河道、灌溉。徐光啟、畢方濟翻譯的《靈言蠡勺》則更多講述宗教，因為他們介紹了亞里斯多德的《論靈魂》。《論靈魂》是亞里斯

多德的重要著作，討論人的靈魂問題，是中世紀哲學的根基。哲學界原以為這本書是在一九三〇年才有人開始閱讀、翻譯的，其實早在三四百年前徐光啟就翻譯了。另外，亞里斯多德的《尼科馬克倫理學》、《形而上學》、《宇宙論》也都在明末就翻譯出來了，明末的江南儒家天主教徒真的不落後，不保守，勇於學習，善於吸收，和後來學者估計的完全不一樣。

明清歷史上的很多問題需要重新研究，我們對中國古代科學技術的研究、敘述都做得太簡單。一六一四年，利瑪竇的學生金尼閣從歐洲將七千部十六世紀以前的拉丁文著作帶往中國，稱為「西書七千部」。這個圖書館的規模相當龐大，一八一四年《美國獨立宣言》主要起草人傑弗遜把自己收藏的六千多冊圖書捐贈給國會圖書館，當時號稱是北美最大的藏書家，「西書七千部」比他早了約二百年。如果用「西書七千部」，為明末清初的「中國文藝復興」做底子，按徐光啟的設想，對它們進行「翻譯、會通、超勝」，那麼中國科學以及中國文化後來的命運應該會大不同吧？正是在「西書七千部」的同一條船上，羅馬科學院院士鄧玉函也來了。鄧玉函是伽利略的好朋友，也是已經成名的科學家。因為研究天文學，鄧玉函對伽利略和哥白尼的學說都很了解。為了到中國進行天文觀察，他還帶來了望遠鏡，跨過廣大的經度，來東方測量星象和地理。明末清初中西文化交流，中國科學復興的種種跡象說明當時的學術已經進入了人類進步的大趨勢，明清儒家士大夫的「漢學」已經進入世界學術之林。

明末以徐光啟為代表的江南士大夫是很開放的，他們有自信心，有責任感，也完全有知識能力、經濟實力，與傳教士帶來的西方文化做交流真的是遊刃有餘。徐光啟雖然不懂拉丁文，但通過耶穌會士可

以了解世界，他的主要方法是引進、翻譯和復古、創新，從中國古代和歐洲民族汲取思想精華，恢復前人的優秀學術，再加以發展和創新。這個「不薄今人愛古人」的思路是值得肯定的。另外，他還提出天文曆法應該學習西方，創新方法就是「欲求超勝，必須會通；會通之前，先須翻譯」。這條創新原理，今天也是放之世界而皆准，非常管用。「超勝」是指超越古人、洋人的舊學問，也就是「創新」。但是，超越之前要先把古人、洋人已有的知識融會貫通，此為會通。會通當然是一件很麻煩的事情，比如說，西方講幾何，中國講勾股，中間有相通的東西，我們要把這中間的同與不同都說清楚，融匯在一起加以比較，找到精神上、原理上的統一性，就叫會通。為此，又要進行艱苦的翻譯，要對古人、洋人講的和自己掌握的知識加以比較。翻譯、會通和超勝，這是文化創新的三步規律，這種規律今天仍然有效，就是知識對話和交流的積極作用。翻譯並不是跟著別人亦步亦趨，不是盲目崇拜、全盤西化。徐光啟是實事求是的，西方文化適用的，便是好的，就翻譯、會通，不存在面子的問題。

徐光啟同時代前後的李之藻、楊廷筠、徐霞客、宋應星，都是這樣處理的，客觀地研究西學，理解透了再決定是否要將其採納到自己的知識體系中。徐光啟的做法被證明是很成功的。也有一些人犯了一點錯誤，如宋應星的《天工開物》很不錯，但他在另一本書《談天》中犯了一個錯誤，他堅持「天圓地方」的觀點，不相信地球是圓的。可喜的是明朝末年以徐光啟為代表的一批人有了科學精神，並持續到清朝乾隆、嘉慶年間從事考據的學者身上，他們就是乾嘉學派。乾嘉學派中的一部分人可以被稱為科學家、數學家。他們不單單讀四書五經，還找到了數學。梅文鼎、江永、阮元、錢大昕、戴震、李銳都是

很好的數學家，他們在《左傳》中找天文學的記載，考證中國古代天象，發掘漢代以後的數學。阮元為此還編輯了一本《疇人傳》，把中外歷代科學家都收羅進去。所以，中國的科學技術研究在徐光啟所處的年代已經開始，並不像人們所說的儒家士大夫只懂文科不懂理科，中國人是一個沒有科學傳統的民族。

徐光啟這種思維方法和文藝復興很像，把中國古代和西方好的東西拿過來認認真真地做學問。現在的學術環境與氛圍不是這樣的，但是不能說古人沒有做過。所以，「錢學森之問」是有道理的，以前是認認真真做學問，現在一些人是馬馬虎虎做學問，做項目就是交差。雖然中國的科學技術有問題，但有些東西還是可以用的，只要保留好的，改掉不合時宜的就好。西方原先採用以地心說為基礎的第谷宇宙體系，雖然哥白尼已經提出日心說，但並沒有變成以日心說為基礎的律法，所以徐光啟就沒有翻譯和介紹。直到乾隆年間，錢大昕研究《乾坤體義》，才介紹了哥白尼的學說。嘉慶年間編《疇人傳》，收錄了一大批如亞里斯多德、阿奎那、伽利略、牛頓等歐洲科學家、哲學家、神學家。引進歐洲科學並沒有否定中國的科學技術傳統，相反觸發了新的思想活力。徐光啟是中國第一批皈依天主教的人，其家人和家族也隨他入教。徐光啟給我們的啟示是，人既可以是儒家學者，也可以是天主教徒，兩種身分並不衝突，而是跨文化的雙重身分。另外，徐光啟還主張「東海西海，心同理同」。徐光啟家族和利瑪竇家族的後人在二〇〇七年相聚在徐家匯，紀念《幾何原本》翻譯四百年。一九一五年，由徐家匯耶穌會孤兒院畫師創作並送去巴拿馬參賽的四幅畫——徐光啟、利瑪竇、南懷仁、湯若望的畫像，是中西文化融合的象徵。南懷仁和湯若望是康熙皇帝的工程師，參與了大量工

程，後來的耶穌會士還參與建造了圓明園。所以，我認為中國和世界是可以融合的，是可以在一起發展的。中國和西方的宗教是可以對話的，中國和世界的學者是可以合作的。現在有些人認為，中國和西方就是不一樣的，常常是會起衝突的，我們是黑頭髮、黃皮膚，流的血液也不一樣，「非我族類，其心必異」，這是種族主義的言論，是不正確的。另外，科學和宗教並不是對立的，它們可以好好相處。有些信仰確實是迷信，比如生病不吃藥、畫符作醫療、跳神驅魔鬼等，但是宗教並不是這些，在宗教裡面也包含著一些科學的因素。我的最後結論為：文科、理科都是不可或缺的，文科生也應該如徐光啟那樣，有嚴謹的科學邏輯、科學精神；理科生也可以像徐光啟那樣，有儒學和人文造詣，有社會責任感。總之，中國人既學得好文科，也學得好理科，我們不是缺少哪一種傳統，而是要把好的傳統發揚光大。我的看法就是這樣的，謝謝大家！

2013年於華中科技大學演講

馬瑩根據錄音整理

中庸、中和、誠與生態文明

錢耕森　安徽大學哲學系教授

　　我先來講一下題目的後半段——生態文明。對於生態文明，大家都很了解，讓我們一起來探討。

　　今天的武漢霧霾很嚴重，合肥市跟你們在一個緯度上，也是霧霾很大。過去我們這裡的天氣還是很好的，現在卻如此糟糕，這就是一個生態問題。

　　今年北京、天津、石家莊一帶的空氣汙染非常嚴重，引起了國人的高度重視。前不久召開的黨的十八大就明確指出要開始建設生態文明新時期。很多媒體報導北京霧霾嚴重，霧霾確實是客觀存在的，它很容易引起呼吸道疾病，會引發很多病症。有統計資料顯示，現在肺病的發病率呈上升趨勢。習主席常常講中華民族偉大復興的中國夢，中國夢主要包括兩方面內容：一是到中國共產黨成立一百年時全面建成小康社會；二是到新中國成立一百周年時建成富強、文明、民主、和諧的社會主義現代化國家。黨的十八大提出我們要同時開始建設生態文明新時期，所以中國現在要完成兩個歷史時期的任務：一個是工業化時期，也就是工業文明建設；另一個是生態文明建設新時期，這個是很不容易的。

■ 一、和生學：傳統中庸與現代生態文明的和諧發展

生態文明建設是一個龐大的系統工程，包括方方面面。從傳統文化等方面來講，全世界研究生態最好的是中國道教，有很多很好的理念和思想。但我今天不講這個，我今天主要講儒家的思想。

中庸似乎越看越糊塗，「中」和「庸」兩個字合在一起，是從孔子開始的。他曾說「中庸之為德也」。雖然孔子沒有給出具體的定義，但定義的內涵是有的。他的學生子貢問：我的同學子章和子夏，哪個好一些？哪個差一些？孔子回答說：子章什麼事情都做過了，子夏在我看來做什麼事情都做得不夠。可是子貢的腦子還沒有轉過來，他認為老師這樣講的意思是子章比子夏好，結果老師又給了一個答案：過猶不及。過是一種說法，不及是沒有達到，這兩個表現確實不一樣，但是孔子用辯證法思想來看，認為這兩個人本質上是一回事。過也不好，不及也不好，那什麼是好的呢？中庸。所以孔子雖然沒有給中庸下定義，但是內涵已經說得很清楚了，恰到好處才是最好的道德，也是理想人格的一種表現。

程頤也談到中庸，他在傳承孔子中庸思想的同時也對它進行了發展，他為「中庸」下了定義，即「不偏之謂中，不易之為庸」。不論你是否同意這個觀點，他都是第一個下定義的人。他更大的貢獻是什麼呢？是下面這句話：「中者，天下之正道；庸者，天下之定理。」中庸的發展把中和庸的作用、地位、性格、價值明確地講出來了。朱熹這樣講中庸：「中者，不偏不倚、無過不及之名；庸，平常也。」朱熹繼承了孔子和程頤的觀點，同時也有所發展，他認為中庸固然內容價值很高，但實際上也很平常，偉大體現在平凡之中，平凡之中孕育著偉大。

孔子把中庸定義為「德」，從道德來講就是至德；程頤說天下是正道不是邪道，天下是定理不是一般的道理，具有必然性，非這樣不可；朱熹就把它通俗化了，變成了平常的道理。他們的說法雖然不同，但實質上是相通的。所謂中庸，就是不過不及、不偏不倚。

接下來是我自己的創新：中庸就是對待事物兩端，或者事物定義的雙方，不要過，也不要不及；既不要偏於過，也不要偏於不及，要持中，實際上就是公平地對待雙方。雙方應該擺在很平衡的位置，不應該抬高一個，壓下一個。所謂平衡，就是要和諧地對待它。平衡一定和諧，和諧是不過不及，保持中正。能不能把中庸轉化為平衡、平等、公平、和諧？現在中央提倡建設和諧社會、和諧世界，和諧文化被提到日程上來了。我認為這就是和生學。從理論上講，和生學與建構生態和諧、事態和諧、心態和諧都有連繫，並且跟聯合國的主旨完全是一致的。聯合國的主旨是二戰後幾百多個國家在一起商討的結果，是全世界全人類智慧的結晶，其實就是四個字——「和平發展」。和平就是和，發展就是生，所以我這個觀點是以生為目的、為價值、為追求，生生不息，日新月異，與時俱進。但是怎麼才能夠生生不息、日新月異呢？不是靠鬥爭，拼命把人家打倒，而是靠和平。和不只是為了和，還為生，為發展。西周末年，周幽王有一個大臣叫史波，他說：「以他平他謂之和。」平，就是平衡，與不過不及是一樣的。史波第一個對「和」下了定義，比老子、孔子還要早。和包括多元，多元要想和諧相處只有平衡才能做到。所以經過後來的轉換，我給和下這樣的定義：所謂中庸之道就是平衡之道，所謂平衡之道就是和諧之道，而今是常道。

■ 二、生態平衡需符合中庸之道

生態平衡是指生態系統中的生物與環境之間，以及生物各個種群之間在一定時間內，通過能量流動、物質循環和資訊傳遞，使得彼此之間達到高度協調統一的一種狀態。生物只有在生態保持平衡與和諧的環境中才可以生存、繁衍、可持續化發展，否則就是不可持續發展，沒有前途，是短命的。而生態平衡是生物維持正常生長發育的根本條件，也是基本條件。當前，全球環境面臨巨大挑戰，環保部負責人說現在的真實情況要更嚴重。英國王儲查理斯經常參與國際公益活動，他說，除非人類自己能夠遏制消費，遏制現在的氣候變化，否則人類面臨滅絕不是危言聳聽。大家一定要愛護地球，因為這是我們共同的家園。生態平衡的問題是生態的關鍵問題，比如說麻雀，最近《南方週末》上一整版都在談論這件事情。麻雀是生態中的一個環節，它吃害蟲，同時也被它的天敵猛禽所吃，這就是相生相剋，也是我們說的互相幫助，既要享受權利也要履行義務，不能只享受權利卻不履行義務。麻雀和天敵，以及被它吃的害蟲，三者之間也是平衡的。但是人類做了一件非常愚蠢的事情，就是打麻雀，拿著自己的洗臉盆拼命地敲，麻雀聽到響聲就在樹上待不住了，到處飛，但是不管飛到哪裡我們都敲得很響，所以很多麻雀就被活活累死了。還有人在麻雀飛到的地方擺滿它愛吃的東西，但在食物中下了藥，那段時間死了兩億多隻麻雀。一些有良心的知識分子就提出給麻雀平反，呼籲大家保護麻雀。如果我們能夠以中庸之道去對待麻雀的話，就不會發生這樣的事情。

消費確實能夠刺激生產，但是太過分的消費，太誇張的消費，太揮霍的消費，對生產的發展是不利的，因為會破壞自然界的。但有些

人會追問，如果有人就是喜歡吃魚翅，價錢再貴他也買著吃，你鼓勵買賣的話就會有傷害，所以沒有需求就沒有買賣，也就不會有傷害。消費確實能夠刺激生產，但是太過分、太誇張、太揮霍的消費，對生產的發展是不利的，因為它是破壞自然界的。最好的做法是本著正常的需要去消費，不要浪費，這也正是儒家所提倡的。有人舉例說，西方文明曾經致力於用自然科學造福人民，但是如今的他們卻主張研究如何防止自然科學給人類帶來的危害。如果西方人當時採用中庸之道，珍惜自然，就不會出現現在的局面，那自然也就不會採取這樣的報復行為。

程頤認為，任何一件事從頭到尾都應該是中庸的，而不應該是半吊子中庸。有人說矯枉過正，矯枉怎麼能過正呢？矯枉已經很智慧了，再過正就很混亂了。大家一再強調創新，可是創新過頭後還要不要繼續做下去？對於很多常規的東西還是要遵守，不要打亂常規，既要善於創新，又要善於守常。

■ 三、生態文明要有「和」與「誠」的支撐

中和這個概念處於中庸第一章。喜怒哀樂是人的感情，每個人都有。但是，沒有表達出來就叫中，表達出來以後，該喜的喜，該怒的怒，該悲傷的悲傷，這叫作和。符合節奏、禮法、道德，這是和。中就是天下之大本，最大的根本就是中，定義四通八達的道，就是和。正因為它是大本，是大道，因而能夠做到中和，天地都能夠定義，萬物能夠生生不息。王陽明講良知是天生就有的，一個人做事要憑良心，也就是說，你不能夠有歪門邪道的思想，不能心裡詭計多端，這是真善美，也就是中。表達出來合情、合理、合法、合乎真善美就叫

善，叫和，未表現出來的真善美叫本真、本善、本美。

　　朱熹有一個學生說，恰好就是無過無不及，其中最重要的就是誠。和生萬物的理念可以追溯到史波，他講的是「同則不及」，即相同的東西經過簡單的重複、簡單的增加、簡單的製作是沒有前途的。比如有一種聲音很好聽，但你會一直聽下去嗎？即使是聽帕瓦羅蒂的演唱，聽多了也會膩煩。現在我們講和文化，政治上要和諧、生態上要和諧、經濟上要和諧、文化上要和諧、人與人之間的關係要和諧。這個和是從哪來的呢？從思想史上來講，和來源於音樂。無論是中國還是希臘，都是這樣。人類對和的認識首先是從音樂開始的，所以任何學習音樂的人都學習一門課叫和聲學。不學習和聲學的人，很難演奏出優美的音樂和唱出動聽的歌曲。可見中庸的這種學說，陳誠的「持中即所謂和」的說法，以及史波「和」的學說，就打通了，因此我把它概括為和生學。中和對生態文明的影響，就是我們要樹立生態意識，要有法的意識，還要有理財意識。生和死、生態和死態都是相對的，我們不應該熱愛死態，追求死態，而應該追求生態，尋找出路，生生不息。先賢曾問整個宇宙是什麼。自然科學告訴我們是宇宙大爆炸形成的；也有人說宇宙是從無到有；還有人說宇宙是上帝七天之內造出來的，眾說紛紜。中國的傳統思想是如何回答的？宇宙就是大化而成。化是變化，但這個變化不是小變化，也不是一般的變化，而是很大的變化。自然界也好，人類社會也好，地球上的每一樣東西，無時無刻不在發生著變化，而今變化已經很大。天之大德就是生。中國的辯證法思想自古以來就非常豐富，所以我們經常講與時俱進是有著非常深厚的歷史根源的。

　　近年來中國經濟迅速發展，中國成為世界第二大經濟體，同時也

帶來了很嚴重的生態問題。比如煤炭問題。汙染空氣的原因主要有三個：一個是汽車尾氣，一個是到處施工產生的揚塵，還有一個就是煤炭的因素。今年六月分北京、天津、石家莊出現了非常嚴重的空氣汙染問題，這引起了國家的重視，我們組織包括北京大學、清華大學、美國麻省理工學院、以色列的一所大學，提供了死亡率或者感染率方面的相關資料，得出一個結論：淮河以北的人的壽命比淮河以南的人的壽命短五年半。因為國家有這樣一個規定「淮河以北可以燃煤」，但現在這個規定已經取消了，淮河以北再冷也不能燃燒煤炭。還有燃油的問題，我看了一些材料，中國無論是大城市還是小城市，燃油標準都是比較低的，這樣汙染源造成的環境汙染就很重，要是像歐洲工業發達國家那樣，把燃油標準提高，把劣質油提煉成精純油的話，成本就高了。惡劣的生態環境對人的健康影響很大，而良好的生態環境才是人和社會可持續發展的根本基礎，所以我們要強化生態環保意識。

只有實現中華民族偉大復興的中國夢，才能對內構建和諧社會，對外構建和諧世界。對內建設美麗的中國，實現中華民族的可持續發展，給子孫後代留下天藍地綠的生態面貌；對外我們更加主張人類只有一個地球，各國共處一個世界，構建和諧世界也是各國人民的共同願望。以前中國的大小河流有五萬多條，現在很多都乾掉了，我們在報紙上還能夠看到很多地方圍湖墾田，把湖填平蓋房子這樣的事情。北方比較乾旱，他們就拼命地開採地下水，據說北京市十七米以下還有地下水，十七米以上都乾枯了。

中庸和中和是有區別的。中庸的庸，莊子解釋為用不用。朱熹講中和，中為道之體，和為道之用，他也把和與中連繫在一起。《論語》

裡面講「禮之用，和為貴」，中庸的庸也是用，那麼中和豈不是中庸了嗎？所以中庸與中和二者之間是有內在連繫的，是互補的、相得益彰的。還要講誠，誠的本意就是信，就是真心真意，就是做人要老實，說話要老實，做事要老實，對待其他人、其他事也都要老實。天道是誠，人道是天道的誠，誠的地位是很高的。做任何買賣沒有顧客都是不行的，而且顧客越多越好，商人為了吸引更多的顧客，提出「顧客就是上帝」這樣的口號，在基督教中上帝是神聖不可侵犯的，把顧客叫作上帝，可見把顧客的地位抬得很高。中國怎麼講呢？誠道天下開。我是武漢地區的，但不止是湖北的，也不止是中南的，而是全中國、全社會、全世界、全人類的。所以有一句話叫「不誠無我」，講得很有道理。比如說，你認為這個同學怎麼樣？當提到這個事情的時候別人都說：「唉，別提了，他這個人不老實。」那麼很多人聽到就會心裡想著要離這個人遠一點，那麼這個人做生意就很難成功，所以誠很重要。誠是我們生態的底氣，舉兩個例子。中國環保部（以前叫環保局），第一任領導曲格平幹了十年，他有一篇文章，是《南方週末》二〇一三年六月六日發布的，標題好極了：四十年環保路，「天道曲如弓」。曲格平回憶中國四十年來環保事業走過的道路時，就講天道、地道、人道。人道是以天道為標準的，天道曲如弓，像弓一樣彎彎曲曲，說明問題很大，大到什麼程度呢？有一些人、一些地方，對消除環境汙染、保護生態環境極不負責，虛報，謊報，造假，玩數字遊戲。在利益面前，道德遭到了踐踏，這就是不誠無我。不誠，無生態。所以，不誠實的話就消除不了生態環境汙染；誠實的話，一定可以占天地之話語，達到天人合一，這樣才能把環境治理好，才能有藍天白雲、綠水青草。萬萬不能謊報，汙染有多大就報多

大，能治理到什麼程度就治理到什麼程度，往最好的方面去做最大的努力。

儒家所提倡的中庸、中和、誠，都是很高的智慧，對於我們大力推進生態文明建設，努力走向生態文明新時代，是有很大幫助的，可以更好地完成新的歷史使命。

2013年於華中科技大學演講

陳俞蓉根據錄音整理

圍城內的暴力

佟　新　北京大學社會學系教授

　　今天非常高興來到這裡演講。對我來說這是一個命題作文，因為人文基地的老師希望我講這個問題。雖然我認為這個適合於更成年的人，但防患於未然也是好的。家庭暴力並不是單向的而是雙向的社會事實，這是一個很實際的問題。今天我們反思家庭暴力，更廣義的是反思暴力，這是一個更寬泛的話題，因為它無處不在。

▍一、無處不在的暴力

　　所謂暴力，就是用個人意志強迫另一個人去實現他想實現的事情。暴力是不是無處不在？在我們的身邊，暴力是無所不在的。就家庭暴力而言，是發生在家庭內部，是由具有婚姻關係、收養關係、血緣關係且生活在一起的人之間發生的毆打、捆綁、禁閉、殘害等行為，主要涉及從精神、身體、性三個主要方面。我們每個人都有可能會面對這個困境。

　　家庭暴力總體而言比較普遍，但由於調查取樣的不同，人們對家庭暴力的定義也就不同。比如說，你認為抽一巴掌算暴力嗎？對冷暴力的定義爭論就更大。兩個人發生矛盾說我不理你了，一周不說話，造成了一方精神的高度緊張，總有一方是處在優勢地位。基本上，對肢體暴力的定義沒有爭論，對冷暴力和精神暴力就很難定義，要根據

當事人的精神狀況。以肢體暴力為標準，大約百分之二十的夫妻之間曾經發生過暴力問題。最近也有新的資料，約百分之二十四點八二的夫妻間發生過暴力。

一九九四年，世界婦女大會在中國召開，當時我們做的研究就是家庭暴力。我做了四十個訪談，其中有博士生、副局級的領導幹部，他們並沒有因為學歷和身分的差異而減少暴力，我們會以為暴力是低等級的，但事實並非如此。四十個人中只有大約十個人遭受的暴力是公開的，大部分處在隱蔽狀態。我們的生活中有一些暗面，大多數時候暴力是發生在窗簾後面。我們相信的常常是美好的事情，因為總是看到光鮮的一面，所以當有的人遇到陰暗面就會瞬間崩潰。加拿大有一個宣傳片：光鮮亮麗的都市白領下班回家，窗簾被拉上，隨後傳來了類似毆打和哭泣的聲音。宣傳語為：「如果你聽到這樣的聲音，懷疑發生了家庭暴力，一個公民應該有責任去報警。」窗簾被拉上的一瞬間，背後發生的事情難以想像。研究發現，那些被打的女人或是男人最大的心理感受不是生理上的疼痛而是羞恥感，因為這種感覺讓她（他）難以啟齒，進一步加劇了這類事情的隱蔽性。

▋ 二、暴力產生的原因

我做研究比較關心的有兩個問題：一個是家庭暴力，另一個是性暴力。「李天一事件」中的女受害人被汙名化了，大家都在說，為什麼晚上十點鐘了一個女孩子還和男生在外面。難道這樣她就應該被強姦？在性犯罪相關的問題上，受害者被汙名化是很嚴重的。還有就是我們現在經常遇到的性騷擾問題。隱藏的意識形態是受害者是有罪的，很多人會說是不是你穿得太暴露了，所以受害者似乎不能將自己

的遭遇公之於眾。

我們要把窗簾打開看看那背後究竟是什麼，有很多東西要拿到桌面上來討論。如今，點開各種網站，性的話題無處不在，但我們對自己在性關係中的責任並不明確。有教授正在做一個課題：我們經常看到廣告「無痛人工流產」，醫學院的同學應該知道，這個世界上有無痛人流嗎？這種宣傳造成了很嚴重的後果：男孩子覺得可以不用避孕套，認為大不了花點錢你去做個人流還不痛呢。我們從小學到大學，缺少一個完整的、在性關係中雙方責任的教育。人們應當知道，有關意外懷孕對女生身體的傷害是什麼，有關避孕對男女雙方的好處是什麼。在社會上，醫院居然可以如此輕易地做人工流產手術，這其實是社會問題。揭開這些問題背後的危機是我們的責任。

研究表明，幾乎百分之八十的家暴受害女性不會提出離婚，她們的做法往往是，讓對方承認錯誤，讓對方保證此後再也不打老婆，然後選擇隱忍和原諒。瘋狂英語創始人李陽的夫人提出離婚並成功了，她是一個勇敢的人。但絕大多數人都是選擇了忍受。但忍受的結果非常糟糕，忍受的選擇使得這些問題不能夠被揭示出來，每次被揭示的問題都是一個契機，讓我們思考這是為什麼。醫學方面有很多相關的理論，有一些研究者認為這些施暴者有病，屬人格障礙或者是抑鬱症、狂躁症或精神分裂；還有人認為有的女性情緒不穩定，如更年期綜合征等等。

我基本上認同後一種理論，認為疊加因素可能更重要一點，即便是精神上有障礙，比如說失業的人酗酒後打老婆，我想問，這是不是一個權力關係不平等的產物？我認為是因為雙方權力關係不平等。很簡單，此人知道自己面前的這個人和自己有親密的關係，即便自己打

了她，她也不會告自己。什麼叫他可以打？這個權力關係背後是一個私人財產的佔有關係，你是我的物品，我對你有操控權，我可以這樣做，我知道打了你大不了向你下跪道歉。

這是由一系列的社會文化、性別關係和勞動分工關係決定的，這三個因素是我研究中特別強調的。如果要研究性別不平等，一定和這三個因素的共同疊加作用有關。一個男人為什麼覺得可以打老婆？男性在內心中認為，我是養家糊口的人，我供給了你的生活。在性別文化中一般會期待兩種，在性別文化中是二元對立的，這是講性別文化裡面的核心問題。一般認為男性氣質是男性要負責、要堅強，而更重要的是非女性化。我們定義一個女性，認為她要溫柔，要能照顧別人，而更重要的是非男性化。這個定義充滿了矛盾和張力，和我們的生活事實不符但又迫使我們去遵循它。就像剛才講的，一個男性失業後充滿了挫敗感，因為社會要求男人去養家糊口，這就是你的責任。相比之下，女性失業後的挫敗感就沒有這麼強。男性找不到社會支持，就會轉嫁這種挫敗感。當代法國著名社會學家布迪厄的著作《男性統治》，主要講男性統治為什麼是可以存在的，而且男性統治充滿暴力。布迪厄最重要的研究是對中產階級的再生產的研究。我們相信，隨著社會的發展，不平等會越來越少但仍舊存在。他特別關注到大學如何建立區隔，把人變得具有貴族氣質。這裡講的建構主義理論，是講一個人的出身與階級、一個人與城鄉的歷史關係、是男人還是女人、是有社會地位的人還是沒有社會地位的人，這些所有的因素疊加在一起影響著我們的生活。

家庭暴力其實不僅僅是一個簡單的性別之間的關係，它折射出來的是社會裡面階層、城鄉之間的權力不平等，人們對於不平等的反

抗、不滿以及種種的憤怒，可能會轉嫁給家庭暴力。《中國式離婚》充分反映了中國城鄉結合後存在的問題。比如一個農村男人娶了城市小姐，他的憤怒可能表現為家庭暴力，更有可能演化為對那個階層的敵意。在做調查時發現，很多打工妹出來打工但回家鄉嫁人，假如她的老公沒有出門她們就很容易成為家暴的對象，她的老公、婆婆似乎對她出門打過工很不滿，總會找出各種理由想要控制她。這就和男性氣質、城鄉不平等有關，認為你以為你去了大城市、開闊了眼界就很了不起了嗎？這就是城鄉之間的不平等。在很多情況下這些遭受暴力的打工妹會跑出去，因為她出門了知道自己可以再到大城市裡找一份工作養活自己。傳統女性身上的那份順從就會消散，挑戰男性權威。這些東西都是相輔相成的。所以才會有布迪厄在《男性統治》裡面特別討論到的，男性氣質裡面有一個因素叫非理性化，非理性化的因素決定了這些男人一旦他們發現自己以前沒有意識到的軟弱的時候，他們會無比憤怒。他們為了戰勝自己的軟弱，從而將內心的憤怒轉嫁給對方。

所以在座的每一個男生，你們內心要有一個承諾，不能打女人。其實不僅僅是承諾，你們要知道一個事實，那就是那些打女人的男人是最軟弱的，他們需要的是真實地表達自己，即便有憤怒，把憤怒的根源表達出來尋求愛人的支持和理解。比如說你失業了或者單位上提拔了一個人，你認為怎麼也該輪到你升職了，當你帶著憤怒回到家裡，這種憤怒就成了你日常生活的導火索。傳統的性別氣質文化真的很糟糕，它不允許男性失敗。男性無法釋放就只能在最親密的人面前發洩。我從一九九四年開始做性別研究，發現在私人領域裡有一套性別秩序，有一個情境讓人難以置信，院裡的大媽、大嬸勸架是把夫妻

兩個人拉開分別勸慰。那個女性說了一句話「他打就打了，為什麼打那麼重」，讓我非常吃驚而且難忘。我不明白，為什麼兩個相愛的人之間會有暴力，直到我之後工作有了自己的家庭生活。家庭生活就是最本質的兩性生活，為什麼在最親密的關係中會有暴力？情和愛成為一個遮羞布，就像家長打小孩往往有冠冕堂皇的理由：我打你是為你好。這就是為什麼親密關係裡面會產生對身體的、對精神的佔有，就像我有權力打你。

所以當有這樣的一種關係的時候，我覺得核心就是在私人領域，那個窗簾背後有一套我們內心默認的性別秩序，這套性別秩序是我們特別應該挑戰的。反對暴力的根本目的是反對已有的性別秩序。就像我的學生，一個男生和她相愛了七年，男朋友覺得你不和我結婚我就有權殺你，我殺你是為民除害。同時我接到了一個女生的信，一個女生非常珍惜自己的貞操，在男友的再三要求下發生了關係，誰知道這個男生在兩個星期後就消失了，連分手都沒說。她當時覺得非常痛苦，如此珍惜自己，「我不是一個隨便的人，我真的以為我們是相愛的，所以我們才在一起，但是他卻當作一個遊戲一樣完全結束了」。她覺得不僅僅是通過這種關係看到自己守衛貞操的問題，而且覺得自己為什麼這樣沒有識別人的能力。最後她就覺得人生完了。在信的結尾，她說：「老師，我不想活了，我想自殺。」我依然會回到情感世界裡的性別秩序中，一個女人首先要跟一個男人分手，在前一個故事裡面，我的很多男學生說很理解那個要殺人的男生，因為女生首先說分手，對於男生來講是一件很丟臉的事情。如果女生首先說分手，男生會覺得丟面子；反過來，男生把女生甩掉了，女生的選擇可能是自殺。所以當我們對性別問題想不明白的時候，就把兩個性別顛倒一

下，我們就會知道是有性別秩序的，而這樣的性別秩序常常對我們來說還不敏感。說到貞操問題就關係到性關係的本質。今天的社會已經不僅僅是開放的問題，有些東西是沒有邊界的，但是性關係的本質其實充斥著一種強烈的控制關係。當社會依然強調一個女性的貞操的話，去強調處女情結的話，通過處女情結，男人就可以控制女人。女人的性不是自己的，而是未來的丈夫的。所以女權主義解放運動有一個重要的目標，就是把性還給女性，不僅僅是強調性的自由，而是女人有自己的性權力。所以在這個問題上，它的主要目標是擺脫男人對女人的統治。

當社會還在強調貞操的時候，才會有那些接觸到的案例，有女孩為了擺脫性騷擾或者強姦而跳樓自殺，還有學生說死了也好，不然怎麼活。我就一直在想，為什麼沒有一門課告訴我們生命遠比性更重要。性別研究最根本的是挑戰長期的男性統治，性文化不斷地產生不平等，這些東西和暴力是密切相關的。我一九九四年的相關研究讓人覺得很悲哀，很多女性不離婚就是自己沒辦法獨立生活，覺得自己還是孩子的媽媽，看在孩子的分上他總不會打得太重，離了婚再找一個的狀態可能更悲慘，不如跟著孩子他爸。很多社會不平等就轉移到我們的家庭生活中。的確，我們的社會變化太快，很多人產生不適應和心理疾病、失敗感，這又和大男子主義性別氣質、生活經驗疊加而產生了暴力。

■ 三、直面家庭暴力

有很多人講，現在社會是不是家庭暴力在增加？一九九四年，我在四川的一個農村做調研的時候，我問村子裡的一個婦女，了解到打

女人的事情十分普遍。所以至少二十世紀九〇年代初是這樣,不知道今天是否有變化。我們如何去理解家庭暴力?家庭暴力是不是把人打得殘疾了才叫家庭暴力?這裡有一個程度之分。在中國長期以來的男權社會中,家庭暴力是一直存在的,那我們能說家庭暴力是逐漸增多的嗎?事實上我們不知道家庭暴力在十年前、二十年前是怎樣的,只是我們今天對這個問題的認識和關注以及普及程度在增加,對家庭暴力的定義也不一樣了,這是一個變化的過程。我覺得鄉村裡面會減緩,城市也只能說公開程度會增加,而不意味著以前沒有。今天又有更多的受害者站出來,尋求幫助,把曾經認為很羞恥的事情公開。我覺得這是一種進步,是社會宣傳的作用。「打老婆」這個詞在中國是一直有的,但家庭暴力這個概念是二十世紀九〇年代才引進的。世界婦女大會有一個危機管理中心,認為家庭暴力應該由社會來加以干預。當發生強姦案,不僅會有員警來詢問案子,還會有相關的社會工作者進行心理輔導。面對家庭暴力,我們都希望事情能向好的方向發展,最終目標是建立平等和諧的夫妻關係。談戀愛也是如此。北京市有一個家庭暴力網路,在北京的大學中有一個論題:在戀愛中遇到暴力應該怎麼辦?這是一個擺在我們面前的課題,你可能不會遇到,但你的朋友遇到了怎麼辦?這在大學生當中引發了比較大的討論。

當然,家庭暴力有嚴重的社會後果,它影響著人的尊嚴和身心健康,特別是在有子女的家庭中,對子女的影響非常大。最開始的那個案例中,男生是清華的博士生,女生是北大的博士生。男生一直監視這個女生:你今天和誰吃飯了,和誰看電影去了。他自己認為這就是表達愛情。這個男生到後來逐漸發展成為,一旦幾個小時女生沒有連繫他,就會詢問她。信任的建立很重要,相互之間留有一點空間更重

要。這個故事發展到後來雙方就開始撒謊，女生明明和同學出去吃飯，卻撒謊說自己在圖書館，沒想到過幾天就被發現了。男生在憤怒的時候說不過女生，就只能動手。他以為住嘴了這件事就解決了，所以演變為有了第一次就會有第二次、第三次，女生就覺得自己顏面掃地，然後就開始尋求幫助。男生在進行心理諮詢時說從小就看到爸爸打媽媽，就覺得暴力是解決問題的一種方式。除此之外還有一些細小的原因，比如很多女性都不會溝通。所以曾經有一個學者做過研究，認為暴力發生的導火索是女人愛嘮叨。他的結論是，在有暴力的家庭裡面，百分之八十是由於女人的嘮叨，這是一個比較嚴謹的社會學研究，但是報紙卻給他轉述為女人挨打，80%是因為她們愛嘮叨，後來被各大報紙轉載得面目全非，把責任都推給了女人。但其實不是，是因為雙方都不會溝通，尤其是上述的男生模仿父親打母親的做法，以此作為解決問題的一個方法，他會覺得這沒什麼大不了。所以家庭暴力的確會在子女教育上得到延續。

當然，家庭暴力對子女會有特別大的傷害，尤其是一些敏感的小孩，他不認為夫妻之間的矛盾是兩個大人的事情，他可能會認為是自己的問題，是因為自己沒有做好弄得父母吵架。曾經有一個案例，家庭暴力導致孩子直接打110。現在法律規定，一旦有家庭暴力的報警則必須出警。但的確存在著很多看法，把家庭暴力視為私人的事情，員警不宜干預。剛才的案例中，家裡的丈夫是一個高官，員警來了就說你們有兩個選擇，一是做筆錄你直接簽字，這個男人的檔案裡就會留下一筆；另一個是直接把這個男人帶走。女人心軟，認為這是私事說算了，誰知過了一個星期暴力又發生了，女人終於決定離婚。從法律角度出發，因家庭暴力離婚在財產分割上對男性帶有懲罰性，這個

時候這個男人就不承認自己有過家庭暴力，而員警因為出警違規，沒有做記錄，選擇和這個女人協商，也不承認有過家庭暴力這回事，後來不得不求助於法律部門，如何證明家庭暴力是真的發生過，這就非常難。

還有一個問題是常常被人忽略的，那就是過度反抗引發的被害者的犯罪。女性犯罪裡有兩項犯罪內容很高，一是女性重婚罪，二是女性殺人犯罪。在一定意義上，我將其稱為激情犯罪。有很多因家庭暴力引發的犯罪是在女性法律維權中最具有挑戰性的東西，因為很多女性長期遭受家庭暴力，沒地方躲也無處訴說，而丈夫以恐嚇來威脅她們不許離婚。這樣長期忍受暴力又不能離婚，最終導致她們產生犯罪行為，殺死丈夫。這樣的案例判決很重，有四十個相關案例，女性因為暴力犯罪向法律維權，法律上認為如果有預謀就會判得比較重，一般都會有死緩，但這些女性長期處於弱者地位，大多數情況下都是有預謀的，所以最後判決很重。一個和諧社會首先是要有和諧的家庭關係，和諧的家庭關係最主要的是和諧的夫妻關係。很多時候這些女性都是有心理問題的，但社會並沒有提供相應的社會援助，告訴這些人你們需要治療。包含精神上出現問題，比如偏執惡性循環最後導致殺人犯罪。

這應該怎麼辦呢？在很大程度上，醫院、社會工作者、公共部門要提供心理干預，無論是對施暴者，還是受害者，都要有心理干預。中國某些地方嘗試建立家庭暴力庇護所，但是很難。家庭暴力之後警方出警了，然後就走了，那麼之後女性應該怎麼辦？在西方的一些經驗裡，特別是在暴力頻發的時候要給女性受害者一個更安全的地方，讓雙方都冷靜下來。我曾經在丹麥參觀過一個庇護所，它位於一個居

民區，這些庇護所建得十分隱蔽，防止這些女性再次受到傷害。在北京曾經由社區建立庇護所，但不久受到了巨大的挑戰，比如經費來源，目前為止政府在這一塊還沒有福利。甚至真的有人找上門，附近社區的居民認為他們的安全也受到了威脅。在法律上，這個機構也受到質疑，它們沒有權力把別人的老婆藏起來，所以庇護所後來沒有持續下去。在西方，為施暴者建立學習小組，以小組的形式給施暴者提供教育，使其談出問題和焦慮，包括施暴者和受暴者坐在一起談論他們的婚姻出現了什麼問題，如果兩人還願意在一起生活就在一起，但是要守法；問題特別嚴重的，兩人可以離婚。在美國，法律規定，施暴者不得接近受暴者，如果接近，受暴者是可以報警的，員警有權拘留。但在中國是沒有相關法律法規的，就像之前提及的案例，員警說了一句：「他不是還沒有殺人嗎？」也就是，如果那個男人沒有殺人就不能抓他，只有被害者被殺了才可以抓他嗎？實際上他已經發了威脅短信。我說可不可以找到他的家人，把他送到精神病院做一些基本檢查。他說法律不允許，不能強制性地去做精神鑒定，所以沒有辦法。社會工作者們其實在一定程度上是希望通過心理的、家人的、社會團體的支持來幫助解決這些問題。所以在一定意義上，我有點把他們當作病人看，也就是這些施暴者本身也是需要幫助的人。

當然，從公共領域來講，我們面臨的問題是，當目睹家庭暴力的時候，公民有沒有責任去報警？我們會不會依然把別人家的事情看成是私人的事情，與我無關？這裡面存在著一個很重要的問題就是，公共權力在多大程度上能干預私人生活？事實上在今天，公共權力對私人生活干預得太多了。因為房子的問題，出現了一個特別令人寒心的現象，那就是離婚率的增高。在城市改造裡面有一個房屋補償問題，

講一個我身邊的案例，在房屋拆遷登記的最後一天，夫妻兩個離婚了，孩子判給了父親。本來是兩居室的補償變成兩居室和一居室，這是中國人發展出的私人領域的關係抵禦公共領域對生活的干預。中國人的智慧用在這兒令人難過，我們的公共政策如此侵入我們的生活。所以我們應該反思，國家為什麼不能在反家庭暴力的實踐中發揮更重要的作用？所以我們要通過一些事情做宣傳，反對家庭暴力。另外就是員警的干預制度。如今員警接到家庭暴力需要出警，這已經往前邁了一步。當然完善一個制度是非常難的。家庭暴力在今天起訴非常難，一旦你去告你的丈夫有家庭暴力，運用刑法意味著妻子要把丈夫送到監獄裡去。有一位女性遭受了家庭暴力，夫妻兩人都是高級知識分子，因為家庭瑣碎的事情吵架，丈夫用辭典把女人鼻樑打斷了，女人憤怒得不行。找了司法鑒定，輕微傷害的標準是：傷口十釐米以上，拆線之後五釐米以上。一釐米都不能差，否則就不能算輕微傷害。這個女人就很氣憤，說中國的法律為什麼如此官僚化？五釐米和四釐米在實質上有差別嗎？難道不都是家庭暴力的結果嗎？

在中國，有一個運動叫白絲帶運動，鼓勵男性加入各種消除對婦女暴力的行列當中，所以每年都有戴白絲帶的活動來反對家庭暴力。另外，到了二〇〇一年，也就是十多年前，有十多個省市出臺了地方性的干預和防治家庭暴力的法規、政策，新婚姻法也明確反對家庭暴力。當然，我今天講的暴力主要是夫妻間的暴力，其實家庭暴力還包含成年的父母打未成年的孩子，以及成年的父母打老年的父母。這兩類暴力都存在，而得到的重視不夠。關於家長打孩子的問題，在西方特別敏感。我有個同事在美國，由於孩子不聽話，便打了孩子一頓，小孩說你再打我，我就報警。他的爸爸說：「你報警行，來員警了就

把你帶走，帶到別人家裡讓別人做你爸，願不願意？」小孩子想了想說：「算了，還是你做我爸。」這就是講美國法律有一套過度干預，有人講美國的做法有點過度。這個問題講起來很複雜，數學研究中有兩種理論，一種理論是跟蹤性研究，認為小時候遭受過家庭暴力的人，在中國的家庭挨過打的孩子，不是說很嚴重致殘的暴力，尤其是男孩，回憶起來他會認為自己當年確實是很調皮，父母當年是真的很在意他，所以中國文化也不能簡單地套用西方的東西。當然家庭暴力，特別是源于夫妻感情不和的暴力，孩子是特別無辜的。因為心情不好隨手打孩子一頓，孩子受到的心理傷害會更大。但無論怎樣，即便孩子犯錯，我們也能找到更好的教育孩子的方法。另外，在剛才講到的白絲帶運動中，也有一些民間組織自發產生，包括男性的經驗小組，來宣讀反對針對婦女的暴力、促進性別平等的倡議書，甚至簽下自己的名字，表示絕不參與對婦女的施暴，不對針對婦女的暴力保持沉默，見到這樣的暴力要站出來，這些都是積極的。從長遠來看，我相信這一代會好得多，這一代獨生子女家庭的孩子都是獨立成長的，權利意識隨著社會的發展會越來越受到重視，當我們重視自己的權利時，也會更重視他人的權利，這是相互的。謝謝！

2013年於華中科技大學演講
周小香根據錄音整理

3D打印未來

史玉升　華中科技大學教授

　　大家好，我先放一個視頻，讓大家簡單了解一下3D列印技術的工作原理。這個視頻有五十分鐘，我先給大家播放前面二十分鐘的內容。當時叫3D列印，老百姓聽不懂，所以拍攝的時候就叫作立體列印，原理是一樣的。

　　實際上，人類的發展是離不開製造的，人們身上穿的衣服是紡織製造的，手上拿的手機，坐的板凳，都是製造的。自從人類誕生以來都是離不開製造的，早在石器時代，人們就開始把石頭做成武器、器具。最早的一種製造技術就是等材製造，就是材料不增加也不減少。最典型的例子就是鑄造技術。甲骨文中記載有鑄造的相關內容，所以鑄造已經有幾千年的歷史了。等材製造發展了幾千年的歷史。還有剪裁製造，是用刀具切削。就是我要加工一個杯子，先搞一塊金屬，把不需要的剪掉。等材製造，就是把模具灌進去，就像做點心。剪裁製造有幾百年的歷史，相對等材製造，它還很年輕。還有一種叫增材製造，它只有二十幾年的歷史，更加年輕。增材製造採用的材料是以材料的形態來劃分的。大家看到剛才那個視頻，那個博士是學控制的，3D列印是複合技術，所以我們團隊各種工科人才都有。再說片材，就像一張一張紙。還有液材，比方說喝的水，炒菜的油。還有絲材，就像麵條一樣。3D列印技術在學術上叫增材製造，最早叫快速成

型，後來叫增材製造，但怕老百姓聽不懂，就取名3D列印。後來可能還有其他的製造方法，就等著大家去發現了。這個原理，我們就不說了，它是一層一層長出來的，就像植物生長。為什麼能夠做成複雜的呢？因為它把所有複雜的東西都做成二維的了。

下面我講一下3D列印技術的意義。

首先，3D列印技術為社會製造提供創新的原動力。我們國家現在提倡創新驅動發展。各個地方拼勞動力、拼資源的汙染型工業不可能長期發展下去，要靠創新。創新的原動力體現在哪些方面？第一是要擴展產品創新的空間。傳統的機械設計是面向工藝的設計，現在是面向產品性能的設計。原來設計一個東西要先考慮製造工藝能不能做出來，做不出來設計了也沒用。現在設計人員不再受傳統工藝和設計資源的約束，專注於產品形態的創意和功能的創新，設計即生產，設計即產品。剛才看到一個球，三個小時就做出來了，過去的工藝要做一兩年。時間即生命，時間非常寶貴。在設計上可以採用最優的結構設計，有了3D列印技術，我們就不用考慮後面的加工問題。這項技術，可以極大地減少產品研發的成本，縮短創新研發的週期。我舉個例子，拿右邊的這個圖來說，做一個發動機榀桿要用砂型製造，也就是模具。砂型製造做一個需要花三四十萬元，用五個月時間。做完砂型模具之後再拿去生產製造，如果製造出來之後發動機不運行，這個模具就不能使用，又要花三四十萬元折騰半年。如果採用3D列印技術，一個星期就能搞定，這就是創新。研發成本降低，研發週期也縮短了。

其次，3D列印技術可以提高社會工藝製造能力。一方面，可簡化產品製造流程，提升產品的品質和性能。過去造一架飛機需要四萬

五千個零部件，這些零部件越多，中間需要加連接和配合，連接處越多就越不安全，而且重量也會增加。採用3D列印技術，很多零部件就組合在一起整體打造了。3D列印技術一個很重要的優點就是可以整體製造，整體製造就少了連接，重量減少，可靠性就增加了。所以叫簡化產品製造，可提升產品的品質和性能。另一方面，能夠製造靠傳統工藝無法加工的零部件，極大地增加了工藝的可實現性。大家知道航空航太技術是為減輕一克而奮鬥，如果你以後在航空航太業工作，能減輕一克就是功臣。3D列印技術做成網狀的東西，節省材料，減輕重量，意義非常大。這是傳統工藝沒有辦法實現的。還有一個方面，就是實現了難加工材料的可加工性，提高了工藝能力。有的東西沒法加工可能就放棄了，採用3D列印技術可以實現。此外，還體現為社會製造的綠色可持續發展，製造的過程應是低碳環保的。現在我們的製造業汙染十分嚴重。3D列印技術可以實現綠色可持續發展，這是一個很重要的技術。它可以促進綠色製造模式的形成。現在，我們的製造業存在各種聲音汙染、粉塵汙染等等，我們採用新技術，例如這個像冰箱一樣的裝備，大家可以在裡面安靜地工作。剛才我們看到粉末製造，是為了拍攝需要，所以把門打開了，平常門是關著的。所以就減輕了汙染，它是綠色的。另外，綠色製造模式是把很多東西都製作成網狀。採用這種技術，材料的使用量可減少70%。鈦合金是非常貴重的材料，我們小時候覺得中國歷史悠久、地大物博，但這不能永久持續下去，中國的石油百分之六十從國外進口，很多礦產資源貧乏，你現在挖了子孫後代就沒有了。我們要節省材料，材料怎麼來的？首先你要地質勘探，然後從裡面採礦、冶煉，這個過程產生的汙染也是非常嚴重的。我們採用3D列印技術，減少材料的使

用，也就減少了空氣汙染。這種網狀結構靠傳統工藝是沒法製造的。甚至人造的骨頭也可以做成網狀的，這個腿斷了要裝一個上去，兩邊的重量差不多。3D列印技術可以通過對孔的大小的調整，來控制重量。甚至牙齒、自行車都可以做成網狀，外面看上去是實心的，實際是網狀的，很輕，它的強度也不會差。這種工藝的實現就是輕量化，少用材料，重量也就變輕，燃油消耗也少了，汙染也會變少，從而實現綠色可持續發展。

其次，3D列印技術可以催生新的社會製造模式。改革傳統的製造模式，形成新的體系。比如發動機，要先找一個發動機工廠，然後用汽車、火車、飛機等交通工具把它運到某個地方。現代物流模式也改變了。如果3D列印技術發展，就可能沒有物流這種東西，傳送的是資料，我在網上看到哪個東西好，你把資料告訴我，我在家裡自己列印出來。如果你設計能力強，你可以自己設計列印出來。將來人人是製造者，人人是設計者，人人是創造者。後面我會展開來講，它會變更傳統的製造模式。將來是社會化零散的製造，不是一個大的流水線製造。這體現了個性化、高水準的製造模式，就是說通過3D列印，可以按需製造，實現私人定制。之前，學校派了新聞系的一個研究生來採訪我。我讓他暢想一下未來的生活。他說將來要出國，想穿著自己列印出來的衣服，開著自己列印的汽車，到美國去坐上自己列印的飛機，如果某天出了車禍腿折了，可以到醫院把自己的資料調出來，列印一條腿裝上去。我想，不愧是學文科的同學，思維就是開闊，令人佩服。我告訴他暢想的這些東西，有些現在就可以實現，有些要等到將來才能實現。現在你的牙齒、骨頭都可以列印。

後面我給大家講故事，我的故事非常多。3D列印技術就是按需

而制，根據自己的需要來製造。現在武漢市改委交給我一個任務，他們年底要辦一個時裝節，要我列印一套衣服。製作衣服要有資料，可以找武漢紡織大學的同學來設計，這對服裝設計的促進作用也是很大的。我們前面可以看到，粉狀、液狀、絲狀的物體，都可以用到。眼鏡、珠寶全都可以用上。武漢紡織大學不是有模特班嗎？表現好的話可以到巴黎時裝周去，這就是按需製造，因人製造。以後的時尚，只要把你的資料輸進去，你穿什麼衣服，帶什麼包，顯得你有氣質，都可以模擬。

最後，3D列印技術可以催生專業化的創新服務模式。將來你可以自己下載資料列印所需要的東西。從上述幾點可以看出，3D列印技術意義非常重大，它是革命性的重要技術。我們來看看當前國內外的政策。國外是二十世紀八〇年代末九〇年代初開始提出3D列印技術，我校從一九九一年就開始研究了。它不是全新的技術，為什麼這兩年又熱起來了呢？因為今年二月分奧巴馬講了一句話，美國打算在3D列印技術方面增加支出，推動人工智慧、機器人技術的發展，在未來二十年，打算在製造業上超越中國。現在中國是製造業的老大。美國不是要超越中國的低成本汙染型產業，而是要超越高新製造業。現在珠江三角洲只是來料加工，拼的是勞動力資源。一部蘋果手機賣五千多塊錢，富士康加工，中國人才掙幾塊錢，核心技術在美國手中。美國過去是不怎麼重視製造業的。歐洲金融危機中，德國是非常穩定的，為什麼穩定呢？因為德國有實體經濟，製造業非常穩定。美國不斷創新，但它的製造業在外面，所以對它的打擊也很大。一個國家的實體經濟是不能少的，虛擬經濟不可能長久，因此要回歸製造業。

二〇一二年七月，美國《外交政策》雜誌提到，3D列印技術會

讓傳統的製造業迅速衰落。二〇一二年八月，美國建立由政府和私營企業共同投資的3D列印技術研究所，已經投入四千多萬美元建立3D列印中心。美國3D列印技術有三家上市公司。它每年要投入一千萬美元以上的研發經費，還涉及一系列的智慧財產權。二〇一二年四月二十一日英國《工業》雜誌認為，3D列印技術是第三次工業革命。我認為，假如第三次工業革命到來的話，3D列印技術只是其中一個關鍵技術。《工業》雜誌認為，3D列印技術可以列印任何東西，不管是單件產品還是批量化生產，機器的設置成本是不變的，就像2D印表機，列印一個字母和列印很多字母成本是不變的。這是國外的看法，我們來說說中國的看法。中國政府組織的多次3D列印技術研討會，我都有參加。現在江蘇、浙江、上海3D列印技術都很受重視，誰都想研究3D列印技術。去年我被邀請去上海，上海經濟發達，是國際化大都市。現在列印工業的零部件北京、武漢已經做得很好了，所以我建議他們列印人體的零部件，為人類做出貢獻，經濟效益也非常可觀。另外，社會效益也非常好。列印人體零部件非常需要資金，只有上海有這個實力，其他地方可能並沒有。二〇一二年底，我們啟動了一個3D列印的諮詢項目，提交了三份報告。第一個是出版一本科普圖書，叫《3D列印未來》。這本書很暢銷，四千本，一下子就脫銷了。第二個是技術。第三個是給中央提的建議。這個建議已經提交到中央了，就是關於中國如何發展3D列印技術。武漢也非常重視，要建立3D列印園。習近平主席也非常重視，他在武漢專門考察了3D列印技術，在與他交流的過程中，我覺得他對這項技術非常了解。在年初的政協會議上，他說3D列印技術已經從研發走向產業應用，可以預見，隨著3D列印技術規模增大，產業鏈都在面臨深度調整。雖

然人們對第三次工業革命還有不同的看法，但恰好說明人們正在探討世界科技文明發展趨勢，以求搶佔先機。國內外的情況就給大家簡單介紹到這裡。

下面說幾個3D列印方面典型的案例。第一，在工業上的應用。3D列印技術並不是將傳統的等材工藝和減材工藝拋棄掉，而是進行很好的補充，和傳統的鑄造工藝相結合。第二，製造模具可以用3D列印技術。過去冷卻模具很麻煩，用傳統的方法，模具的冷卻效果並不太好，3D列印技術可以很簡單，缺陷由百分之六十降至零。其他和傳統工藝結合起來的我就不講了。像飛機的零部件我們都可以列印，飛機的有些電控系統是不能列印的。醫療上面用的牙齒，現在3D列印技術就可以列印，我們先用鈦合金和鈷鉻合金，然後在外面做一層烤瓷。但是現在我們可以直接用高強度的陶瓷將牙齒列印出來。牙齒是個性化的，每個人的牙齒都是不一樣，就像指紋一樣，每個人都不同，所以這是很複雜的。現在人們研究直接列印細胞。我們現在和英國合作列印的骨頭是可以流血的，能變成人身體的一部分。另外，與文化創意結合起來，可以設計一條龍。傳統的技術不能把鱗甲、紋路製造出來，需要人工雕刻，但是我們可以列印出來。現在我們和英國合作，列印巧克力。以後將和浙江一個做食品的公司商量，列印蛋糕。香港地區有人來找我，想找一個列印房子的3D印表機，先列印房子的零部件，比如那個牆可以裡面做成網狀的，做一個隔音防火牆，這是靠傳統技術沒辦法製造出來的。

另外，3D列印帶來製造行業的新模式。第一個例子如下。有一家公司二〇〇七年創立于荷蘭，總部在美國紐約皇后區，通過Facebook接受顧客的各種三維設計方案，並在四天內完成產品的列印

生產，然後寄送給客戶，並為商家提供平臺來銷售自己設計生產的產品，已經列印了一百多萬件產品。另一家公司於二〇〇九年成立於美國紐約，至今已獲得近億美元的風險投資，公司負責人只有二十五歲。公司通過Facebook等社交媒體，接受公眾的產品設計思路，並由公司註冊用戶進行評估、投票，每週推薦一個產品，進行3D列印生產，參與生產設計和修正過程的縱包人員可分享百分之三十的營業額。公司還進一步將縱包產品的改進過程轉化為公共社會媒體的相關內容，從而創造性地拓寬了銷售市場。目前，該公司每年只生產六十種產品，單件產品提交的費用由原來的九十九美元降到十美元，公司註冊使用者以每月百分之二十的速度增長。通過這兩個公司，我們可以了解到生產模式發生了變化，變成了社會化製造，人人都是設計者，人人都是生產者，網友參與個性化設計。

再看我們學校研究的3D列印技術，給大家彙報一下我們的進展，第一個是我們研究的液體材料，不光要研究這樣的液體材料，而且要用這樣的液體材料列印東西，比如說珠寶、戒指。第二個是我們採用片材，比如說紙張，現在發展到了塑膠，我們也要研究這樣的材料。我們在同濟醫院給人做核磁共振，把資料調出來，就可以列印腦袋。另外一個我們主攻的3D技術就是粉末材料，一種是金屬的，另一種是非金屬的。我們現在研究的很多東西，有和房子一樣大的，也有很小的東西，當然價格也不等。將3D列印與傳統方法結合，我們承擔歐美項目，生產發動機的關鍵零件，然後再和傳統鑄造結合做出複雜零件。六個缸的柴油發動機，他們把圖形發過來，我們就能列印出來。過去要用小半年的時間，花三四百萬元，我們現在只收幾萬元，一個星期就能做出來。與鑄造相結合的是做陶瓷，做藝術品。除

了做沙子、塑膠、陶瓷，做金屬設備也是可以的。3D印表機可以列印出很多金屬，比如鈦。西安交大買了一臺3D印表機專門用於做人的骨頭，這是我們做的牙齒，用模具都可以做出來。我們寫了很多書，還有系列教材。

　　3D列印技術將來的發展會非常快，其實4D的概念也出來了，就是加一個時間軸，會隨著時間的變化而變化。將來發展到5D就是有生命的，帶有生命這一個軸，將來你們可以創造6D。隨著生物材料的發展，我們可以列印出皮膚這種材料來治療皮膚燒傷。將來的發展不光是技術這一塊，還要跟企業、金融相結合，有資金的投入資金，有技術的研究技術。3D列印技術的發展，可以改變世界多個行業。第一個是醫療行業，現在的硬組織沒有什麼問題了，關鍵是軟組織，醫療領域將來是大有可為的。第二個是科學研究，恐龍化石到底是什麼樣子的，我可以列印出來讓你看看。第三個是文物保護，陝西的兵馬俑可以拿到我們這裡列印出來，仿製文物。我們可以高仿文物，到世界各地展示。我們也可以修復文物，列印一塊裝上去。現在列印建築模型也沒有問題，已經有人研究用3D列印技術列印房子了，不光是在地球上列印房子，還要到月球上列印房子。此外，還可以列印食品，把營養配好，自己列印。也可以列印飾品，現在武漢紡織大學設計的飾品就蠻漂亮的。對於太空列印製造，也已經開始研究了，準備把3D列印發展到太空。地面上的零件帶不上去，那麼可以在太空中進行列印，但要克服失重的問題。將來在外星球上列印房子，如在月球上列印房子，月球上的房子應該要抵禦射線，並且提供良好的隔熱效果。3D列印技術可以做成蜂窩罩，形成一個個可充氣的半球形頂罩。3D技術不但可以列印房子，還可以列印工具，這就是下一步的

發展。當然，也可以深海列印，船在大海上漂幾個月零件壞了怎麼辦？可以在船上進行3D列印。通過生物列印技術可以列印人體的零部件，這就是未來。

2013年於華中科技大學演講

田小桐根據錄音整理

環境美學是什麼？

陳望衡　武漢大學哲學系教授

　　環境美學是一門新興的學科。前幾年，我有一本環境美學方面的著作要評獎，但是找不到對應的學科，最後歸到了環境藝術中。其實，美學和藝術相差很遠，環境美學這個學科雖然產生的時間不長，但在國際上的影響力正在日益擴大。它不僅給美學和哲學帶來了革命，甚至在某種意義上，給我們當代的環境建設和環境保護帶來了新的理念。所以，這個學科從它一產生就受到了不同尋常的關注。國際上很知名的大學像哈佛、斯坦福、伯克利，它們都開設有環境美學課；再比如中國中央的一些高層人物，對這個學科也很重視；還有一些省市請我去做環境美學的演講；甚至有些城市把我的理論當作它們十二五規劃的指導思想。

　　那麼，環境美學這個學科是怎麼來的呢？有人把它追溯到景觀學、景觀美學、自然學上。但是它真正的來源不是這些，而是環境哲學和環境倫理學，它直接從這兩個學科派生而出。所以，它不是景觀學，也不是自然學。傳統哲學研究的是人的哲學，是以人為主的，但是在二十世紀，環境哲學橫空出世；傳統倫理學研究的是人的倫理，是以人為主的，但是在二十世紀，環境倫理學橫空出世。去年我訪問了環境倫理學之父羅爾斯頓，和他討論了一個很有趣的問題，我說人類對老虎、獅子、藏羚羊也要講倫理道德嗎？我們的人道主義難道要

擴充到動物身上去嗎？他說答案是肯定的，因為我們是動物。我們人是萬物的靈長，應該心胸廣闊，所以我們必須照顧它們。所以說這個學科的源頭要追溯到環境倫理學和環境哲學，我寫了一本書就叫《環境倫理學》，有興趣的同學可以看一看。

同時我也翻譯了世界上很多有名的環境美學專著，在這個過程中，我發現這個學科遠未成熟，根本沒有建立起體系，所謂的專著，其實就是一些論文的彙編。二〇〇三年的時候，我招錄了第一批環境美學的博士，在剛招進來的時候我都不知道要怎麼教他們，第一次上課我根本上不了。於是我就把國外的書搬進來，帶著大家一起翻譯一起討論，第二年我就可以上課也可以寫書了。

第一，我要講一講環境的概念。

在西方，對環境概念的理解主要有兩種觀點。第一種認為環境就是人周圍的物理世界。這是一種傳統的西方觀點，認為人和自然是對立的，即自然是自然，人是人。第二種看法是美國學者提出的，認為環境和人是密不可分的，這有點兒接近中國古代哲學的天人合一思想，但是講到具體問題的時候就沒有天人合一的味道了。比如講到人每天都要呼吸空氣，空氣就是環境，所以我們離不開環境，我們從環境中吸取空氣又吐到環境中去。

在中國，環境這個概念最早可以追溯到宋代。《新唐書‧太宗諸子傳‧曹王明傳》裡面有一句話叫作「江南環境為盜區」，江南一帶是強盜出沒的地方，「環境」就是指這一帶，這種說法一直延續到了清代。清代編了很多地理志，裡邊的「環境」意思也是這一帶或者某個地方。這個「環境」顯然是取于自然地理的含義，和我們現在的意思不一樣。

那麼，我們古代講環境有哪些概念呢？我最近寫了一篇文章，談到了關於中國古代環境的兩個概念——天地和自然。其實古代有四種方式表達環境，第一個是天地，第二個是自然，第三個是山水，第四個是風水（也叫地理或堪輿）。

這四個概念都是用來講環境的，用天地這個概念來講環境最早出現在《周易》裡，《周易》中開頭的兩個卦——乾卦和坤卦，也就是指天和地，所以說《周易》的環境概念是很強的。用天地這個詞來講環境概念的時候，它主要強調的是環境的神聖性和無限性，天是沒有頂的，地是沒有底的。

第二個概念就是自然。老子講道法自然，這個自然實際上講的不是一個東西，而是一種性質，就是自然而然的這種性質。一個東西，自然而然地生長，它就具有自然性。比如說這棵小樹，你不要管它，讓它自然而然地長大，那麼這棵樹就是自然的。一個人讓他自然而然地長大，他就是放鬆的，是自由的，該上學的時候上學，該談戀愛的時候戀愛，該結婚的時候結婚，那麼這個人的成長就具有自然性。這個東西用在環境上來講指的是環境的本然性，比如春夏秋冬的交替。這個規律是客觀的，這些客觀性、本然性就是環境，它不以人的主觀意志為轉移。

第三個概念是最妙的，就是山水。山水也是講環境的，但是用山水這個詞的時候，就帶有審美的意味。用山和水這麼一對具體的事物來代表自然環境的美，這是中華民族的一個獨特創造。我們中華民族的語言是很富有美學意味的，是用感性的、審美的詞彙來表達一個概念，往往帶有很濃厚的感情色彩或者審美意味。山水這個詞就是一個例子，它很像我們現在所說的景觀。

第四個概念就是風水。風水一般用在兩個地方。第一個就是選地，不是選陰宅就是選陽宅，選陰宅是死人住，選陽宅是活人住。所以說風水和人們的生活密切相關，涉及人們的居住環境。風水這個概念強調的是環境的心理性和象徵性，就比如左青龍、右白虎、南朱雀、北玄武，青龍不是一個真的青龍，白虎也不是一個真的白虎，而是一種象徵，是人內心的象徵，是你心裡的一種感受，你覺得它是青龍，它就是青龍。當然這種心理性是一個民族的心理性，不是你個人的心理性，它反映了我們民族的一種生活習慣。天地和自然強調的是環境的客觀性，山水和風水強調的是環境的主觀性或者是親人性，山水更多地強調它的審美性，而風水更多地強調它的功利性。

古代沒有環境這個概念，到近代才有了這個概念，也就是白話文流行以後才有了這個概念。我舉兩個例子。一個是魯迅的《孤獨者》中有「後來的壞，如你平日所攻擊的壞，那是環境教壞的」，環境影響了人，與今天所說的環境很像。毛澤東在《星星之火，可以燎原》中是這樣說的：「它在中國的環境裡不僅是具備了發展的可能性，簡直是具備了發展的必然性，這在五卅運動及其以後的大革命運動已經得到了充分的證明。」這就是毛澤東所說的環境。但是你們注意到了嗎，不管是魯迅所說的環境還是毛澤東所說的環境，他們所強調的都是社會環境、人文環境。但是，我們現在所講的環境美學、環境哲學裡的環境主要是指自然環境，當然這種自然環境有兩種，一種是原生態的自然環境，另一種是人工化的自然環境。我們現在所處的基本是人工化的自然環境，我們講環境出問題了，主要是指自然環境出問題了。中央提出了生態文明建設，還提出了社會建設，生態文明和社會文明是並立的，也就是說生態文明和社會文明是兩碼事。不要把生態

文明當作是社會文明，現在都認為自然的和諧被破壞了，於是要建立生態文明，這是人們過度的理解，是不正確的。

講到環境美學中的環境，我們要特別強調這個環境是人的環境，沒有人就沒有環境，沒有環境就沒有人。如果你要把兩者區分一下的話，環境是人的本體，人是環境的產物、是環境的經理。具體來講環境和人具有一定的分割性，但是更具有緊密的一體性和相互生存性，環境生人，人也能生環境。我們每天都在創造環境，這個創造可能是良性的創造，也有可能是惡性的創造，不是在創造一個美好的環境就是在破壞一個美好的環境。我來之前看了電視，世界衛生組織統計這幾年由於環境破壞問題所造成的直接死亡人數是七百多萬。我們也知道河北和北京地區的霧霾引起了人們的恐慌。

第二，我要講一講環境美學的基本問題。環境美學的基本問題是人與自然的關係問題。自然對於人有兩種意義，一是資源意義，二是家園意義。資源是掠奪物件，而家園是保護物件、建設物件，環境就其本意來講是人的家園。人的生存與發展既不能沒有資源也不能沒有家園，資源和家園都很重要，它們有時候可以分開有時候又分不開，有時候既是資源又是家園。比如山西那個地方，地的下面是煤，人們蓋房子蓋在煤上面，房子是我的家園，但我又生活在煤上面，房子下面的煤就是我的資源。在資源和家園不發生矛盾的情況下，資源是可以被開採的，家園也是可以被保護的。但是當問題嚴重的時候，兩個東西只能保一個，也就是綠水青山和金山銀山的取捨關係。我的觀點是先保住綠水青山，再去考慮金山銀山，先把家園保住，再去賺錢。

這就牽扯到了一個很大的問題，我們在處理人與自然的關係問題上到底以什麼為本呢？以自然為本或者以生態為本都是不行的，那樣

的話你們現在就不會坐在這裡聽我講課了，現在這裡應該是森林才對。應該是以人為本，以人的根本利益和長遠利益為本，根本利益和長遠利益有助於人類的總體生存和發展。為了人類總體的生存和發展，某一部分人是要做出犧牲和讓步的。

這裡又涉及了一個問題，即生態和文明的關係。生態和文明的問題在近二三十年裡討論得比較激烈，在此之前生態問題是有的，只是不嚴重，不需要人們去注意它，現在因為它不好了人們才注意它。現在生態和文明已經到了嚴重衝突的地步，在這種情況下，只有兩種辦法可做，一種是文明退讓，犧牲某些非根本性的利益，但是這個辦法是消極的；積極的辦法是文明與生態共生，既是生態的，又是文明的，生態與文明共贏的結果就是生態文明。我們從來都認為文明是好東西，但是我們現在發現文明也未必是好東西，它也會破壞生態。古人砍一棵樹也是對生態的破壞，但那種破壞是微不足道的，不會造成什麼嚴重的後果，但現在不行了，文明的巨大發展造成了生態的巨大破壞。這是我講到的生態文明的基本使命。

第三，我要講一講環境美學的主題。環境是我們的家園，環境美學的主題是建設家園。第一，環境是生命之本，這是從哲學意義上來說的，環境是人的生命之源，人是環境的產物。第二，環境是我們的居住之所，環境是我們的家。有人說，環境還是我們的生命之本，因為它不僅能為我們提供住的，也能為我們提供吃的、喝的、用的。但我講的是狹義的，環境只為我們提供家園，只給我們提供住的地方，這是很重要的，居無定所就沒有家，居有定所才有家。古人最早是打獵的，那時是到處遊蕩的，但後來從事農業以後人類就需要居住下來。

所以從某種意義上來講，有了農業才能談環境美學。我現在討論的家園不是廣義的，是以居住為中心的。以居住為中心的生活，在我看來有三個層次。第一是宜居，是就生存的可能性即自然環境而言，重在生態；就社會環境而言，重在人際關係的良性、有序。第二是利居，是就利益的發展性而言，首先是經濟利益，當然，不止是經濟利益。第三是樂居，是就生活的品位和品質而言。在這三個層次中，最高級的就是樂居，樂居之樂，不是一般的快樂，也不是指娛樂，而是指幸福。幸福不是幸福感，而是兼顧物質與精神，而且物質處在基礎層面。概而言之，樂居有四個看重：第一，看重文化生活；第二，看重精神享受；第三，看重個人自由創造空間；第四，看重審美品位。宜居是樂居的基礎，利居是樂居的必要條件。但是，樂居與宜居、利居不存在正比例的關係，不是說越宜居的城市越樂居，或者說越利居的城市越樂居。樂居有其自身的相對獨立的標準，不是宜居和利居發展到極致就可以自然達到的。宜居、利居、樂居均是就環境的生活意義而言的，因此，生活是環境美學的主題。

　　第四，我要講一講環境美學的審美問題。環境美學的審美方式，可以分為兩種：一種可稱之為賞，即旅遊，類似於欣賞藝術美和自然美；另一種可稱之為居，這種審美當然也有賞，但根本的欣賞是居，也就是生活。我們可以去欣賞一些奇，但我們的家是不能奇的。我們生活的家最重要的就是兩個字——平宜。由於環境的主題是生活，所以居的審美方式才是主要的。加拿大學者艾倫・卡爾松將環境審美模式進行梳理，概括出物件模式、景觀模式、自然環境模式、參與模式、神秘模式、喚醒模式等十種模式，唯獨沒有生活模式，說明西方學者心目中的環境美學其實也還是自然美學，他們仍然只是將環境看

作欣賞物件，與欣賞藝術沒有本質的差別。

第五，我要講一講對景觀概念的理解。環境和景觀是兩個不同的概念，環境是科學概念，景觀是美學概念，環境美學的使命就是把環境編進景觀。景觀是觀出來的，是眼睛看出來的。一幅自然的風景在你眼睛（實際上是情感）的作用下，就變成了一種景觀。它要將人的情感投射進去，讓物件發生一種質的變化，沒有情感是不能成為景觀的。景觀的目的不是欣賞，而是按照人的目的塑造一個景觀，當然也要按照美的規律，否則創造出來的也許就不是景觀了。

第六，我要講一講環境美學視界的自然美。人看自然，不可能不持自己的立場，因此，所有進入人類生活的自然均是人的自然。人的立場，按人的需要，可分成若干種，於是，自然也因人看自然的不同立場，呈現出不同面目。科學的立場是盡量將自然客體化，將自然與人分開。科學家眼中的自然是某種科學理論的符號，以改造自然為目的的生產活動是建立在這種立場之上的。藝術的立場是盡量將自然主觀化，將自然與人融匯起來。藝術家眼中的自然是人類情感的符號。環境的立場是將自然盡量地主體化。主觀化與主體化是不同的。主體化在某種意義上包含主觀化，但主體化中的「體」不只是精神性的，而且具有物質性。人為主體，將環境主體化，即將環境也看成主體，將環境也看成人。作為主體的環境是人的生命之本、居住之所。環境的正能量要肯定，支持人的生命要肯定，適宜於人的居住要肯定。

自然是環境的基礎，作為環境基礎的自然既然在環境視域下是和人一樣的主體，它就必然具有親人性。親人性，從本質上來說，是指自然適合於人的生存，適合於人居住的屬性。人性是複雜的，它的本質是生命。人的生命大體上可以分為三個層面：動物性、文明性和神

性。相應地，作為人的另一體的環境，其親人性也可以分為這樣三個層次：本然性的自然（原始——動物性）、可然性的自然（文明——人）、應然性的自然（神性——生態）。本然性的自然與可然性的自然具有某種對立性，應然性的自然具有對這兩種自然的超越性。作為環境基礎的自然，它的神性在於它的不可知性和對人的絕對的控制性。自然雖然是可知的，但人永遠只能知道它的某些部分，不可全知、徹知。自然雖然可以是親人的，但不獨具親人性，它有自身的目的性或無目的性。這種目的性或無目的性不都是親人的。因此，自然對人既是可愛可親的，也是可敬可懼的。人對自然的認識和改造永遠只能限制在可然性的程度上，人永遠不可能認識到自然的應然性即它的必然性。工業社會以來的高科技發展，讓自然的許多魅力沒有了，但自然的魅力是不可窮盡的。所以，自然去魅的結果，是生態平衡遭受嚴重破壞，人遭受到自然的嚴重報復，可以說是兩敗俱傷。

第七，我要談談城市化問題。人類的生活環境經歷過三個階段：自然、鄉村、城市。史前人類主要生活在自然之中，進入文明社會後主要生活在鄉村，其後逐漸走向城市。鄉村環境是農業文明的產物，城市環境是工業文明的產物，城市化具有某種必然性。但是，現代社會又在向後工業社會過渡，後工業社會的潮流在某種意義上卻又是反城市化的。工業社會為什麼需要發展城市？因為工業社會的本質是追求高額的經濟利益，為了經濟利益的最大化，它需要集中物力、智力，將各種從事生產的工廠、從事商貿的公司集中在城市。在工業社會，鄉村成為城市的掠奪對象，鄉村衰敗了。後工業社會還需要這樣的城市嗎？後工業社會最大的特點是資訊化。互聯網是資訊社會的突出標誌。既然人們獲得資訊資源如此便捷，那麼為了資訊獲得需要，

生產機構、商貿機構是不是要集中在一起就變得不那麼重要了。更重要的是，後工業社會是一個富裕社會。人們的追求出現一個重要特點即追求生活品位。有品位的生活一方面體現在精神追求上，另一方面還體現在追求自然的居住環境上。

人們普遍希望居住在美麗的大自然之中。當然，這種美麗的大自然是生態與文明共生的大自然，既能滿足人對自然的需求，又能滿足人對文明的需要。這種兼具生態與文明兩性的生活環境從某種意義上講是鄉村。鄉村不僅有更接近原生態的自然，還有人工的自然——農作物。居住在鄉村，可以適當從事一些農業勞動，這對人的身心發展極為有利。城市化不是將城市建得越來越大，相反，它是城市的解構或瘦身，城市的許多機構要搬出城市，搬到鄉村或者大自然中去。美國許多大公司不在大城市，而在鄉村。城市化一方面是城市解構或者說瘦身，另一方面，又是將自然「請進」城市，諸如壘山、鑿水、植樹、養鳥、馴獸等。在合適的地方，還可以開闢農田，種莊稼。只要是文明的、有序的，與城市融為一體的，都可以在城市佔有一席之地。對於農村來說，城鄉一體化主要是將文明的生活方式建立起來，而不是將農村建成一座小城市。

最後，我要講一講環境建設和環境保護問題。幾乎所有的建設都是工程，工程是有它自身的功利要求的。比如，水電工程中的大壩是為了蓄水，高速公路是為了讓車流順暢。凡工程都要追求高功利，這是無疑的。但是，高功利的追求有可能帶來環境的破壞。工程帶來的環境破壞可以分成三類：一是有害物質的產生；二是生態平衡的破壞；三是景觀的破壞。前兩種破壞已經為人們所注意，第三種破壞似乎還沒有受到人們的重視。景觀的破壞可被叫作視覺汙染或視覺傷

害，這種情況在市政工程中比較普遍。如高架路，城市原本沒有為高架路騰出地方，現在因為交通緊張，憑空在狹窄的街道上建起高架路，使行人和街道兩旁的住戶都感到極大的不舒服。城市工程當然需要建，但應當在設計上較多地考慮到工程的審美功能，力求將工程建設成景觀。工程能不能建設成景觀，涉及諸多問題，首要的是觀念上對功能與審美關係的理解。功能與審美可以構成一定的衝突，也可以實現統一，即既是功能的，又是審美的，功能即審美。這種優秀的市政工程也是存在的。關於環境保護，有科學技術上的保護，也有觀念上的保護。目前許多科學技術上的保護沒有用上去，主要是觀念不到位。觀念達到什麼層次，保護就達到什麼層次。

下面我講講環境保護。環境保護既有觀念上的保護，也有科學技術上的保護。我特別強調觀念上的保護，觀念不到位，則技術也不到位，觀念不到位，有技術也沒用。環境保護有一個將保護提升到美學高度的問題也就是美學觀念。美國有一個環境工程師叫約翰松，他在全世界建了很多汙水處理廠，建立了很多環境保護工廠，但是他將每一所處理廠都建成了世界上獨一無二的景觀場所。這就是將環境保護工程同時也建設成環境美化工程——景觀工程。那種為保護而保護的工作是消極的保護，以美學作指導的保護則是積極的保護。美學的保護不只是外觀上的，它在本質上首先應是生態的，當然也必須是科學的。但光有這些還不夠，它還應該是有文化的，有品位的，可以欣賞、品味的。但我們目前還停留在消極的保護層面，能夠完成所要求的指標就行了，至於想要做成一個美學工程現在還遠遠達不到。我們的環境建設、環境保護在中國還處在一個很低的階段，遠遠達不到環境美學的高度，如果你們有興趣了解的話，有機會就出國，到美國、

到歐洲、到日本去看看。

　　環境美學是一門應用性非常強的學科，是一門很有前途的學科，它在當今社會上的實際影響，將有力地推動生態文明與美麗中國的建設。今天我利用這個機會，將這個學科的方方面面都給大家做了介紹，考慮到大家的專業問題，我今天所講的大家也都能理解。最後，謝謝大家！

2014年於華中科技大學演講

朱夢珍根據錄音整理

性善論的一個維度

陳嘉映　首都師範大學哲學系教授

　　自古以來，人們都有性善論與性惡論之說。在中國比較典型的是，孟子持性善論，荀子持性惡論。今天，我並不是要全面地講性善論和性惡論，而是從其中的一個維度來講。

　　性善論中一個比較典型的問題就是：人在一生中，會經歷和看到很多惡的東西，那麼，這些東西是從哪裡來的？相反，性惡論中的一個典型問題是：你在生活中見到的善的東西是從哪裡來的？如果你持的是性善論，那麼惡從哪裡來？一個常見的回答就是：我們家的孩子是好的，都是社會把他帶壞的。但是從全社會的角度來看，如果家家的孩子都是好的，那麼為什麼社會會變成壞的。性惡論有相反的問題。當今有一種說法是：人的本性都是自私的。還有生物學上的證據，有一個叫作道金斯的生物學家寫過一本名為《自私的基因》的書。如果大家都自私和性惡的話，那麼，為什麼會有善的行為出現？這個成為當代「性惡論」中的一個問題，道金斯本人，還有其他很多生物學家、生物社會學家以及哲學家都在想辦法去解決這些問題。

　　如果性善論和性惡論都有這樣的困難，那麼我們可不可以提出這樣一個折中的說法：性有善有惡。也有很多哲學家持這個觀點，或者持相近的觀點：性無善無惡。

■ 一、孟子與告子的性善惡之辨

在中國提出「性無善無惡論」最早的是告子。他的學說，主要是從《孟子》這本書中摘錄出來的，裡面有一篇是《孟子‧告子上》篇。在本篇中，告子說，性就像一汪水，你要是在東邊把口掘開，水就向東邊流；你要是在西邊掘開一個口，水就向西邊流。他用這個比喻說明，性無所謂善惡，就像水無所謂東西方向一樣，要看實際情況和具體環境。孟子就反駁他：「人性之善也，猶水之就下也。人無有不善，水無有不下。」這是一個非常有名的爭論，告子用了一個比喻，孟子也用了一個比喻，就事實來說，這兩個比喻都是對的，卻得出相反的結論。既然這兩個比喻所依賴的都是事實，但是用來說明的道理，哪個是對的呢？

我們可以看到，兩人各自用到了一對反義詞。告子用的是「東西」，孟子用的是「上下」。反義詞，是語言中一個特別重要的工具，不用反義詞，幾乎就不能開口說話。它在哲學中也是非常重要的。比如說「一分為二」，就是兩個相反的東西；對立統一，把兩個相反的東西統一起來。有很多哲學家討論反義詞的內容，在中國，《老子》裡面充滿了關於反義詞的辯證，有無相生，難易相成，長短相形，高下相傾；在西方，我們必須講到黑格爾，他的《邏輯學》由一系列對立概念「螺旋上升」構成，從有開始，從有到無，從無進展到變異。變異對於有無來說是高階的統一，但是也有它自己的反義詞，就是恆定、限定等。反義概念結構在哲學裡討論得很多，但在我看來，還是有不少內容有待進一步挖掘。

今天，我們從對反義結構的分析來進一步談論性善論和性惡論。讓我們從左和右這對反義詞開始，左右相對，這是以說話人為中心

的，在他的左邊就是左，在他的右邊就是右。孟子和告子在爭論善惡論的時候，兩個人用的比喻一個是上下，一個是東西。東和西像左和右一樣，有一個假設的中間點，以這個中間點為參照，這邊為東，另外一邊為西。上下是以什麼為參照？比如說我們住宿舍，住上下鋪，上下鋪不是以不上不下的中間點為參照的，上下是以地面為參照的。上下還有另一種參照的辦法，以人體的構造為參照，頭在上面，腳在下面。這可以說是間接地以地面為參照。我們在大地上的時候，說到上下，意思挺清楚，你住上鋪，你的鋪位在我的上面。但是我們想像一下，到了太空裡，比如說兩個宇航員，所謂星際漫步，宇航員出了船艙，這個時候說誰在誰上面就不那麼清楚了。從前有人反對我們住在一個球形的星體上的說法，他們說，這個星體那一邊的人豈不是每天要倒立著過日子了。是啊，是中國人頭腳倒置還是美國人頭腳倒置？總之，我們平常都是以自己腳下所踩的這片大地為參照來談論上下的。有一個大地的平面，使上下這兩個詞能夠具有意義的條件，我把它稱作語義條件。假設有一種一開始就浮游在太空裡的生物，這種生物發明出一種語言，這種語言就沒有上下這兩個詞，也就是說，任何一個詞，都是在一定的條件下有意義，一旦離開了這個條件，就沒有意義了。一旦失去了語義條件，那我們把什麼定義為上，把什麼定義為下，就變成任意的了。

反義詞的結構粗看起來都差不多，看起來都是對稱結構，其實還是有一些區別。例如真假，它們不是平等對稱的，而是假的東西依賴於真的東西。比如說，說假話，它依賴於有人說真話，依賴於大多數人大多數時候說的是真話，因為他說假話是想讓你相信他說的是真話，如果天下從來沒有真話，那就沒有人編假話了。同樣，如果沒有

真鈔，就沒人製造假鈔了。真假並不完全平等對稱，一者依賴另一者。

再說輸贏，我們下一盤棋，有輸有贏，我贏了就是你輸了，我輸了就是你贏了。但是在另外一個意義上，贏和輸不是對稱的，在什麼意義上呢？即使我的圍棋不如你，我輸了，但是雙方都想贏。如果不是兩個人都想贏棋，下棋這種活動就不可能存在。如果我的目標是輸棋，下一次估計你再也不會找我下棋。這裡不是在講輸贏的心理學，我講的是輸贏的概念結構。

回到東西和上下。告子和孟子爭論性善還是無善無惡的時候，兩人所用的比喻看起來是半斤八兩，不過是兩個人為自己的論點各取所需。但是你深入去想他們所用的比喻，你會發現，他們的深度是不一樣的，一個用的是東西這個詞，東西是平等對稱的；一個用的是上下這個比喻，上下這個比喻並不是完全對稱的。那麼我們就要更進一步地問一問：當孟子用了上下的比喻來講善惡的時候，善惡是不是不對稱的？

常識告訴我們，有的人性善一點，有的人性惡一點。看起來，「性有善有惡論」是最接近常識的。這樣想的時候，就不大理解像孟子和荀子那樣幹嗎非要講性善還是性惡。但是在我們的常識下面還有更深的東西。人都是自私的嗎？當然，人有其自私的一面，也有其無私的一面，這麼講是最正確的，但是另一個方面，這樣也等於什麼都沒說，只不過把我們已經知道的常識重複了一遍。自私和無私不只是兩個分立的方面，我們還想知道它們是怎麼連繫在一起，怎麼糾纏在一起的。為了知道這些，就必須向更深處的「根系」去追問。

講「性無惡無善論」的人，講「性有善有惡論」的人，會用東西

來做比喻，因為他們把善惡看成平等相對的東西。孟子用上下來比喻善惡的時候，他已經提示了，善惡並不是平等對稱的。哪種主張是正確的呢？我傾向於說，這裡的問題不在於哪種主張是正確的，哪種主張是錯誤的。他們兩個的區別不在於孟子對，告子錯，而在於孟子更深一層。反義詞是對稱的，用不著什麼眼力，人人都能看到，但是有些反義詞有不對稱的一面，卻不是人人都能看到的。告子和孟子的爭論，與其說是對錯之爭，不如說是深淺之辨。性有善有惡論，它即使對，也沒有告訴我們平常人什麼新東西，孟子的主張則開啟了某種視野，使我們能夠看到平時看不到的東西，啟發我們看到問題的更深的方面。哲學中的很多爭論，更重要的不是對錯之爭，而是深淺之辨。

　　善和惡不是完全對稱的，這一點從前也有人指出來過。例如明末清初的王船山就指出過這一點。近世的梁漱溟也看到了這一點，他說：「惡是善的負面，不但不是本性，並且不算是傾向，因為傾向是積極的，而惡是消極的，所以惡不能算是一種傾向。如果動是一種傾向，那不動就不算是傾向，積極是一個人要怎樣怎樣，而消極是一個人不要怎樣怎樣。也就是說，消極沒有『要』，故惡沒有『自己』，是善的缺乏，故善惡非對待之物也。」這段話中涉及很多方面的問題，其中關鍵的一點指出，善與惡並不是完全對待的，也就是說，不是完全對稱的。就像在真假這組概念裡真是主導的，在輸贏這組概念裡贏是主導的，在善惡這組概念裡善是主導的。但同時，如影隨形，有贏就有輸，有真就有假，同樣，有善就會有惡。在這個意義上，惡是善的缺乏，善的背離，是從向善的天性的墮落。有善始有惡，有善必有惡。動物無所謂善，於是也說不上惡。

　　順便可以說到，同樣的問題在基督教裡也有很多討論。上帝是善

的，全善的，但是他造出這個世界好像誰也不覺得是全善的。全善的造物主造出的世界裡怎麼會有惡，或者說，惡究竟是從哪裡來的，這是神學家一直面對的嚴肅的挑戰。一種回應是：善是惡的缺乏。梁漱溟的思路看來跟這個思路相當接近。

▍二、善與惡的參照

梁漱溟又談到一個觀點：善惡的評價是完全主觀的。這是個你經常能夠聽到的說法。哪些粒子帶電，哪些粒子不帶電，大家都不爭論，因為那是客觀的。但是講到善惡，很難聽到大家關於何者為善、何者為惡有完全相同的主張，於是，很多人就認為「善惡都只是主觀的評價」。但是我不同意這樣的主張，我同意不同意無關緊要，要點在於，這一主張跟「善不與惡做對」相矛盾。我覺得梁漱溟有這樣的一種眼力，看到了善惡不是完全對稱的，但他對這一點的考慮似乎還不夠深入，如果夠深入他就不會說善惡是完全主觀的評價。因為「善惡是主觀的」又回過頭來把善惡看成是左右那樣的對照，以處在左右中間的我做參照，所以它們是完全相對的。

我們說到，上下是以大地為參照的，那麼善惡是以什麼為參照的？善惡的參照要比上下的參照複雜得多，但沿著「上下」這條思路來想，為善惡提供參照的是相對穩定的倫理生活，善惡並不只是純粹主觀的評價。

然而，我們一定要有個參照系嗎？我們以大地為參照系，於是有上下。那麼我們能不能超出上下呢？能。我們飛上太空，我們脫離了大地，就不再有上下了，我們就「超出上下」了。人類如今事實上已經飛上了太空。其實，早在人類飛上太空之前，人類已經能夠憑藉思

想飛上太空了，比如說屈原在《天問》裡就提及「上下未形」的茫茫空間。

實際上，善惡只是主觀的評價這個主張本來就跟這種無所謂上下的「牛頓空間」相連。有一個叫柯瓦雷的科學史家有一本書，叫《從封閉世界到無限宇宙》，其內容大概是說，希臘人的空間觀念跟我們今天的空間觀念不同，在希臘人的宇宙裡，地球是中心，以地球為座標，空間天然是有高有低有上有下的，近代科學興起以後，從哥白尼到牛頓，這種宇宙觀被顛覆了，一個有內在秩序的世界崩潰了，取而代之的是無所謂上下高低的空洞的空間。與之相仿，我們本來生活在一個相對穩定的倫理系統之中，近代以來，各種相對穩定的倫理生活系統開始動盪，如果說得嚴重一點兒，傳統的倫理生活開始崩塌。我們本來藉以確定善惡的參照系沒有了，於是善惡就越來越像是純粹的主觀評價。但是也不妨說，如果善惡只是主觀評價，其實等於說沒有善惡這回事。所以，還不如像尼采說的那樣，我們乾脆超出善惡之外。「現代性」在很大程度上是要把一切傳統都擺脫掉，海德格爾說，把我們從大地上連根拔起。一開始，人們更多感到的是一種解放感，地心引力一直是一種束縛。後來，當我們的航天器當真擺脫了地心引力，進入了無限空間，人們又被一種虛無感包圍了，生活的意義成了現代人的核心焦慮。

▌三、善好乃萬物所向

孟子用水總是往低處流來說明上下不像東西那樣是平等對稱的。但是，為什麼善是上，惡是下？或者這麼問：為什麼水就下而性就上？水就下，是我們可以看得到的事實，性就上，也是我們看得到的

事實嗎？讓我們回到剛才說到的一個例子，贏棋輸棋，輸和贏哪個是上？我們的直覺為：贏是上。總贏棋的那個是上手，總輸棋的那個是下手。輸和贏不是完全對稱的，只有你想贏棋，你一著一著的棋才被組織起來，才形成一個整體，才使每一步棋成為有意義的、可理解的。只有向上的努力才賦予行為以意義。從善如登，從惡如崩。登，需要你做出努力；崩，不是你做來的。用梁溯溟的話說，崩，不是他要，而是他放棄了要。不是他「要」崩潰，崩潰是他放棄了努力造成的一個狀態。因此，「向善」賦予生活以意義，而「向惡」不可能賦予生活以意義。主張「性有善有惡論」的揚雄說過一句話：「修其善則為善人，修其惡則為惡人。」表面一看也挺對，但仔細一想，這話是不通的，因為只有善是可修的，惡呢？不是修為。我們說的修為，修的是善，惡是對善的放棄，是修為的缺失，「修惡」這個話並不成立。所以，梁漱溟說：「惡是一種懶惰。」

西方第一部倫理學的作者亞里斯多德有個基本的論斷：善好乃萬物之所向。亞里斯多德最喜歡用的一個例子是橡樹的種子，它有一個傾向，有一個本性，那就是長成一棵橡樹。這個本性可以在其生長過程中被摧折，被阻礙，但是由這個本性去發展，它最終要長成一棵橡樹。每種事物都有它的所向，這種所向就是善。善好就是萬物完成其本性。只有要贏棋才使得一盤棋有意義，只有要把一件事做好才使得我們的行動有意義。如果我們把人生作為一個整體，那麼，人性就在於要把自己的人生過好。

但我就不能成心把事情做壞嗎？你說贏棋才是目標，我就不能成心想輸棋嗎？例如，我陪領導下棋，我要讓他高興，以後提拔我，我成心輸給他。把輸棋當作目標，跟無心戀戰隨便亂下不一樣，你隨便

亂下就不是一盤棋，而輸棋需要一定的技巧。輸棋的確可以是一個目標，這個目標不是贏棋，卻是為了贏得領導的好感，這個時候，你仍然是以贏為目標，把下棋作為一種手段。一旦我發現你這個目標，我就能夠理解你輸棋，而且還能理解好多其他的東西。我成心輸棋，暗含我能夠贏他，如果你贏不了他，就談不上你「成心」輸棋。有些人反對主流，寧願生活在邊緣，你們吃海參、鮑魚，他就在小酒館喝酒，你看他很落魄，他自己覺得比你強多了，他有一種自信，這種自信就來自我想掙錢就能掙到，只是我不稀罕那東西。這當然也是有風險的，你一開始有個對抗主流的目標，你為此需要付出比追求主流目標更大的努力，但後來你也可能漸漸失去任何目標，你可能弄假成真了，放棄了任何努力，你的邊緣生活不再是一個目標，成了破罐子破摔。

蘇格拉底說：「無人有意為惡。」很多人不同意。但從我們今天所講的，我覺得這話是成立的。當然，有的人知惡為惡，有的人破罐子破摔，但知惡為惡、破罐子破摔都跟「有意為惡」是不一樣的。我知道這樣不好，但是看著白花花的銀子就忍不住，那是因為他的貪婪心壓過了他的審慎心，在這個意義上，他「知惡為惡」，但不是「為惡而惡」。

我們解釋了善好乃萬物之所向。不過，這裡還是有一個困難。小橡樹的善好是長成大橡樹，善好在於完成你自己，每個人都完成自我，達到善好。然而，你的目標可能不是我的目標，你的自我完善還可能妨礙甚至消滅我的自我完善。比如豹子抓一隻小鹿，讓自己和自己的小豹子好好吃一頓，是豹子的善好。它總能抓到小鹿，那麼就完成了它的本性，也讓他的小豹子有機會完成它的本性。但是對於小鹿

來說，那不是它的本性，它的本性是長成一隻大鹿，而不是被一隻豹子吃掉。橡樹的本性是長成一棵大的橡樹，這個例子單獨說起來很有啟發，實際的生活世界卻比那複雜得多。因為不同的存在、不同的目標有可能互相矛盾、互相妨礙，甚至有此無彼。這個問題對於亞里斯多德或者孟子來說，不像我們今天看起來那麼嚴重，原因是亞里斯多德和孟子大致相信一種總體的善，大致說是宇宙目的論，整個宇宙和整個世界的發展有一個總體的目的。善好是萬物之所向，這個話在亞里斯多德那裡可以有兩層理解。你既可以在個體的意義上理解，長成一棵大橡樹是小橡樹的善好，你也可以在總體意義上理解，就是把萬物看作一個整體，善好是總體之所向。如果真有這麼一個總體的世界目的，有些事情雖然是惡事，它們就不是那樣刺眼，因為歸根結底整個社會、整個世界在向一個總的善發展。問題是經過科學革命以及其他近代轉變，我們今天大多數人已經不再相信一種宇宙總體論，因此，獵豹之善好跟麋鹿之善好之間的矛盾就變得更加尖銳。

我就講到這裡。我今天講的只是性善論的一個維度，我認為這個維度能夠幫助我們更好地理解性善論，更好地思考善惡問題，但是我並沒有打算為何為善惡提供一攬子的回答，還有很多問題需要思考，還需要嘗試找到一些關鍵點和關鍵線索來向那些問題索求答案。

2014年於華中科技大學演講

馬瑩根據錄音整理

中國與世界

第二次世界大戰後的國際秩序

徐 藍 首都師範大學歷史學院教授

　　大家好！今天，我來給大家講講二戰後的國際秩序，這既是近現代史的問題，也是當代史的問題，我要講的內容會跟國際政治有些關係。大家知道，國務院總理李克強在波茨坦講到了「秩序」這個問題。其實，國際秩序並不只是釣魚島的問題。現在，我給大家介紹一下二戰之後的國際秩序。

　　在此之前，我要給大家講一下什麼是國際秩序。其實，國際秩序就是指處理國家關係的基本準則和基本行為規範。但是，這種準則和規範是有變化的。十九世紀，戰爭可能就是一種解決國家之間矛盾的準則。到了二十世紀，兩次世界大戰之後又有了一次冷戰。但是兩次世界大戰之後，人們就有了和平解決爭端的準則了，國際秩序便發生了變化。學過國際政治史的人就會知道人類在何時對十九世紀用戰爭解決爭端的方法進行了改變，其實就是在第一次世界大戰以後。從國際法上講，一九二八年美國宣導了《非戰公約》，就是說以後都不要用戰爭作為實行國家政策的工具，但是這直到二戰後才開始發揮作用。眾所周知，國家秩序和國家格局相連繫，我們今天先不講國家格局，先來看國際秩序。在歐洲，重視的是一戰。一戰從一九一四年爆發，明年剛好是它的一百周年紀念日，歐洲學術界要連續五年紀念一戰。而中國不怎麼提一戰，很大一部分原因是因為當時我們對一戰的

重視程度不夠。我們知道，中國人對一戰的貢獻很大，我們是以工代戰，就涉及中國勞工。現在對中國勞工的研究成為國際史的內容。

其實，二戰也是特別重要的，它大大加速了歐洲作為世界中心地位的衰落。因為十九世紀的中心就是歐洲，資本主義大大發展，全世界擴充殖民地，那是一個高歌猛進的年代。一戰以後，歐洲在世界上還是有很大的影響。但是在二戰以後，歐洲徹底衰落，今天的歐盟算得上是鳳凰涅槃。二戰時期歐洲分裂了，形成了兩大集團，與此同時美蘇崛起。這些國家不是圍繞在美國周圍，就是圍繞在蘇聯周圍，形成了一個新的格局（兩極格局）。說到第二次世界大戰對國際秩序的影響，其實很重要的原因是一戰及一戰之後這段時間歐洲力量仍保持相對平衡狀態，美國只是相對介入。一戰時，還是以歐洲的軍事力量來維持世界整體秩序，那時世界秩序的代表是國際聯盟，中國當時也是國際聯盟的成員。國際聯盟代表了一戰後的國際秩序，可是到了二戰的時候，國際聯盟名存實亡。二戰之後成立了聯合國，從二十世紀中期以後，人們對聯合國持一個比較肯定的態度。聯合國有五個常任理事國，這5個常任理事國是二戰時出現的，聯合國的運作以及它的憲章代表了二戰後的國際秩序。在二戰後出現了布雷頓森林體系，這是二戰以後建立的國際經濟秩序。我今天的講座主要講兩個問題，第一是講以聯合國為代表的戰後國際政治秩序，第二是講以布雷頓森林體系為代表的戰後國際經濟秩序。

首先，我們講的是以聯合國為代表的戰後國際政治秩序。大家知道，聯合國是在戰爭中產生的，新的國際秩序是在二戰中孕育的。第二次世界大戰，中國較早加入了抗戰當中。我們現在的二戰研究不是從一九三九年開始，而是從一九三七年開始，應當把中國放在反法西

斯戰爭當中。珍珠港事件還沒有發生的時候，美國和英國就簽署了《大西洋憲章》。一九四一年八月是歐洲戰場非常緊張的時候，而美國還沒有捲入戰爭，珍珠港事件發生在一九四一年十二月，但實際上美國和英國已經結成了盟國，所以美國是不宣而戰。羅斯福和邱吉爾在炮火連天中進行了會晤，簽署了《大西洋憲章》。當時，美國雖然沒有宣布進入戰爭，但是明確要在戰後建立一個普遍安全制度，到一九四二年簽署了《聯合國家宣言》。一戰的國際聯盟和二戰後的聯合國是不同的。國際聯盟代表一戰後的舊的國際秩序，其實它留下很多東西，比如它的主要機構有代表大會、行政院、常設秘書處等。一戰後，世界呼喚和平，不希望再有戰爭，國際聯盟在這樣的情況下成立。國際聯盟的宗旨是增進國際合作、保持和平安全。國際聯盟還有決策機制，它採用的是全體一致原則，不管是在行政院還是在國際聯盟大會，所有的決策都要全體一致通過。全體一致通過就等於全體一致不通過，因為只要有一個國家否決，這個事情就辦不成了。國際聯盟的盟約有二十六條，還規定了國家之間的關係處理原則，包括要裁減軍備，國聯的這個要求就是一場鬧劇。《凡爾賽條約》當年把德國搞得特別慘，基本上只剩員警部隊，所以希特勒上臺後要求所有國家都裁軍，但是法國因維護自身安全而不裁，使得裁軍原則無法實施。但是它起碼是一條原則，還有其他原則就是相互尊重、保持領土完整，這些是美國在《九國公約》裡面提到的。《九國公約》裡面提到要保持和維護中國的領土完整。這是在一戰時就有的要尊重主權領土完整、行政獨立、預防侵略，爭端要提交仲裁，還有制裁，只是沒有詳細的措施，但是它有這個理念。還有實行公開外交，這是威爾遜提出來的。一戰之後，美國認為歐洲秘密外交過多，戰爭勝利之後要兌

現承諾，容易產生利益糾葛，美國主張公開外交，凡是違背國際聯盟的盟約的條例都不要，所有公約要上交國際聯盟批准存檔，這是國際聯盟的職責。另外，對於殖民地，實行委任統治，完全改變殖民面貌。當時有三種殖民統治：第一種是認為國家已經發展得可以了，幫助其獨立，比如阿拉伯國家；第二種是國家尚不能自行進行有效管理，幫助其管理一部分，慢慢使其獨立；第三種是國家太過落後，根本不是現代國家，無法進行管理，就由國際聯盟進行委任管理。這種制度有進步也有問題。

國際聯盟是有進步性的，因為它是世界上第一個由主權國家組成的國際組織。隨著十九世紀資本主義的發展，全球化趨勢出現，在一些行業出現了國際組織，比如萬國郵政聯盟。但它是行業間的，不是政府間的，第一個政府間的國際組織是國際聯盟。它是一戰以後的一個發展，也是全球一體化的發展。所以我覺得國際聯盟具有進步性，比如它和平解決國際爭端問題的理念是要肯定的，促進國際合作、維護世界合作和安全也是它希望的，還有國際組織的運作方式，國際勞工組織、國際衛生組織，這些在聯合國裡面也有，它的那套運行經驗值得借鑑。另外，它促進人權保障及社會福利的發展、改善勞工條件，這是很大的進步。但是國際聯盟也有缺陷。它的機制有缺陷，比如裁軍沒有具體措施，重要的缺陷是形成決議的全體一致性原則。沒有集中，只是一個國家一票來形成決議，就形不成決議，特別是在制裁侵略方面形不成決議，這就是國聯的機制缺陷。全體一致原則是普遍否決權，每個成員都有權否決，沒有辦法真正制裁侵略，這是機制問題。其實還有公開外交，我們說它是對世界輿論的欺騙也不過分。秘密外交是有的，所謂的公開外交，只是騙騙輿論而已。還有就是委

任統治，儘管有進步，但是它沒有完全改變殖民統治。另外，國際聯盟有組織缺陷，它不是普遍的、權威的。國際聯盟的政治實踐失去了它的基本宗旨，面對強國，它就變得軟弱了。第二次世界大戰爆發，國際聯盟名存實亡。一九四六年，聯合國成立，國際聯盟最後開會承認它的失敗，然後把它所有的財產和文檔等交給了聯合國。當時參與締造國際聯盟的一個英國政治家叫塞西爾，在成立聯合國的時候，他又是一個參與者。他當時有一句名言：「國際聯盟死了，聯合國萬歲。」所以，聯合國是繼國際聯盟之後產生的，但聯合國不是在國際聯盟的基礎上直接形成的。聯合國和國際聯盟有本質的區別，聯合國也不是對國際聯盟的簡單繼承。我這裡要引用兩句話，一句是國際聯盟的秘書華爾托斯說的，「聯合國的成立就使國際聯盟的存亡史一目了然」。就是說聯合國要吸取經驗教訓，避免像國際聯盟一樣失敗。另一句是國際關係史專家諾斯埃奇說的，「雖然沒有詳細考察國際聯盟的歷史，但是在聯合國的組成當中，國際聯盟的缺點必須得到克服」。

二戰之後建立了聯合國，聯合國的建立經歷了很曲折的路，中國在當中做了很多貢獻。我覺得中國在《聯合國憲章》裡面最主要的貢獻就是，要考慮小國、弱國的利益。但是，中國畢竟是二戰中打出了一個「中國」，就是說中國成為一個名義上的大國的地位是在二戰中建立的。中國作為常任理事國，後來法國也成為常任理事國，形成五個常任理事國。聯合國有六大組織：代表大會、安全理事會、常設秘書處、經濟和社會理事會（與國聯不同的新組織）、託管理事會、國際法院。還有其他有連繫的機構，有十六個就是它的成員，比如國際勞工組織、聯合國教科文組織、世界衛生組織、國際貨幣基金組織、

世界銀行、萬國郵政聯盟等。還有兩個組織和聯合國有密切關係，一個是國際原子能組織，另一個就是現在的WTO（世界貿易組織，原來叫關貿總協定），它們不是聯合國的組織，卻與聯合國有密切連繫。《聯合國憲章》開頭寫道，聯合國的成立是為了使後代免遭今代兩次苦不堪言之戰禍。就是說這一代人經歷了兩次戰爭，不能讓後代再遭受戰禍。聯合國的宗旨是維護世界和平，所以聯合國有安全理事會，它主張維護世界和平，尊重基本的人權和自決原則。人有生存權、發展權。自決原則就是民族自決，就是自己要決定自己的命運。再者就是要加強合作，促進全球經濟、政治的發展，這是聯合國的宗旨。會員應該遵循的原則是，首先各國主權平等，尊重主權和領土的完整，互不干涉內政，這是聯合國的一個原則。所以《開羅宣言》要把臺灣、澎湖列島還給中國，這是國際秩序，《波茨坦宣言》又重申了這一決定。尊重領土完整是二戰之後的一個國際秩序，還有和平解決國際爭端，不得使用威脅或者武力，這個就是國際社會規定的。由安全理事會來判斷是不是侵略，這就與國際聯盟不一樣了，雖然國際聯盟的行政院也可做出判斷，但是現在由安全理事會來判斷對世界的和平是否存在威脅和破壞。它如果判斷確實存在著對和平的威脅和破壞，那麼它做出決議來予以制裁。聯合國形成決策機制採用的是大國一致原則。什麼叫大國一致原則？大國一致原則又叫一票否決權。現在看聯合國的運行機制，安理會原來有五個常任理事國、六個非常任理事國，一共是十一個國家，後來安理會擴大到五個常任理事國和十個非常任理事國，一共十五個國家。什麼叫大國一致，就是在重大問題上必須經五個大國一致通過。在重大問題的決議上要有三分之二的贊成票，這五個大國一致同意，決議才能生效。剛剛講到殖民地託管

制，目的就是對託管地實行民族自決、民族獨立。聯合國的這些制度和原則，比國際聯盟有很大的進步。聯合國在國際法上也有很重要的意義。我們先看《聯合國憲章》，它是國際法的重要文獻。中國一般有天然屏障，西邊有高原，東邊有海洋河流，就是北邊弱一些，建立了長城，疆域是活動的。但是從國際法上來說，民族國家出現後就需要規範邊界。《聯合國憲章》就是其重要文件，它針對二次世界大戰造成的災難，避免對後世的人類再次造成災難。還有一個問題就是設立經濟和社會理事會，它把處理經濟發展問題和防止戰爭放在一起，有很深的戰略思考。窮則思變，只有解決經濟問題，才能使這個世界更和諧。所以，上述問題說明聯合國呼喚和平、尋求共同發展的意願。《聯合國憲章》強調會員的普遍性和廣泛性，這是國際政治的民主化，就是大小國家都在聯合國。因為聯合國是一個屋頂式的結構，最高的權力機構是安全理事會，下面是還有好多組織，這些組織是按照會員國的一定比例協調管理的。安全理事會是一個人數較少的決策機構，但聯合國大會是一個有很多國家參與的國際會議，每個國家都有發言權，這是聯合國的多邊外交，體現出國際民主化進程。另外，聯合國在處理侵略問題上有比較周密的應對機制。我們剛剛講過一些，比如大國一致原則就是考慮大國的利益，大國擁有一定的責任，要有相應的付出。《聯合國憲章》有一百多條，制裁侵略措施是很詳細的，比國際聯盟的二十六條多得多。還有實行制裁，實行民族自決，尊重人權。聯合國的尊重人權實際上是尊重人的生存權和發展權，民族自決就是要消滅殖民地，這些是符合時代潮流的。十九世紀是一個殖民帝國時代，二十世紀是一個門戶開放時代，殖民地是不能存在的。從實踐方面講，聯合國為維護世界和平做出了重要貢獻，但

是它也犯過錯誤，比如冷戰時期它成為美蘇爭鬥的平臺。大國一致原則使得大國之間不進行戰爭，基本上維持了戰後的和平。在解決地區衝突方面，聯合國也有很大的作用。另外，聯合國在軍備控制、裁軍方面都做了不少工作。解決地方衝突是聯合國做出的重要貢獻，另外還有剷除殖民主義。從新航路開闢，西方用四個世紀建成的殖民體系，到二十世紀全部根除。聯合國有一個目標就是進入二十一世紀不再有殖民統治，它實現了。整個世界殖民體系瓦解，建立民族獨立國家，實行民族自決，就是二十世紀最重要的進步，這個跟聯合國有很大的關係。聯合國盡其所能，用會費或其他收入資助落後地區，實施人道主義援助、健康醫療幫助，它花了很多錢，採取了很多措施，貸款或贈款給特別需要發展的地區。一九九七年聯合國提出「可持續發展」理念，對發展中國家有直接的指導意義，主張人要和自然協調發展。聯合國推出了五百多個國際條約，從核不擴散到人權，從和平進行外太空開發到海底開發，保護智慧財產權，保護生態環境，等等，規範著人類的行為。

接著，我再講一下聯合國的改革問題。聯合國在二戰時建立，帶有那個時代的優點和缺點。人們期待聯合國好好維護和平、促進社會發展，建立公正合理的新秩序。但是人們認為現在的聯合國做得還不夠，希望它進行改革。聯合國作為全球最大的主權國家間的組織，它依然是無法替代的。另外，追求和平、共同發展是人類的普遍願望。冷戰結束以後，提出了聯合國改革的問題，實際上也是國際秩序發展的問題。聯合國有兩大問題急需改革。一是結構臃腫，要進行機構改革，這跟眾多第三世界國家有關。二是安理會改革，有些國家希望加入常任理事國。德國、日本、巴西、印度等都想加入常任理事國，這

是特別難的事情，幾年之內無法改動太多。同時，聯合國面臨新挑戰，比如國際恐怖威脅、疾病流行、環境問題等等，這些都需要聯合國來應對。另外還有一種傾向是繞開聯合國，比如美國。在二戰後的這樣一個環境當中，聯合國需要不斷改革，使其自身更加完善，使國際關係走向體制化。我們總結聯合國帶來的國際政治秩序，主要體現在以下方面：不同國家的和平共處原則，對侵略的制裁原則，大國一致原則，殖民地託管原則，局部衝突的維和原則，核裁軍原則，可持續發展原則。二戰之後，聯合國所做出的貢獻表明國際秩序是有序發展的而不是無序的，也表明了人類在朝文明、進步的方向發展。

下面給大家講講布雷頓森林體系所代表的戰後國際經濟秩序。第一次世界大戰之後沒有建立有效的經濟秩序，國際經濟秩序很混亂。第二次世界大戰使國際經濟秩序一片混亂，人們取得了共識，認為保護主義和孤立主義不可行，經濟的發展需要各國之間相互合作，而且認識到只有經濟發展了，和平才有保證。二戰後期，英美為了恢復戰後經濟發展，從三個方面重建國際經濟秩序，包括金融的穩定、投資的有序，還有打開貿易大門，使貿易自由化，不能高築關稅壁壘。在金融方面重建國際貨幣制度，現在採用的匯率就是浮動匯率，還有對外投資、貿易自由化。布雷頓森林體系有「三駕馬車」：國際貨幣基金組織，世界銀行，關貿總協定。國際貨幣基金組織通過穩定匯率，避免貨幣貶值，影響商品流出，其主要作用是穩定金融秩序，適當融資。其運行機制是「雙掛鉤」，即美元和黃金掛鉤，各國貨幣和美元掛鉤。其中，有一個加權投票，即按照投資率擁有相應投票權，其實是被美國所掌握的。還有，貸款國和借款國的份額相一致，即投資越多貸款越多，這顯然對發達國家有利。另外，世界銀行主要為發展中

國家的基礎設施提供資金支援。雖然它們是作為聯合國的組織，但又是相對獨立的機構。關貿總協定就是相互減稅，打開各國的門戶，使得貿易自由化。但它不是一個國際組織，當時只是一個准國際組織。布雷頓森林體系的運行促進了世界經濟發展，在它運行的二十多年裡，整個西方國家和第三世界國家的經濟增長是非常迅速的。同時它帶動了國際投資，開始是美國對西歐的投資，從六〇年代開始向發展中國家投資。二十世紀四〇年代至七〇年代，布雷頓森林體系對世界經濟產生了重要影響，促進了經濟發展，也造就了浮動匯率。在經濟發展中，西歐和日本都得到發展，而美國經濟相對落後。到尼克森的時候，美國放棄「美元與黃金掛鉤」，形成浮動匯率。到一九七八年，國際貨幣基金組織實行浮動利率，牙買加體系取代布雷頓森林體系。但是布雷頓森林體系裡面的三個組織依然存在。國際貨幣基金組織就是一個消防部隊，用於經濟方面的救濟。它也有缺陷，比如要求貸款國和借款國的份額相一致，貸款有政治條件，以發達國家的標準來衡量。關貿總協定對於貿易自由化有很大的好處，但它也有局限性，只是對商品的減稅，不包括全球化中出現的其他問題，如服務業、理財、旅遊等方面，不適應全球化的發展，後來被WTO所取代。WTO從一九九五年開始運行，與關貿總協定有一年的重合期，以後獨立發展。WTO的原則很重要，其中有一點是對發展中國家的保護性原則。還有一個好處就是有一個解決爭端的小組，產生矛盾之後可以在小組內裁決，如果仍不滿意，還有專家小組再進行裁決，所有國家都要遵守裁決結果。還有貿易要透明，有助於推動貿易自由化。這三大組織是維持世界經濟秩序的三大支柱，對世界經濟一體化有很大的推動作用，但必須承認它們是由西方國家主導的。在全球化

中，需要這些高於國家的組織協調全球的發展。所以我覺得要正確認識問題，全球化時代大家是相互依存的，這些全球化組織承擔了很多，但仍需要改革。我們看以三大組織為代表的投票原則、貸款原則、公平競爭原則、關稅保護原則，還有對發展中國家的差別對待，可知這些國際組織是由西方大國主導。發展中國家要有包容、開放的胸懷，要先進入，服從規則，然後改變規則。

聯合國和世界三大經濟組織仍然是支撐世界的主要支柱，但是我們也要清醒地認識到，其中仍有霸權和不平等。發展依然任重而道遠，改變這種不公正、不均衡是一個長期任務，我們要有理想，但也不是馬上就能改變。改變現有的國際政治秩序，使之變得更加合理，需要世界各國的共同努力。就講到這吧，謝謝大家！

2013年於華中科技大學演講

馬瑩根據錄音整理

五次中日戰爭對兩國關係的影響

馮 瑋 復旦大學歷史系教授

　　歡迎大家來聽我的演講。希望通過我的分析，能讓我們弄清中國和日本在歷史上較主要的幾個轉捩點，比如五次中日戰爭對中日兩國關係的影響，從而了解戰爭產生的原因和結果是什麼。我希望通過這一個半小時的演講讓大家對中日關係中幾個較重要的轉捩點有概括性的認識。

■ 一、日本概述

　　首先我們要了解日本的行政區劃和地理。日本現在實行都道府縣制度，一都──東京都；一道──北海道；二府──京都府、大阪府。京都府下面有京都市，大阪府下面有大阪市等。四十三個縣各有縣府所在地，有的縣府的名稱和首府的名稱是一樣的，比如說奈良縣、奈良市，福岡縣、福岡市。有些是不同的，大家所熟悉的神奈川縣，它的首府是橫濱市，宮城縣的首府是仙台市。日本有三條海峽。中國海峽，隔著這個海峽那邊就是俄羅斯；津輕海峽，在太平洋西北部，位於日本本州與北海道島之間；還有對馬海峽。日本這種獨特的地理特徵決定了它的擴張性。

　　如今的日本是列島，但在當年並非如此，它和大陸是連在一起的。最初的日本列島橫臥在海底，大約在距今一萬年前，地球上出現

了造山運動，地殼隆起，隨後就出現了日本列島。有一種說法，中國和日本是同文同種，有一本書叫《同文同種騙局》就是批判這種同文同種的觀念。對日本來說，這是它對外侵略的幌子，但從科學來說，中國和日本確實是同文同種。首先，談談如何理解同種。大約三萬年前，東南亞氣候濕潤、資源豐富，人口繁殖過快，環境難以容納，有一批人就開始北上，其中一支進入日本開始了繩紋時期，還有一支進入中國大陸。在東京大學附近有一個地方名叫彌生，那邊原來是一個射擊場，後來有一位考古學家在那裡發現了一塊陶器，經過考古研究，認定那是在繩紋時期之後存在的一個時期——彌生時期。如果說繩紋時期主要是在一萬年之前到西元前三世紀，那麼彌生時期主要是在西元前三世紀到西元三世紀。到西元前三世紀左右，有大量的大陸人不斷向日本列島遷移，就形成了彌生時期。二十世紀末，日本東京大學安田團隊（其中有歷史學家、考古學家等）對日本十一個縣的七百多具男性屍體和五百多具女性屍體進行DNA測定掌紋、指紋鑒定以後，斷定日本有兩重人種結構：一個是東南亞人種，另一個就是東北亞人種。本州的西南地區和九州的東北地區主要分布的是東北亞人；其他地方東南亞人的特徵比較明顯。我們在看日本動漫的時候可以發現兩種長相，一種具有鮮明的東南亞人風情，有的則和蒙古人神似。由此我們可以說現代日本人中有相當一部分是和中國人同種的。

那麼如何理解同文呢？首先我們要了解日本在遠古時期是只有語言沒有文字的。日本的典籍《古語拾遺》記載：「上古之世，未有文字，貴賤老少，口口相傳，前言往行，存而不忘。」先有語言再有文字的現象在中國的少數民族中也很常見。說到此處，我們有必要了解日本的文字是如何形成的。現在學術界還沒有定論，但一個基本的共

識為：日本的文字是南面的波利西亞語與北面的阿勒泰語兩種文字交匯而成的。現代世界上的語言分為四種：屈折語、黏著語、複綜語和孤立語。屈折語以印歐語系為代表，同學們掌握的英語就屬於屈折語，通過詞尾的變化來改變意思，加「ed」就變成過去式，加「ing」就變成現在式。黏著語比如中國新疆的維吾爾語，日語和韓語也都屬於黏著語。日語和韓語的語法基本上是相似的，相似度高達百分之九十六，所以相互之間學習起來很方便。黏著語的最大特徵就是動詞後置，但並不是說動詞後置都屬於黏著語。比如說「我是男人」不能說「男人是我」。我們在看抗日劇的時候能聽到典型的日本式的中文，比如說：「你的什麼的幹活。」幹活作為動詞就放在最後。複綜語使用得較少，在很多情況下都不放在語言分類之中，主要存在于印第安語和愛斯基摩語中。其最大的特徵是動賓一體，在中文中動詞「吃」可以單獨使用，在複綜語中必須說「吃飯」「吃肉」。還有一個是孤立語，以漢藏語系中的漢語為代表，它的詞是一個個孤立的，很難單獨解釋。還有一個特點是它的讀和寫是分離的，因此漢語的同音字很多。

研究語言文字的權威人士指出，在世界上只改變語言的書寫方式而不改變語言本質的語言只有漢語。漢語從甲骨文發展到現在，有六種造字方式，即象形、會意、指事、形聲、轉注、假借。漢字的基本含義是沒有變化的，只是書寫方式發生改變，如魏體、唐楷、宋體的變化。因此有西方學者指出，雖然中國經歷了多次改朝換代，但基本文化的根基沒有發生變化，而是一以貫之，因此中國文化才具有生生不息的生命力。因此我們可以看出，日本人雖然在相貌上和中國人神似，但在文化基因上有很大的不同。有一本書叫《菊與刀》，它的作

者露絲‧本尼迪克特提出我們要用日本人的眼光看日本。日本文字的第一個階段是在中國的魏晉南北朝時期用不確定的漢字為日語注音，但是中文中同音字很多。第二個階段使用相對確定的中國漢字注音，產生了所謂的萬葉假名，「yi」就用漢字「依」注音。第三個階段是簡化漢字楷書形成片假名。學日語的時候我們知道「依」字簡化為一個單人旁イ讀作「依」。隨後是簡化漢字的草書形成平假名。現在漢字文化圈比如越南也使用漢字，但它是一般含義、一般注音。後來法國入侵越南後基本上消滅了當地的漢字，現在流行的是拉丁文。

　　除了語言文字，日本還有一個鮮明的特點：長期的對外擴張。日本本土最開始有幾百個國家，後來出現了一個中心。關於中心所在地引起了一場爭論，這場爭論也被稱為東大和京大之爭。東京大學認為是在九州，京都大學認為是在京都地區。根據考古鑒定，最終認定大和國的中心建在京畿地區，也就是奈良地區。在七世紀中葉主要是在這些地區，到九世紀還主要集中在九州西南部和本州東部地區，現在的日本東北部和南部還不屬於它。日本當時的行政區劃是「五畿七道」，「五畿」亦稱「畿內」，指山城、大和、河內、和泉、攝津「五國」；「七道」即東海、東山、北陸、山陽、山陰、南海和西海。到明治初年增加了現在的北海道，按照地理方位命名。日本的領土格局就此基本確立。

　　除了統一戰爭，日本獲取領土的另一個方式就是武力擴張，首先的目標就是朝鮮半島，按照日本學者山室信一的說法，朝鮮半島就像一把匕首直指日本。所以佔領朝鮮半島是日本在第二次世界大戰之前很早就有的野心。一方面，朝鮮離日本很近；另一方面，從地緣政治來說，美國耶魯大學著名學者斯匹克曼的「邊緣政治理論」認為朝鮮

半島是典型的邊緣地帶，是海外勢力進攻大陸的灘塗陣地，也是大陸的第一道防線。圍繞朝鮮半島的爭奪在二十世紀七〇年代停止。朴正熙在《我們偉大的國家》中提出朝鮮半島的歷史就是地緣政治挑戰的歷史。金大中在《建設和平民族》中也寫到，朝鮮半島很難主宰自己的命運，總是被周邊大國操控。

▌二、五次中日戰爭

中國和日本的第一場戰爭——白江之戰，就是圍繞朝鮮半島展開的。大約西元前六六三年，當時朝鮮半島分為百濟、新羅和高句麗，高句麗與日本關係較近而新羅與唐朝交好，雙方在白江口發生了戰爭。唐朝通過這場戰爭獲得了東亞霸主的地位。之後從西元六六九至七七三年，日本開始大量向中國派出遣唐使。所謂的漢字文化圈是由四個重要元素構成：漢字、儒教、佛教和法律政治制度。日本學者認為日本在七八世紀的快速發展是建立在這些遣唐使的努力之上的，我們必須對這些人的波及效應給予充分的認識。這些人從中國吸收了大量文化，包括佛教、儒教、律法等等。當時遣唐使是很危險的職業，但可以免除稅負。遣唐使為什麼會有這麼大的衝擊呢？這裡有兩個人物十分重要，即晁恒（或名阿倍仲麻呂）和日本大臣吉備真備（平假名主要就是由他創制）。日本停止派出遣唐使是由於當時中國社會發生了巨大變化，七五五年發生的安史之亂是唐朝社會的轉捩點，也可以說是中國歷史由盛到衰的轉捩點，自此之後社會弊端日益顯露，宦官專權，藩鎮割據。菅原道真在八九四年上書請求停止派出遣唐使，他認為當時的中國已經不值得日本學習。菅原道真在日本的地位很高，類似中國的孔子。「離家三四月，落淚百千行；萬事皆如夢，時

時仰彼蒼。」他創作的這首詩看上去並不怎麼樣，但確有其巧妙之處。

此後，中日之間的政治連繫逐漸鬆弛但經濟連繫加強。中、日、韓之間形成了一個環流貿易圈，對文化器物的傳播影響很大。日本文部省專門設立了研究宋代中國寧波和日本九州之間的貿易往來的專案，投入數億日元資金。但這個貿易圈由於缺乏政治權利保證，經濟連繫出現了不少問題。由此爆發了第二次中日之間的戰爭——忽必烈征伐。一二七四至一二八一年，在日軍的頑強抵抗和惡劣天氣的雙重影響之下，元軍失敗。日本人認為是上天降下「神風」保佑，因此在第二次世界大戰期間發動了「神風特工作戰」，期望上天再次垂青。後來，日本拍攝了《永遠的臨時戰鬥機》這部片子，從藝術角度來看拍得很震撼。按照本尼迪克特的說法，日本的戰爭片是最好的反戰宣傳片，因為它絕不渲染戰爭如何必要和勝利後的狂喜。影片中24名軍校尚未畢業的學生飛行員首先組成了特攻隊。日本第一航空艦隊司令大西瀧治郎詢問上尉關行男，是否願意帶領此種史無前例的神風特攻隊。據聞當時二十三歲、剛剛結婚才四個月的關行男閉起了雙眼，低下頭沉思了十多秒，才說出：「請讓我去帶領他們。」世界上第一個神風特攻隊小組於是產生。關行男成為這一小組第二十四名隊員，他在自殺式的攻擊中陣亡。他們在戰前高呼：「效忠天皇，寧為玉碎不為瓦全，生為皇軍，死為戰神。」《昭和時代不可忘記的人》一書中記載，日本軍官美榮在大本營公開表示反對：「我不能下達讓士兵去送死的命令。」大西瀧治郎長嘆說：「再沒有比這場戰爭更殘酷的了。」其後，他把認為可以保留的精銳部隊都交給美榮帶領。日本天皇宣布停戰之後，大西瀧治郎切腹自殺，他認為自己下達的神風特攻

的命令讓大約四千名年輕的生命白白喪失而且無益於戰局。日本的作戰方略是先進攻，讓你知道我的厲害，然後我們再坐下來慢慢談，盧溝橋事變、珍珠港事件等都是如此。在神風特攻隊行動之時，日本根本沒有想要翻盤，當時經過中途島海戰、馬里亞納海戰，日本的海軍所剩無幾，它只是想表示：「我要改變戰爭常規（消滅對方，保存自己），和你決一死戰、同歸於盡。」

　　元朝和日本斷絕了邦交，到明成祖朱棣時期又和日本恢復邦交。明朝建立的東亞體系主要就是冊封體制和朝貢貿易。明成祖冊封日本國國王，日本國也樂於接受，但在日本國內是沒有什麼影響力的。事實上當時周邊國家真正朝貢給中國的東西很少，洪武十六年（1383年），明政府實施了勘合制度。勘合一式兩份，一半為勘合，一半為底簿，這是朝貢貿易的許可證。當時明廷做成日字型大小勘合一百道、本字型大小勘合一百道、日字型大小勘合底簿兩扇、本字型大小勘合底簿兩扇。這一體制形成之後很快遇到很大的麻煩，按照《明史》的說法：「大抵真倭十之三，從倭者十之七」。真正的倭寇只是一小部分，其中最主要的還是中國人，對中日海上貿易產生了巨大的影響。與此同時，應仁之亂（1467年至1477年）是日本室町時代的足利義政在任期內的一次內亂，是日本歷史的一個轉捩點。如果你想要了解今天的日本，必不可少的是了解本次內亂之後的日本歷史。應仁之亂促使將軍與守護大名的沒落，守護大名們轉化為戰國大名，到室町時代日本步入戰亂期，時人稱為戰國時代。殘存下來的莊園制度等舊制度開始迅速崩壞，持新的價值觀的勢力開始登場。國家的「國」這個概念就是這時產生的，結果形成戰國時代。其中有幾個關鍵人物，如織田信長、武田信玄等。戰國最後由織田信長完成統一，鑄造

「天下布武」的印章，寓意用「武家的政權來支配天下」，用武力完成統一。但在統一的過程中發生了內變——本能寺之變，他被下屬明智光秀刺殺。

豐臣秀吉繼承了織田信長「天下布武」的策略。如果說織田信長主要是完成了對內的統一，豐臣秀吉則是開始了對外擴張的步伐，發動了第三次戰爭。西元一五九二年，豐臣秀吉悍然下令發動侵朝戰爭，一打就是七年，日本稱之為「文祿慶長之役」，中國稱之為「萬曆朝鮮戰爭」，朝鮮稱之為「壬辰衛國戰爭」。這場戰爭最後也是以日本失敗而告終。關於這場戰爭的起因，以往的研究認為是豐臣秀吉因三歲的兒子死掉而痛憤不已。而現在普遍認為他是要「假道路」，也就是借道朝鮮進攻中國。但日軍在朝鮮犯下了滔天罪行，據記載：「日軍士兵肆意砍殺，被綁在竹竿上的屍首腐爛發臭，父母哭兒子，兒子尋父母，其慘狀前所未有；城內不分男女皆被殘殺拋屍」，最後以割下的鼻子的數量統計的死亡人數達一萬八千三百五十個，所以朝鮮人痛恨日本人。一五九八年進攻朝鮮失敗，豐臣秀吉留下一首詩：「吾似朝霞降人世，來去匆匆瞬即逝。大阪巍巍氣勢盛，亦如夢中虛幻姿。」而後病逝。在此後的幾百年內，中日維持了和平。

一八九四年七月二十五日（農曆甲午年六月二十三日），日本不宣而戰，在朝鮮豐島海面襲擊了北洋水師的戰艦「濟遠」、「廣乙」。八月一日，中日雙方正式宣戰，甲午戰爭是中國人的恥辱。在日本的福岡縣，有一個建築叫定遠館，是用定遠號的殘骸製作而成的紀念館，以此炫耀日本的勝利。我們在很多情況下都是談甲午戰爭對中國的影響，只有一篇文章談及了甲午戰爭對日本的影響。甲午戰爭之後，俄、德、法三國干涉讓日本歸還遼東半島，這對日本的刺激很

大，因為在此之前，日本始終圍繞著兩條路線——是發展軍力還是予民休息而猶豫不決，本次事件之後，日本國內決定增強兵力，一致對外。此外，還有文化方面的影響。語言學家王力說過，現代漢語中的很多外來詞不是中國人自己創立的，而是採用日本人的語言。比如「革命」這個詞是在《易經》中就有的。民國時期，孫中山順手買了一份報紙，只見一條醒目的新聞赫然映入眼簾：「革命黨領袖孫逸仙抵達日本……」孫中山突然感覺到，稱「革命」比他原來用的「發難」、「起事」等更能反映出他所探索的「振興中華」的道路。「革命黨」的稱呼，顯然也比「會黨」「會員」更鮮明、更有意義。於是他對同行的同志們說：「『革命』兩字出自《易經》『湯武革命，順乎天而應乎人』一語，意義甚佳，吾黨以後即稱為『革命黨』可也。」「革命尚未成功，同志仍需努力」中的「革命」一詞也是取自這裡。另外，像「文明」、「名詞」等都來自日語。福澤諭吉有兩個重要思想對日本產生了劃時代的意義：一是「脫亞入歐」，他還撰寫了《脫亞入歐論》小冊子；二是官不與民爭，如果政府和民間在同一行業競爭，弊端極大。所以日本在改革之後，政府將很多大型企業廉價賣給民間企業，造就了日本著名的四大企業，這和中國的思想有很大的不同。洋務運動之所以失敗，就是官商合辦、官商一體，這一弊端直到今天還沒有被完全消除掉。甲午海戰的失敗與其說是敗給了日本的海軍還不如說是清軍軍械局的搗亂。甲午戰爭之前是日本向中國學習，包括很多西方文化典籍都是先翻譯成漢語再傳播到日本，在此之後就是中國向日本學習。清朝派遣了大量留學生到日本學習，這些留學生得到了日本的大力支持。日本在甲午戰爭之後想要當東亞的盟主，那麼它是否具有這個實力？甲午戰爭後清政府需向日本賠款兩億三千萬

兩白銀，這是個什麼概念，相當於當時日本政府五年的財政收入。

需要和可能相結合，導致日本不斷地對外擴張。甲午戰爭後，日本軍費增加一倍，進行了產業結構的調整，優先發展重工業。日本把將對外擴張和掠奪作為發展本國資本主義經濟的捷徑。事實上，日本政府除將巨額戰爭賠款用於擴充軍事、劃歸皇家財產等之外，還主要用於發展工業，尤其是軍事工業，這為促進日本近代工業的發展起到了重要的作用。

隨後，日本不斷試圖佔領朝鮮，但是俄國不願意，雙方在中國東北也存在勢力爭奪。和談不成便開戰，日軍採用丁字戰法獲得勝利。日本海海戰是世界歷史上戰損比最小的戰爭，日本獲得了朝鮮半島，把俄國勢力完全趕出朝鮮。接著，日本開始修建南滿鐵路，為了保護這條鐵路，成立了南滿鐵路守備軍，就是後來赫赫有名的關東軍。抗日戰爭的戰火就是從南滿鐵路蔓延開來的。關於抗日戰爭的第一點，就是如何認識九一八事變？日本要佔領滿洲有長期國策，也是日本明治天皇未竟的事業。日本侵略中國是必然的，但入侵發生在一九三一年九月十八日是偶然的。日本參謀本部在一九三一年有一個政策叫「昭和六年（1931年）度形勢判斷」，主要內容是準備分三個階段佔領東北：第一階段，在東北建立一個新的親日政權以代替張學良；第二階段，使這一政權從中國分裂出來成為一個獨立國家；第三階段，武力佔領，使之成為日本的領土。但是日本關東軍公開發文表示反對，認為日本政府總是實行這種隱忍政策、漸進主義，到現在一無所獲。關東軍要求一步到位進行軍事佔領，炸毀了柳條湖鐵路反誣是中國軍隊破壞。因此抗戰應該從一九三一年開始計算，東北也是中國領土不可分割的一部分。

關東軍作戰主任參謀石原莞爾提出利用滿蒙的四個依據：解決

「昭和恐慌」引起的經濟危機；獲得資源和原料產地；作為防蘇的基地；為一定要爆發的美日戰爭做好準備。當時石原莞爾就已經認識到日本和美國必有一戰，東西兩個不同的文明必然發生一場決戰，這就是他提出的「世界最終決戰論」。原本預計九月二十八日在東北起事，但參謀本部派了作戰部次長建川美次來視察關東軍，就提前十天挑起了戰爭。而此時的張學良正在北京城聽梅蘭芳的京劇，下令東北軍不許開槍以免挑起更大的事端。由於受到國際勢力的約束，日本一貫採用的是走一步看一步的戰略，此次「九一八事變」中，英國等國際勢力並未介入。英國認為與其讓本地軍閥佔領東北還不如讓日本佔領，最起碼還有談判的可能性；美國出現了判斷失誤，認為蘇聯不可能袖手旁觀。日本在東北步步逼近，國際聯盟要求日本退回去，松岡洋右在國際聯盟發表了著名演講《十字架上的日本》，宣布日本退出國際聯盟。日本有很多學者認為這是二戰開始的標誌，因為這次事件破壞了一戰之後確立的秩序。

之後，蔣介石對共產黨進行第六次圍剿，命令張學良、閻錫山在三個月內消滅共產黨。紅軍開始了二萬五千里長征，爬雪山過草地，保存有生力量。其間，紅軍發表了著名的「八一宣言」，即一九三五年八月一日《為抗日救亡告全國人民書》。一九三七年七月七日，盧溝橋事變發生，全面抗戰拉開帷幕。盧溝橋事變之前，日本判斷中國根本不堪一擊，但事實並非如此。再來說盧溝橋事變，關於盧溝橋事變的真實情況直到現在還是一個謎，中日雙方究竟是誰先開的槍還沒有決斷。一九四五年八月六日，此時的日本已經喪失了力量，失敗成為必然，但是仍然負隅頑抗，為了速戰速決，減少盟軍傷亡，美國對日投放了原子彈。原子彈落在廣島的一家醫院，戰後，附近建設了廣島和平公園。日本把原子彈的傷害分為四個層次：在光輻射幾千度高

溫下直接死亡；受到衝擊波嚴重傷害；在一個星期之內進入一公里輻射區的；胎內受輻射影響。一九四五年八月八日，蘇聯外交人民委員部部長莫洛托夫接見日本大使佐藤，向日本政府遞交《蘇聯對日本宣布進入戰爭狀態宣言》，緊接著蘇聯紅軍橫掃日本關東軍，把他們全部押到西伯利亞服苦役。因此也有史學家認為是蘇聯對日宣戰而不是美國投入原子彈迫使日本投降。日本當時其實也在研製原子彈，已經在理論上取得突破。但主要是耗電量太大，預計會耗去日本全國百分之十的電量；同時日本認為在二戰中不會使用到原子彈，由於各種原因，使得日本的原子彈研發滯後於美國。如今，我們明顯看得出美日關係較近，但雙方都不會忘記自己的民族仇恨。日本偷襲美國的珍珠港，以及美國在日本的廣島、長崎投下原子彈，對雙方都是歷史的重創。

戰後遠東國際軍事法庭在東京審判中絞死了七個二戰戰犯：東條英機、廣田弘毅、土肥原賢二、板垣征四郎、木村兵太郎、松井石根、武藤章。這次審判採用的是事後法，規定為反人類罪、反和平罪。日本國內同樣也對戰爭進行過反思，認為由於美國使用原子彈，蘇聯背棄《互不侵犯條約》，以及日本資源不足，所以日本不可能不敗。實際上中國在本次戰爭中確實產生了不可忽略的作用。據日本統計，一九三七至一九四五年間，日軍戰死一百八十五萬人，在中國（不包括東北），共戰死四十點四六萬人，占日軍死亡人數的百分之二十二。

我的講座就到這裡，謝謝大家。

2014年於華中科技大學的演講

龔穎迪根據錄音整理

俄羅斯與美國：世紀大國的再碰撞

劉　軍　華東師範大學教授

　　我今天要講的題目是《俄羅斯與美國：世紀大國的再碰撞》。我們今天講兩個行為體：一個俄羅斯，一個美國。兩個關鍵字：一個「世紀大國」，一個「再」。這也就意味著過去它們之間的碰撞、鬥爭，今天還在延續。

　　今天我要講四部分的內容：第一部分，為什麼要研究俄美關係，作為中國人的我們為什麼要研究俄羅斯和美國以及它們的關係，這是我要談的第一個問題；第二個問題是俄羅斯和美國的關係，它的發展運行的邏輯和一般的規律。大家在電視、網路等媒體上看到很多事情，一會兒軍艦對峙，一會兒相互警告，一會兒趕走外交官，一會兒間諜事件等熱鬧非凡。那麼，在這些事件的背後，有沒有這兩個大國之間關係的一般的運行邏輯和發展規律呢，這是我要講的第二部分。第三部分我想講的就是冷戰以後俄美關係的焦點，以及俄羅斯的四大誤判。我們講俄美關係，一九九一年冷戰結束之前叫蘇美關係，一九九一年以後叫俄美關係，那麼冷戰之後，俄羅斯和美國分歧的焦點到底在什麼地方呢？最後一個部分就是，我們知道普京——俄羅斯的總統，他是一個強人，並在俄羅斯非常受歡迎。儘管他現在六十多歲了，但仍有一種說法是女孩子要嫁人就要嫁普京這樣的人。同時我們知道，俄羅斯的總統任期過去是四年，但二〇〇八年普京的小兄

弟——梅德韋傑夫上臺的時候，我想肯定也是普京本人的意思，把總統任期從四年改為六年，目的是什麼呢？就是為了普京再度回來，再回來的時候多幹幾年，而且他可以幹兩屆，也就是十二年。未來十二年的俄美關係的主要態勢是什麼，這也就是我要講的最後一個問題。

■ 一、為什麼要研究俄美關係？

我要講的第一部分是為什麼要研究俄美關係，主要從三點來講，第一點是中國外交的基本布局；第二點是中國崛起所帶來的挑戰；第三點是中俄美三邊關係的互動。

第一，中國外交的基本布局。

從中國外交的基本布局來看，有這麼幾句話：大國是關鍵，周邊是首要，發展中國家是基礎。大國，過去的蘇聯，現在的俄羅斯都是大國，美國也是大國。而且有人說現在的國際政治基本就是大國政治，小國誰在乎？像緬甸這樣的小國家，在國際舞臺上沒有發言權。所以說，我們首先要抓大國，大國是關鍵。那麼周邊是首要。俄羅斯是我們的周邊，俄羅斯也是個大國，所以俄羅斯很重要，中國和俄羅斯的關係很重要。有人說，美國是大國，但不是我們的周邊。美國儘管不是周邊，但是美國人全球無處不在，就像有人說，到處都是中國人，到處都是中國的影子。而美國是冷戰之後唯一的超級大國，雖然現在也是江河日下、力不從心了，但是它仍然是綜合實力最強大的。所以，它是大國，同時，我覺得它也可以算是我們的準周邊。日本、韓國、泰國、菲律賓、澳大利亞等都是美國的盟友，這些國家在中國周邊，所以美國可以通過這些盟友來給中國施加影響、施加壓力。而且美國現在有一個大的戰略。過去，在美國人看來亞太地區不重要，

更為重要的是歐洲—大西洋地區，為什麼？因為它以前的對手——蘇聯在歐洲—大西洋地區。現在美國的戰略，從歐洲—大西洋轉至亞太，叫作亞太再平衡。平衡誰呢？當然是平衡中國。從這個意義上來講，美國是大國，也是在中國的周邊發揮影響。所以，無論是從大國來講，還是從周邊來講，我們都要關注俄羅斯、關注美國。最近習近平主席上臺以後，中國的外交發生了很大的變化，出現了一些新的提法。比方說，我們要建立新型的大國關係，我們要和周邊建立共同體。最近，李克強在博鰲亞洲論壇上說到三個共同體，即我們亞洲要建三個共同體：命運共同體、利益共同體、責任共同體。從中國外交的基本布局來看，我們要抓大國，我們要抓周邊，那麼俄羅斯既是大國，也是周邊；美國當然是大國，同時也在中國的周邊發生極大的影響，因此從這個意義上來講我們要研究俄羅斯和美國。

第二，我們為什麼要研究俄羅斯和美國，我的看法是這是中國的崛起所帶來的挑戰。

中國目前處於什麼樣的世界地位，從內部來看是低估了中國的實力，而從外部來看是高估了中國的實力。一個比較客觀的評價，中國目前的國際地位是：大而不強，將強未強。國際社會高估了中國的實力，如中國「威脅」論。美國人寫的一本書——《全球趨勢2030》認為，二○三○年中國的GDP總量會超過美國，成為世界最大的經濟體，所以說中國的崛起是一種世界性的影響。這對於俄羅斯、美國和中國的周邊來說，都是具有相當大的影響。那麼整個國際社會擔心的是什麼呢？擔心的是中國經濟實力的增長。中國力量在上升，中國在成長，中國即將成為世界的老大。當然，大家也許會知道，中國的人均GDP的排位是相當低的，但西方不看的，我們不看平均GDP，我

們不做除法，我們只做乘法。這麼大一個塊頭，這麼大一個分量，使得整個國際社會對中國的疑慮、憂慮、擔憂都在上升，所以我們不得不考慮大國之間的關係。

第三，從中俄美三邊關係的互動來看，我覺得也很有意思。

我們知道冷戰時期，有一個中美蘇組成的大三角，中國人跟美國人說我們要聯合起來對付北邊的北極熊，雙方聯合起來對付協力廠商，這是我們冷戰時期的一個框架。那麼冷戰以後我們不講三角關係，我們講三邊關係。今天的三邊關係也是挺有意思的，中國外交怎麼樣在中俄美三邊關係的互動中做到遊刃有餘？目前的一種情況是，中國和俄羅斯關係很好，是很鐵的兄弟，不僅僅是冷戰時期的兄弟關係，今天的中俄兩國之間是戰略夥伴關係。中俄之間關係很好，目前是中俄雙方聯合起來抵抗西方、挫敗西方的陰謀，但中俄關係本身呢？俄國人本身是不是也希望中國足夠強大呢？我看也不一定，也就是說中俄關係、俄美關係最理想的三邊關係是良性互動，下限就是平行，不要互相干擾。我們是發展中俄關係，但是我們對美國也很重要，中國外交長期以來有一個說法就是中國跟美國的外交是重中之重。中俄關係是最好的一對雙邊關係，中美關係是最重要的一對雙邊關係。這就是說，我們在發展中俄關係的時候，中美關係也要平行發展，不要因為我們和俄羅斯靠得很近，中美關係就受到影響。而且在三邊關係的互動中，這個也很敏感。比如普京說，我們不要追求世界領袖的地位，讓中美兩國去爭吧。大家可以意會得到，怎樣在三邊關係中確保中國國家利益的最大化，確保中國外交的順利。我們不僅要關注中美關係，同時也要關注俄美關係。俄美關係發展得怎麼樣？我們是不是希望它們打起來，還是我們希望它們有著非常甜蜜、非常密

切的狀況？這都是三邊關係需要考慮的問題。所以我要講的第一個問題就是說為什麼要研究俄羅斯和美國的關係。

▋ 二、俄美關係發展運行的邏輯和一般規律

第二個部分是俄美關係發展運行的邏輯和一般規律。我想從四點來講，第一點是俄羅斯與西方的關係；第二點是俄羅斯和美國國內政治傳統的對比；第三點是二十世紀以來的俄羅斯和美國；第四點是俄美關係的常態，它的常態化的模式是什麼。

第一，俄羅斯與西方的關係。

什麼是西方？我們說美國在十九世紀末二十世紀初登上世界舞臺之前，西方的重心是歐洲。二十世紀開始，西方的重心轉到了美國。我們將俄羅斯與歐洲和美國的關係統稱為俄羅斯與西方的關係。在俄羅斯的發展過程當中，它與西方的關係是恩恩怨怨、分分合合，剪不斷，理還亂。我們知道俄羅斯從地理位置上看，橫跨歐洲和亞洲，它的大部分面積是在亞洲，但它的政治中心、經濟中心、文化中心都在歐洲，從這個意義上講，俄羅斯一向強調自己是一個歐洲國家，但從地理意義上來講它也是一個亞洲國家。從歷史上來看，俄羅斯與西方關係非常密切。從彼得大帝開始，俄羅斯就開始學習西方的技術和制度。彼得大帝親自化裝成一個普通人，到歐洲去遊歷。俄羅斯與西方的關係也是這樣，一方面它需要西方，另一方面它也反對西方。彼得大帝這話說得很精闢：「我們需要歐洲，我們也要反對它。」所以從俄羅斯這個國家來看，什麼是俄羅斯？它的民族性格，精髓在什麼地方？怎麼來看懂俄羅斯？怎樣來觀察俄羅斯？所以有人說，俄羅斯不在東方也不在西方，既不是東方，也不是西方，俄羅斯甚至不是人類

大家庭的成員，它的存在只是為人類提供某種教訓。很多人都說用理性沒法理解俄羅斯，用一般的標準也無法衡量俄羅斯，在俄羅斯那裡存在的只有信仰。所以大家如果看看俄羅斯的歷史，俄羅斯與西方的發展史，可以看到很鮮明的特點，就是一方面俄羅斯人需要西方，俄羅斯人要向西方學習，俄羅斯人擁抱西方；另一方面俄羅斯人逃離西方、排斥西方，這是一種非常鮮明的二分法。

第二，從俄羅斯和美國國內政治的傳統來看，這兩個國家完全不一樣。

大家可能會說，冷戰以後不是一樣了嗎？冷戰結束以後俄羅斯的政治制度、經濟制度都是參照美國的模式設立的，這就是所謂的華盛頓共識。美國人在冷戰之後為俄羅斯人提供了藥方，比方說政治制度要向西方靠齊，俄羅斯人也是這樣做的。但是這兩個國家完全不一樣。儘管冷戰以後，俄羅斯的政治制度、經濟制度發生了根本變化，向西方靠攏，但是很快，它的威權主義便重新回歸。所以你今天要問俄羅斯人，誰是最理想的領袖呢？得到的答案是伊凡雷帝。我們知道，伊凡雷帝是俄羅斯歷史上非常有名的沙皇，主張實行集權制度、威權制度。所以說俄羅斯的政治制度、經濟制度儘管在向西方靠攏，但其國內的傳統還是威權制度、集體主義。所以有很多人說俄羅斯人喜歡生活在集體主義的溫暖的懷抱當中。俄羅斯和美國兩個國家的政治傳統完全不一樣，相互不理解。

第三點，從二十世紀以來的發展歷程看，可以非常鮮明地看出美國和俄羅斯之間是一種階段性的、不穩定的、時好時壞的關係。

我們知道十月革命，一九一七年以後，美國總統威爾遜說：「我們要和共產主義賽跑，世界著火了。」從一九一七年到一九三三年，

我們稱之為第一次冷戰時期，美國人完全不理會蘇聯人，西方國家集體對蘇聯進行制裁，一直到一九三三年才開始承認蘇聯。到一九四五年，第二次世界大戰期間西方與蘇聯結成同盟，但是很短暫，接下來就是真正的冷戰，從一九四五年到一九九一年，長達近半個世紀。所以說，二十世紀的大部分時間，蘇聯和美國都處在冷戰狀態，結成同盟的時間很短。

一九九一年以後就分得很細了，一開始俄羅斯熱烈擁抱美國，我們稱之為俄美蜜月時期。葉利欽訪問美國，他對美國有一種熱愛。從一九九一年到一九九四年，這是雙方關係的蜜月時期，俄羅斯人熱烈擁抱美國。但是好景不長，從一九九四年開始，一個關鍵性的問題，就是北大西洋公約組織（北約）向俄羅斯的邊界移動，北約東擴提上了議事日程，俄羅斯很不高興。俄羅斯這個國家有天生的不安全感，它很大，但它主要是平原，一馬平川。蒙古統治它二五〇年，為什麼呢？遊牧民族騎馬一路打過去，俄羅斯人是擋不住的。西方的殖民者容易過來，東方的遊牧民族也容易過來，所以俄羅斯國內存在著天生的不安全感。我們知道北約是冷戰的產物，冷戰期間就是北約和華約的對峙。但是冷戰結束之前，華約退出歷史舞臺，它不存在了。俄羅斯人說華約不存在，北約為什麼還要存在呢？西方國家說，北約還是要存在的。而且在戈巴契夫後期，西方國家的領導人有一個承諾：北約不會向東擴展。戈巴契夫同意，你既然承諾北約不向東擴展，那我同意德國統一。沒有戈巴契夫的首肯，德國是很難統一的。所以從這個意義上來講，直到今天，俄羅斯人還認為西方國家違背了自己的承諾。後來北約第一輪擴大，第二輪擴大，波羅的海國家、中東歐國家、波蘭、匈牙利、捷克、羅馬尼亞、保加利亞，一直到蘇聯時期的

加盟共和國,如今到了烏克蘭。所以說俄羅斯人很不高興的是一九九四年北約的擴大提上了議事日程,導致蜜月時期的終結。一九九四年到一九九九年,俄美之間的關係變得冷淡。一九九九年發生科索沃戰爭,俄羅斯和美國自冷戰結束後第一次雙方關係陷入冰點。所以大家看,首先是蜜月時期,然後是冷淡時期,最後雙方關係陷入冰點。

一九九九年,俄羅斯國內還發生了一件事情,葉利欽因喝酒身體不行了。葉利欽到美國訪問喝得酩酊大醉,所以你今天一問美國人,對葉利欽最深的印象是什麼,答案是他酒喝得太多,什麼病都有。所以到一九九九年,葉利欽選中了普京,普京當時五十歲不到,意氣風發。在此之前,葉利欽選了一輪又一輪,都不滿意,最後選中了普京,送給普京一句話:「珍惜俄羅斯。」從二○○○年開始,普京正式成為俄羅斯的總統。二○○一年的「9.11」事件對美國人的心理而言是一個極大的創傷。我在紐約問當地的員警,世貿大樓在哪?他臉色陰沉,基本上不會理你。「9.11」事件對美國人來說,是心靈的極大創傷,美國人第一次在美國本土遭到襲擊。「9.11」事件對美國人來說是痛苦的事情,但對普京來說是一個機會。當時小布希在佛羅里達州跟小學生在交流,這時候「9.11」事件發生了。普京第一個打電話到白宮,表示慰問。後來小布希退休後在他的書裡面提到這一點,說俄羅斯總統普京第一個打電話來。當時小布希還不敢回到華盛頓,在外面停頓了一晚上才回到華盛頓,害怕還有什麼新的攻擊。小布希還在書裡提到,他回來以後一個個回電話,普京是第一個給他打電話的,但小布希沒有第一個給普京回電話,他第一個打給布雷爾——英美盟友。也就是說,「9.11」事件對普京來說是一個機

會，普京抓住機會想突破與美國的關係。

　　大家都知道美國這個國家，任何一個國家都不能忽視它，作為冷戰以後唯一的不可缺少的超級大國。一開始普京並不是說我不喜歡你，我不願意跟你發展關係。普京這個人非常務實，他極力想抓住機會緩和與美國的關係。確實也有短暫的幾年，小布希和普京的來往非常密切。小布希說，我一看普京的眼睛，我知道這個人不錯，我好像看到了他的靈魂。你邀請我來這做客，我邀請你到那做客，非常密切，那幾年前前後後兩個人見了四十幾次，但是這些都沒用。美國人一方面對普京說要和俄羅斯搞好關係，但另一方面是導彈問題，退出反導條約問題，以及北約的擴大再次被提上日程。後來普京在二〇〇七年發飆了，在慕尼克會議上開始批評美國人，批評得非常厲害，點名批評。這就是關係從好到不好，從蜜月到變壞的一個過程。二〇〇八年，俄羅斯國內發生了一個很大的變化，那就是新總統梅德韋傑夫上臺了。大學教授出身的梅德韋傑夫，喜歡談自由主義，好像很開放，很被美國人看重。所以二〇〇九年的時候，所謂俄美關係重啟，當然也簽署了條約即限制進攻性戰略核武器的條約。但是到二〇一二年，普京又做回總統。有人說，一個從來沒有離開過的人回來了，因為即使是梅德韋傑夫當政時期，也是普京在背後掌控全域。所以大家可以看到這麼一個過程，分分合合、好好壞壞，階段性、不穩定性，非對稱性，這是俄美關係的常態。

　　俄羅斯人要求的是什麼？俄羅斯人最大的一個願望就是美國人要平等地對待自己，俄羅斯也是一個大國。葉利欽當年說：「你別忘了俄羅斯也是一個核大國。」而克林頓說：「我不在乎。」俄羅斯人期望獲得美國人的平等對待和尊重，但美國人往往不這麼看。你是我在

冷戰對抗過程中的失敗者，我不可能尊重你。所以說一個是實力衰弱的、分裂的國家，另一個是冷戰以後唯一的超級大國，雙方實力不匹配，而且雙方之間沒什麼需求。俄羅斯和美國之間的關係同中國和美國不一樣，中美之間的需求太多了，經濟上的往來，把兩個國家緊緊地連繫在一起。美國的一個教授說，沒有什麼中國，沒有什麼美國，China-America，合併了一個新的單詞——Chimerica——沒有中國，沒有美國，只有一個中美國。經濟上的相互依賴，將中美兩國牢牢地連在一起。俄羅斯和美國不一樣，雙方基本沒有什麼貿易往來，俄羅斯人有的，美國人不需要；美國人有的，俄羅斯人也不需要，比如俄羅斯人有高精尖的武器，美國人不需要。從這個意義上來講，沒有任何紐帶把兩個國家連繫在一起，唯一的紐帶就是核武器，你有核武器，我有核武器，只有唯一的這個紐帶把大家連繫在一起坐下來討論，我們是不是要削減一點；也只有這唯一的紐帶讓俄羅斯人感到，我才是你平等的對手，除此以外，什麼都沒有。這是我所提煉出的俄美關係的一種常態，就是一種階段性的、非對稱性的、不穩定性的關係。

■ 三、俄美分歧的焦點和俄羅斯的四大誤判

第三個部分就是冷戰以後俄美之間分歧的焦點，以及俄羅斯的四大誤判。

冷戰以後，俄美之間的分歧有哪些焦點問題呢？我剛剛提到的北約問題是最早的導致俄美之間出現矛盾的一個問題；除了北約問題外，還有一個後蘇聯空間問題。俄羅斯是一個領土型的帝國，它非常重視空間安全。也就是從這個角度出發，它非常在意冷戰時期的軍事對手，反對北約東擴。過去的蘇聯一分為十五，原來的蘇聯的加盟共

和國，中亞國家、烏克蘭、白俄羅斯、格魯吉亞等統稱為後蘇聯空間。俄羅斯現在的一個想法就是，儘管蘇聯解體了，但是俄羅斯在後蘇聯空間的影響力還是要保持，後蘇聯空間在政治上、經濟上、軍事上對俄羅斯來說都是很重要的，它不允許有哪個國家插手後蘇聯空間的事務，包括中亞地區。俄羅斯把後蘇聯空間視為其核心利益、特殊利益。它並不認為烏克蘭是外國，也並不認為白俄羅斯是外國。所以我們看如今的烏克蘭問題，為什麼俄羅斯這麼強硬，從這一點也可以看得出來，因為這是發生在後蘇聯空間的問題，這是涉及俄羅斯的核心利益的問題，所以它不會讓步。

　　再來看北約問題。剛才我已經提到了北約問題，北約是冷戰時期的軍事組織。北約東擴在俄羅斯人看來是威脅了俄羅斯的國家安全，到今天，俄羅斯的民調還顯示，差不多百分之六十的俄羅斯人把北約視為一個侵略性的軍事集團。今天對俄羅斯最大的威脅就是北約的威脅，來自美國的危險。所以普京有一句話，決不允許北約在我們的世代家園上指手畫腳，世代家園也就是後蘇聯空間。北約在冷戰結束前有十二個國家，現在擴展到二十八個國家。現在問題的焦點就在於北約想吸收烏克蘭，想吸收格魯吉亞，但這是俄羅斯堅決反對的。波羅的海國家當年也是葉利欽畫了一條紅線，這個紅線你不能進來，但西方還是突破了波羅的海國家，逼近了烏克蘭。所以在最近涉及的北約擴大問題，北約想吸收烏克蘭，想吸收格魯吉亞，受到俄羅斯的堅決反對，這樣才有了二〇〇八年俄羅斯和格魯吉亞的戰爭，才有了今天的烏克蘭危機。二〇〇八年我們在開奧運會時，開得好好的，我們希望天下一片太平，誰知道俄羅斯和格魯吉亞打起來了，就在開幕式的當天。所以不管是二〇〇八年俄羅斯和格魯吉亞的戰爭，還是今天的

烏克蘭危機，問題的核心都在於後蘇聯空間問題，都在於俄羅斯和西方對這塊地方的爭奪問題，西方想在這個地方插上一腳，俄羅斯堅決反對。這就是今天格魯吉亞及俄羅斯的矛盾的焦點所在。二〇〇八年的格魯吉亞戰爭及今天的烏克蘭危機之後，大家都在說新冷戰。是不是新冷戰，我覺得還值得商榷，但不管怎樣，俄羅斯和美國圍繞著後蘇聯空間的爭鬥非常激烈。對俄羅斯來說，後蘇聯空間涉及它的核心利益。烏克蘭的地理位置非常重要，布熱津斯基說，沒有烏克蘭，俄羅斯就不能成為一個帝國。烏克蘭是俄羅斯這個國家誕生的起點，剛開始時沒有莫斯科，只有基輔，所以烏克蘭對於俄羅斯來說非常重要。不管是二〇〇八年的格魯吉亞戰爭還是今天的烏克蘭危機都反映了俄羅斯和西方對後蘇聯空間的爭奪。二〇〇八年的格魯吉亞戰爭打了五天，所以又稱五日戰爭。

大家都知道克里米亞公投，克里米亞為什麼要回到俄羅斯呢？克里米亞本來就是俄羅斯的一部分。俄羅斯在歷史上是一個內陸國家。彼得大帝說，俄羅斯需要的是水域。黑海的海水對於俄羅斯人來說可以用黃金來衡量。所以俄國人在歷史上南征北戰，南邊和土耳其打仗，北邊和瑞典打仗。和土耳其打仗是要拿到黑海，和瑞典人打仗是要拿到波羅的海，要打開一扇面向歐洲的窗戶，因為沒有出海口，你就永遠出不去。克里米亞這個地方，是當年俄羅斯從土耳其那搶過來的。俄羅斯要向南走，走向印度洋，必須要通過黑海，但是當年赫魯雪夫將克里米亞作為禮物送給烏克蘭了。這一次俄羅斯人把它拿回來了。這個地方有它的特殊性，百分之六十以上的人都是俄羅斯人，都想回到俄羅斯的懷抱。還有經濟上的問題，俄羅斯這幾年經濟好轉了，有石油，有天然氣，可以賣很多錢，退休金發得出來，社會福利

也比較好，比烏克蘭好多了。烏克蘭儘管在所謂的西方的革命的推動下，表面上更加民主，更加講人權，但是老百姓的生活一塌糊塗。所以烏克蘭人一對比，我們要是回到俄羅斯，退休金就可以發，當然願意回去。所以這次克里米亞獨立對於俄羅斯人來說是一個機會。但是誰也沒有想到普京那麼快就做出反應，第一天全民公投，第三天普京簽署命令說同意。誰都沒有想到，一個主權國家的一塊地就這樣被拿走了。這是二十一世紀的今天，不是十九世紀，所以美國人說十九世紀的故事在二十一世紀重演了。我們知道在十八世紀和十九世紀，我搶到就是我的，但今天不一樣。但是普京不管那麼多，拿回來再說。所以從這個意義上來說，他在俄羅斯會青史留名的。不管國際上怎麼罵他，在俄羅斯人看來，他就是民族英雄，所以他的國民支持率又上升了。

克里米亞問題涉及俄羅斯的核心利益，涉及後蘇聯空間。克里米亞事件發生之後，美國人很不高興，歐洲人也不高興，說我要制裁你，怎麼制裁呢？資產凍結，八國峰會你也不要來了，但普京是無所謂的。美國人的態度，在言語上很厲害，什麼你要當心，你要付出代價，俄羅人根本就毫不在乎。普京這個人真的非常實在，儘管把克里米亞拿了回來，但他還是不想讓烏克蘭垮掉。最近他給烏克蘭的鄰國以及歐洲的一些大國等十八個國家的領導人寫信，說我們要坐下來開會，我們要討論一下，我們要保證烏克蘭這個國家經濟的正常運轉。然後美國人做出反應，說這封信怎麼樣，普京又把美國嘲笑了一番，說你怎麼看別人的信呢，我這封信不是給你的。這麼多年來，普京對美國人不斷諷刺挖苦，美國人你搞什麼搞，回去把你的肥胖病養好。總而言之，西方對俄羅斯的制裁，連美國人自己也說沒什麼很大的作

用。

　　最近兩天說，黑海上俄國人的飛機貼著美國人的軍艦在飛，不會有很大的問題。因為從二〇〇八年的格魯吉亞戰爭來看，俄羅斯和美國在軍事上的對抗叫得比今天還凶，美國人投入的軍事力量更多，但是沒有任何問題，俄羅斯人還是達到了自己的目的，格魯吉亞的南奧塞梯和阿布哈茲還是獨立了，格魯吉亞人乾瞪眼，美國人也是乾瞪眼。所以今天在烏克蘭問題上，俄羅斯也不會和西方打起來。歐洲在這個問題上也是左右為難，一方面歐洲人很氣憤；另一方面，歐洲也不得不依靠俄羅斯，歐洲人需要的天然氣，百分之二十五以上來自俄羅斯。你要考慮這一點，大冬天沒有天然氣怎麼辦，而且俄羅斯人是幹過這個事情的。我記得是二〇〇七年還是二〇〇八年的冬天，烏克蘭不聽話，俄羅斯就把天然氣斷了，所以基本上制裁沒什麼很大的效果。這是我本人在上海的一些媒體上對烏克蘭問題的一些分析。

　　但無論如何，我的一個基本的判斷就是俄羅斯拿到了克里米亞，但會在相當長的時間內失去烏克蘭。因為就目前來看，現在烏克蘭的幾名總統候選人都是親西方的。我們可以想像一下，如果烏克蘭總統選舉如期舉行的話，如果東部問題能夠解決好的話，新成立的烏克蘭政府的外交政策肯定是親西方的。

　　除了北約問題，後蘇聯空間的問題，還有其他一些問題。比如去年鬧得很凶的斯諾登問題，斯諾登先跑到香港，然後又跑到俄羅斯，沒有國家敢接收，只有俄羅斯敢接收。這件事情讓美國人很不高興。奧巴馬總統原計劃要對俄羅斯進行國事訪問，因為這個事吹了，俄羅斯人都不怕得罪美國。剛才講的就是俄羅斯和美國冷戰以後分歧的焦點問題。

在我看來，在冷戰以後，俄羅斯存在著四大誤判，就是俄羅斯和美國想法不一樣。

在俄羅斯看來，儘管蘇聯解體了，俄國有困難，但俄羅斯在冷戰之後還是一個大國，不僅是名義上的大國，而且是事實上的大國。俄羅斯人長期以來具有帝國的心態，大國的意識總是扔不掉，即使在最困難的時期，他仍然把自己視為一個大國。但是美國人不這麼看，在美國人看來，俄羅斯已經是一個二流國家，談不上什麼大國，我不可能給你平等的對待，不可能尊重你。這就是俄羅斯的第一大誤判。

第二人誤判就是冷戰剛結束的時候，葉利欽滿懷希望，以為美國會給俄羅斯提供援助，因為俄羅斯經濟改革的方案是美國給的，但美國人口惠而實不至，雷聲大而雨點小，沒提供任何援助。所以對於這一點俄羅斯人感到是受騙了。

第三點是對冷戰的一種誤判。俄羅斯人說沒有俄羅斯你們能夠結束冷戰嗎？沒有俄羅斯德國能夠統一嗎？俄羅斯為整個人類社會做出了貢獻，從這個意義上來講，我們不是冷戰的失敗者，我們是勝利者。美國人不這麼看，你們就是失敗者，在和美國的對抗中，你們失敗了，你們解體了。所以雙方想不到一塊來。

第四點就是俄羅斯人曾經非常天真地認為俄羅斯國內政治、經濟體制的轉型可以很好地融入西方社會。但是後來的實踐證明，俄羅斯的政治體制、經濟體制即使發生變化了，美國人也不認同它，也不會接受它。雙方想不到一塊去，自然而然導致雙方之間的矛盾。

■ 四、俄美關係的主要態勢

最後談談未來六到十二年俄美關係的主要態勢。

我覺得一個很大的可能性是十二年，前提普京身體好，不發生任何意外。我的一個基本的判斷就是普京可以從二〇一二年幹到二〇一八年，再從二〇一八年幹到二〇二四年。我們知道普京在一九九九年是代總理，二〇〇〇年成為總統後，他上臺的第一年有這麼一句話：「給我二十年，還你一個強大的俄羅斯。」如果他真的幹到二〇二四年，那就是幹了二十幾年。他說的沒錯，他要幹二十幾年，是相當長的。

　　那麼未來的俄羅斯對美國的政策的主要態勢是什麼。普京二〇一二年剛上臺之前，國際社會有個總體的判斷就是，普京有反美的態度，反美的言論，但是不一定會有反美的政策。我剛說過這個人非常務實，他是個大國主義者，他心中裝著的都是俄羅斯的利益。所以只要有任何的可能性，他還是會想方設法地與西方妥協。所以說，他有反美的態度、言論，但不一定有反美的政策，因為長期性的反美政策對俄羅斯的國家利益是不利的；另外，俄美關係將進入一個停滯、冷淡的觀望期，但並不排除重啟的可能。現在的情況越來越糟了。也許奧巴馬之後，美國的新領導人對俄態度會有所改善，但是現在還說不清楚。一些對話機制也不存在了，俄羅斯本來今年說在索契開八國峰會的，因為烏克蘭問題這麼一鬧，西方國家說我不來了，普京說不來就不來了，無所謂。八國集團是一個對話的平臺，現在這個平臺也沒有了。並且這個事情還沒完，還不知道未來會怎麼發展下去。普京絕不是拿到了克里米亞就完了，普京還有一個更大的目標，就是要把烏克蘭留在後蘇聯空間的範圍內。因為在歷史上，冷戰結束以後，烏克蘭總統一會是親西方的，一會是親俄羅斯的，俄羅斯和西方就這樣搶來搶去。有人問我，烏克蘭會不會分裂，如果你從克裡米亞被拉走的

意義上來講，它是分裂的。但是整個烏克蘭東部是不會走的，這兩天還在打，烏克蘭說反恐，但整個烏克蘭東部應該不會有這麼大動作。普京下一步的目標是想辦法和西方討價還價，儘量讓新成立的烏克蘭的領導人親俄羅斯，即使不是親俄羅斯的，至少要保持中立。從這個意義上來講，俄羅斯和西方在烏克蘭問題上還會有新的動作、新的對抗，俄美關係好不起來。普京有很多反美的話，諷刺的話，如：「狼要吃誰，不需要他人來指手畫腳。」普京從二〇〇〇年上臺以來，用中國人的話來講就是看透了美國人。如果他曾經抱有幻想，要和美國人發展關係，那麼到今天，就真的是看透了。他有這麼一句話：「無論我們做什麼，無論我們做還是不做，美國人都要找我們的麻煩。」

　　十幾年來普京的心路歷程，一路走過來，他覺得美國人靠不住，俄美兩國不可能建立真正的互信關係。儘管他曾經說要試圖與西方緩和關係，但屢遭背叛，受盡恥辱。中俄關係今天走得很近，有一個外在的推動力是因為俄羅斯和西方搞不好關係，所以他需要借助外力。從中國的角度來講也是這樣，中國的周邊形勢那麼嚴峻，東海、南海一圈下來都搞不好。但是我們西北部邊疆一片穩定，形勢一片大好。為什麼？因為我們有俄羅斯，因為我們有上海合作組織。穩定的俄羅斯對中國來說就是穩定的半邊天。從這個意義上來講，我們希望俄美關係能鬥，但鬥到什麼程度呢？這也是一個度的問題，最好是中俄美三邊關係能良性互動。剛剛回到美國的前任駐俄羅斯大使，也是個蘇聯問題專家。他一到俄羅斯就感到非常吃驚，怎麼有這麼多的反美主義者。所以美國人說：「拿好你的槍。」俄羅斯彌漫著一股強烈的反美主義。

　　（視頻語音：俄羅斯總統普京10號致信從俄羅斯購買天然氣的德

國、法國等18個歐洲國家的領導人，呼籲就烏克蘭天然氣債務問題等舉行緊急磋商。隨後美國就指責俄羅斯將能源作為工具來打壓烏克蘭。對此，據俄羅斯網站說，普京說他的信並不是給美國看的，他告誡美方，閱讀他人的信件很不好。針對俄羅斯就烏克蘭天然氣債務問題致信歐洲國家領導人一事，美國國務院發言人普薩基日前表示，目前，烏克蘭天然氣的價格沒有按照市場規律運作，而且遠高於歐洲多國交付的價格，俄羅斯是在利用能源問題打壓烏克蘭。對此，普京說，他此前呼籲召開緊急磋商的信件是發給歐洲多國領導人的，並不是美國，美國這種閱讀他人信件的行為實在是很奇怪。普京還說，眾所周知，美國長期以來存在監控行為，現在又出現了偷窺他們信件的行為。十號，普京致信從俄羅斯購買天然氣的十八國領導人，呼籲就穩定烏克蘭經濟和天然氣工業問題舉行緊急磋商。在信中，普京說目前對歐洲供給天然氣的問題，不是在於俄羅斯，而是在於烏克蘭能否保證天然氣過境，他強調俄方不能獨自承擔壓力，必須同歐洲方面一道儘快找到扶持烏克蘭經濟的辦法，避免影響歐洲天然氣工業。）

在二○一二年普京第三任總統剛剛啟動的時候，我就在考慮一個問題：俄美關係能不能重啟？當時沒有烏克蘭問題。烏克蘭問題是從二○一三年底，因為烏克蘭前總統簽署了連繫國協定，引發大規模的示威遊行。前段時間有個烏克蘭學生過來說要到我們學校來念書，我說你先把這個事情來跟我講一講。他來自烏克蘭西部，烏克蘭的西部和東部是完全不一樣的，西部是親西方的，東部是親俄羅斯的，所以他強烈要求回歸歐洲。烏克蘭總統說簽訂連繫國協定，大家都反對，然後上街，但上街遊行應該是西方有些國家在幕後操縱。據我們得到的消息，大巴士每天把人從賓館拖到獨立廣場，然後一般的人一天是

十美元，中層幹部一天是五十美元、一百美元，等等。所以這件事背後還是有西方組織在運作，否則大家怎麼會這麼有幹勁。總而言之，烏克蘭西部、東部不一樣，西部強烈要求回歸歐洲。未來烏克蘭還是會成為俄羅斯和西方之間爭奪的前沿陣地。普京絕不甘心只是拿到克里米亞，他還要烏克蘭回到後蘇聯空間的懷抱；但是西方也不會聽任普京為所欲為，而且從一個現實角度來考慮，新的烏克蘭總統大選會把這個國家暫時帶向西方。不過，暫時帶向西方沒關係，因為從歷史上來看，從冷戰以後俄羅斯和西方的博弈來看，烏克蘭一會是親西方的，一會是親俄羅斯的，所以普京並不著急。即使這次烏克蘭選舉使國家暫時走向了西方，但我相信普京未來還會有機會，他手上還是有牌的，比如天然氣就是一張牌。所以這件事情還會繼續發展下去。

我當時曾考慮一個問題：俄美關係會不會重啟？我們知道二〇〇九年，俄美關係有一個重啟，大家都很興奮，兩個大國的領導人坐下來了，在一起吃漢堡，而且態度不算冷淡，關係很好。普京回歸以後，會不會有個重啟呢？而且當時普京有一篇文章，說俄羅斯準備使俄美關係進一步發展，認為值得突破，前提是平等、互相尊重。所以我在二〇一二年有一個判斷：俄美關係有可能重啟，但問題是什麼時候，以一種什麼樣的方式。從目前來看，烏克蘭問題出來以後，我覺得這個問題暫時告一段落，因為還有待觀察。

2014年於華中科技大學演講
馬瑩根據錄音整理

面向二十一世紀的中國文化形象與文化符號的思考

邴　正　吉林大學教授

　　各位老師，各位同學，大家晚上好。很榮幸受華中科技大學的邀請，來和大家一起學習交流。今天，我想圍繞面向二十一世紀的中國文化形象和人家交流。

　　首先，我們一起來簡單看看文化的概念。我們要研究文化，什麼是文化呢？文化，英文是culture，詞根是cult，含義是工作、開墾、開發、開放等。空地開墾成農田，這叫作開發、開放，開發的過程就是文化。漢語中，「文化」的概念取自《易傳》中的「關乎人文，以化成天下」，從這句話中取「文化」二字，來翻譯西方的culture。目前所流行的定義，是英國人類學家愛德華・泰勒在一八七一年提出的。他將文化定義為「包括知識、信仰、藝術、法律、道德、風俗以及作為一個社會成員所獲得的能力與習慣的複雜整體」。對於愛德華・泰勒的這句話，我們可以分為三個部分。第一個部分，文化是一個複雜的整體，而不是單一的。文化是一個複雜的整體，是因為文化是人的主觀活動和客觀活動集合而成的，它既不是純粹的主觀活動，也不是純粹的客觀活動。純粹的客觀活動屬於自然，而純粹的主觀活動和自然沒有直接關係，是一些觀念。而文化既有觀念的部分也有實物的部分，所以稱它為複雜的整體。第二個部分是文化的範圍，包括知識、信仰、藝術、法律、道德、風俗，都是人們思想活動的心態。

第三個部分是作為一個社會成員所獲得的能力與習慣，文化的載體是人，它是通過人的行為表現出來的。

我們接著看文化到底是什麼。首先我們要從文化與自然的關係來進行判斷，文化與自然相對應，凡是自然的事物都不是文化。河流山川、天空星辰這些都是自然的，不是文化的。自然在漢語裡的意思是使自然之，而文化不是自己使自己成為這樣，是人的活動使它成為這樣，這種非自然的狀態是人類活動所產生的，所以文化是人類活動的產物。比如我們教室裡的桌子椅子，都是用木頭做的，木頭來自樹，而樹並不是自己變成桌子、椅子，還是要由人來改造。

接著，我們還要從文化與文明的關係來理解文化。什麼是文明？文明是civilization，它的詞根是civi，是城市、市民的含義，古羅馬人認為只有成為城市狀態才稱之為文明。而lization的含義是「……化」，所以civilization也被稱為城市化。為什麼城市化就是文明？因為文明使人遠離自然。如果我們是在鄉村生活，我們和土地打交道，而城市把人和土地隔開，城市完全是一個人工化的環境，正如目前我們完全在一個人工化的環境裡活動。我們每個人都經過了裝飾，我們穿的各種服裝，我們坐的桌椅，我們腳下踩的建築材料，都將我們和自然隔開了。人和人的關係也一樣，鄉村的關係以血緣關係為基礎，同姓的人居住在一起。而在城市中，在我們這個教室中，一般來說大家都是沒有血緣關係的，大家是因為職業和學習聚到了一起，你們要聽課，我要講課，所以我們建立了連繫。血緣關係是自然連繫，父母、子女的關係是不可逆的，而師生關係是可以改變的，所以這是不一樣的。從這方面來說，文明是指人的進步狀態，相對的是野蠻。原始狀態下，人類完全是按照自然的規律去生活的。而文明是人類歷史進步

的一個階段，告別了原始狀態，那就是文明。一般來說，我們區分原始狀態和文明，第一個標誌是文字，沒文字就沒有歷史，只是傳說。我們五千年的文明之所以能傳承，靠的不是記憶，而是文字。人腦不是電腦，維吾爾族、蒙古族等，他們沒有姓只有名。原因是他們是遊牧民族，沒有文字，他們每個人要記七代祖先的名字，七代以內都是自己的祖先，所以這些民族的人的名字，沒有姓只有名，而且他們的名字都很長。第二個標誌是青銅器、金屬工具。第三個標誌是建立了國家或城市。目前我們說中華文明史，從考古學角度來說最初是商。文明的三大標誌，例如文字，夏朝還沒有找到，而商朝的文字已經在考古學中出現。希望考古學中儘快發現夏朝的文字，這樣我們國家的文明史就能提前一些了。

我們前面所說的文化和自然的關係，文化是人改造自然的產物。而文明與野蠻相對，是人類進步的階段和標誌，是人所特有的活動方式。有個段子是這樣說的，在市場上你不穿衣服是流氓，在澡堂裡你不穿衣服是浴客，在畫室裡你不穿衣服是模特，在客廳裡你不穿衣服是祖宗。這個段子其實講的就是文明問題，人和動物不一樣，動物是不穿衣服的，而人穿衣服是一個特有的方式，與動物不一樣。衣服已經成為我們生活中的一部分，出門都打扮得整整齊齊的，這是修飾。全世界各族人民的文明不一樣，服裝不同，造成的生活方式也不同，所以才豐富多彩。例如廣西地區的瑤族，穿花褲子用花褲腰，穿白褲子用白褲腰，穿藍褲子用藍褲腰，他們內部怎麼區別呢？用一條褲子就可以把他們區別開來。所以文明是人的進步狀態，是超越了野蠻時代的一個階段。

接下來，我們從物質文化和精神文化來界定我們的文化和文明。

物質文化就是人創造的物質成果，精神文化就是人創造的精神成果。精神成果的主要內容有三大部分：觀念、規則和符號。符號就是有意義的標記，主要利於人的認識和理解。我們所說的符號，主要就是語言和文字。沒有符號，人的活動成果不能以固定的形式來呈現。比如我們生活中經常聽到有人說：「這個問題我早就想明白了，就是說不明白。」其實說不明白就是想不明白，你不能把你的思想符號化，你的思想在工作中找不到一個恰當的符號來表達。我們生活中經常使用文化，我們看著一個人，說這個人很有文化；還有很多如文化部門；我們的老師講課，東方文化、西方文化；還有學歷史的經常所說的文化。這些文化都是一樣的嗎？這些都不是一回事。那這該怎麼辦呢？用概念、符號來表達所說的文化是什麼。還有沒有文字的民族，它的文化保存下來的概率微乎其微。我們交流靠什麼？靠符號。五十六個民族凝聚在一起，和符號有關，也就是和中國的漢字有關。漢字使用的象形文字給我們帶來了很大的麻煩，最大的麻煩就是識讀記憶非常複雜。所以學漢語是一件非常痛苦的事情，幾乎沒有什麼可以一以貫之的規律，所以千萬不能望文生義。漢語有個好處，都是方塊字，古代教的都是孔夫子，造成共同文化。也許你的話說得有差別，但講得差不多，行為方式、思維方式差不多，這叫文化認同，而文化認同靠共同符號。

　　規則就是指習俗、道德、法律等等。這些是社會上人為制定的各種規則、制度。你不遵守，群體懲罰你，這就形成集體的一致性，也就形成普遍的社會習俗、共同道德、共同法律等等，從而產生了群體的共性，所以一種文化成熟了，有它成熟的規則。比如，中國採取道德的方法，主要靠孔夫子的仁、義、禮、智、信。中國人的行為規則

以群體主義為主，西方則通過基督教匡正人的基本行為。規則反應的是什麼？規則反映的是觀念。而觀念是哲學、宗教、教育、科學等以觀念題材表現出來的文化成果，就是人們的認識水準。任何文化的內核都是觀念。比如我們常說中國文化、西方文化，差別在基本文化的觀念上。世界上的幾大文化的差別也在基本觀念上，如西方文化是基督教的觀念，主要強調靈魂和肉體的關係，認為人活著，肉體對靈魂起遮蔽作用，最後人要得救，需要把靈魂弄出來，所拯救的是靈魂。而印度人持的是現世和來世的觀念，他們認為，現世是假的，來世是真的，他們對現世不那麼執著，認為這輩子活不好，來世再活。中國人認為活的就是現世，要踏踏實實做人，尊重炎黃二帝，成年後的首要責任是成家生孩子，之後就是家庭倫理，等等，中國文化的中心就是家。所以我們看到這些文化的區別，都是核心觀念的區別。現在我們可以看出，中國的發展存在一些缺點，一些激進的知識分子喜歡拿西方作為參考，但參照就是參照，要想從根本上把中國人變成西方人，是很難實現的，因為基本的文化觀念不一樣。一個人要不承認自己的祖先，就是欺師滅祖，在中國人的文化裡，這是很可怕的。西方人和我們就很不一樣，我們中國人常常認為父母對兒女有恩，但是西方人把這個看得不是很重要，我們常說生命是爹媽給的，而《聖經》則強調生命是上帝賜予的，爹媽就只是工具，是上帝創造生命的工具，沒有否認他們所做的貢獻，但並非絕對的，而中國人就認為是絕對的。西方人認為是你賜予我生命，你有功，但是未經過我的同意就把我帶到這個世界上，你也有責任。西方之所以能建立嚴密的社會體系、法治社會，是因為他們的文化，而我們的文化總是讓大家覺得我們的社會法治不徹底，是因為我們的文化的「根」是屬於崇拜祖先的

文化，傳統文化中有家法大於國法的毛病。但這一「毛病」也有它的好處，就是親和力強，重視群體。

說到這，我講講中國文化觀念的特點。從文字上看出來了，我說我們是炎帝的後代，炎帝姓姜，而藏族的祖先姓羌，放羊的男子就是羌，放羊的女子就是姜，羌和姜是一家。姜子牙就是羌族的首領，支持了周文王。為什麼這麼講，是因為我們漢族的源頭就是羌。留在山上放羊的就是羌，在山下種地的就是姜，為何？是因為漢藏通婚，羌的女子要嫁給山下的姬姓部落，就是黃帝部落，所以齊國的女子都姓姜，魯國的女子都姓姬。你們在看春秋的時候就能明白，他們都是通婚部落，姜羌一體，後來一起東征，落腳到中原慢慢強大起來。而留在山上放羊的形成了藏，文化也就慢慢地分開了。所以中國文化在源頭上和西方不一樣，西方各種文化混搭，你中有我、我中有你，後來通過宗教劃分了國家，慢慢形成了民族意識。而中國的民族意識相對來說形成得較早，始於春秋時代。所以不能簡單地將西方文化搬到中國來，中國的法治就要走中國特色的道路。

接下來談談文化符號和文化自覺的問題。文化具有物質和精神的雙重性質，精神文化的主要內容是符號、規則和觀念。符號是高度濃縮的文化標誌，是具有某種代表意義的標誌。精神文化一般是用符號來表達的，文化的各種特點都得轉化為符號，然後才能保存、理解、傳播和發展。所以文化的形成過程，實際上就是一個符號化的過程。德國哲學家凱西爾，他得出的最後結論是人是符號，人的所有活動本質上都是符號化。

接下來我們看看文化符號的形成，一種文化定型的過程也是一種文化的表徵形象逐漸形成的過程。文化符號的形成是個自然歷史過

程，文化是人們有意識創造的，一種文化現象上升為和抽象化為一種文化特有的表徵符號，卻是一個民族在長期的歷史發展變革中經過有意識無意識的不斷選擇、淘汰，最終得以定型的。文化是人們有意識地形成的。一些文化情形可以有意識地判定一些符號是我們這個文化的核心符號，這就變成我們的表徵和象徵。而是否能真正變成我們這個群體普遍接受的文化符號、文化象徵、文化代表，要靠漫長的歷史選擇來決定，不以人的意志為轉移。提出一個概念，不會馬上成為一個符號，符號需要經過很長的歷史過程篩選、沉澱下來。比如春秋諸子百家提出那麼多觀點，各種各樣。孔子講「仁」，老子講「道」，墨子講「兼愛」。春秋諸子百家的觀點是不一樣的，但最後沉澱下來的就是兩個人——孔子和老子。用張載的話來說就是：「達則兼濟天下，窮則獨善其身。」兼濟天下就是儒家，獨善其身就是道家。經過了兩千年的歷史的選擇，中國人到現在的選擇還是這樣的基本框架。在西方，基督教最初只是流行在猶太人中的小宗教，在《聖經》中，傳說耶穌是猶太人，多次受到羅馬人的鎮壓，耶穌本人被釘死在十字架上。直到西元三一三年，羅馬帝國才頒布米蘭敕令，最終承認基督教的合法性。所以基督教經歷了三百多年被奴役、被迫害的歷史，最後變成合法的宗教，此後，基督教才成為西方文化的表徵性的符號。

在中國，春秋時期，孔子在魯國不受待見，所以周遊列國，之後便是四處碰壁，有時飯都吃不上。到西漢時期，漢武帝接受了董仲舒的主張，「罷黜百家，獨尊儒術」，於是儒家思想成為主導。這些都有一個轉換的過程。所以文化符號的形成是由不自覺到自覺的發展過程。又如中國的戰神就經歷了一個選擇的過程，最初是蚩尤，然後是薑子牙，後來是關羽。在春秋時期，人們崇拜的戰神是蚩尤，傳說蚩

尤創造了基礎兵器，蚩尤帶領十個兄弟能征善戰，所以被稱為戰神，也是兵器之神。到了漢代，戰神成了姜子牙，唐代造凌煙閣、武神廟，所崇拜的首先也是姜子牙。但是在封神演義中，姜子牙被神化、妖化了。姜子牙身上的許多東西其實不符合儒家的符號，姜子牙主要是聰明和多智謀，儒家符號主要不在於聰明而在於品德。所以到了宋明理學，人們對道德完善的追求變高了，戰神變成了關羽。原因是關羽身上集中了儒家的忠、義、智、仁、勇等品德。忠，關羽始終忠於漢，降漢不降曹。義，桃園三結義，無論遇到什麼險境，始終保劉備。曹操的實力要比劉備強，但關羽就是不降于曹，有機會就去投劉備。智，關羽和張飛比，張飛粗糙一點，關羽足智多謀，水淹七軍。仁，關羽愛民如子，在千里走單騎的時候，兩個嫂嫂在身邊，一直秋毫不犯，品德高尚。勇，《三國演義》中，關羽斬顏良誅文醜，過五關斬六將，英勇善戰。這一切都屬於中國的武德，關羽成為戰神，成為中國軍人的形象。由此可見，戰神的演變經歷了一個過程，所有的符號都有一個形成過程。第一，不是人為性的；第二，符號發生著變化，不是一成不變的。

接下來，我們看看文化符號的功能。功能是什麼？首先文化符號一經形成，標誌著文化的核心價值觀。文化沒有形成核心符號的話，就說明它沒有核心觀念。世界幾大文化，分類的方法不一樣。一位德國學者把全球文化分成七大文化，他認為七大文化中有四種文化相對成熟，有三種文化不夠成熟。成熟與不成熟的區分標誌是核心符號。中國文化、印度文化、阿拉伯文化、西方文化，這四種文化是相對比較成熟的。成熟的原因是它們有核心符號，比如說，西方文化的核心觀念是基督教，阿拉伯文化的核心符號是伊斯蘭教，印度文化的核心

符號是印度教，中國文化的核心符號是儒家思想，然後四種核心觀念就形成核心符號。還有三種文化是非洲文化、澳洲文化、印第安文化，它們不成熟的原因是沒有核心符號。它們內部分成很多小的部落和部族，每個部落和部族所信奉的東西不一樣，沒有形成一個哲學或宗教上的、成熟的、系統的理論體系，沒有核心文化符號，所以它們的文化的全球影響力很低。文化符號是眾多歷史進程中最具有代表性的文化，而其體現出來的是其背後的一個民族的歷史特質。孔子只是春秋時期的諸子百家之一，但他的思想逐漸被認同，上升為具有代表性和標誌性的思想，所以孔子就是一個重要的文化符號。孔子所主張的重家族的群體主義、重倫理的道德主義、重親和的民族主義，最終成為中華民族的精神支柱，被傳統社會普遍認同，也為中華民族的發展形成了共同的心理基礎。中國的群體主義觀念根深蒂固，原因是我們的文化符號形成的基礎是家族文化。什麼叫儒家思想？其核心就是家族文化，它的基礎就是家，家就是一個群體。所以到目前為止，中國文化的基本特徵還是以家族為主。儒家文化的所有的核心概念都是家庭倫理的擴大。中國有句話說：「四海之內皆兄弟。」社會關係基本是用親屬關係來形容的，叫作：情同手足。關係好的朋友，叫情同手足。打虎親兄弟，上陣父子兵。官做好了那就是父母官，老百姓就是衣食父母，皇帝叫天子，互為親屬關係。關係好了都是用親屬關係來形容。朋友處好了就叫兄弟，中國叫江湖。什麼叫江湖？江湖就是義氣，義氣就是不求同生但求同死，雖然不同姓，但後天的情誼勝過了血緣，這是中國文化。

　　文化符號有助於促進對文化自身特徵的文化自覺過程，它也是文化自覺和自省的重要標誌。我們自我認同的文化符號會導致文化上的

自覺，一種文化要是催生不出核心的文化符號，就沒有自覺意識，就不知道自己有什麼特點。舉個例子，我們現在就處於這個階段。改革開放後的中國在經濟上取得了很大的成就，但上網後你會看到現在社會互相不認同。為什麼社會互相不認同？是因為大家缺乏對改革開放後的中國文化的反思過程。一方面，從創造的角度講，我們是否拿出大家共同接受的基本文化成果，最後上升為文化符號？這個過程沒有完成，才三十多年，還沒有沉澱出來。反過來說，由於沒有這個東西，大家就互相不能接受，不能認同。一種文化的內部有不同的意見是正常的，但是這麼多群體互相不能認同，這種文化就很危險，那就說明缺乏文化自覺的過程。改革開放後，各種觀點浮現造成了多元化，多元化是好事兒，但是各種觀點都不贊同、不融合。所以文化符號就是文化自覺的符號化，凡是沒有符號的文化現象，都是偶然的、分散的表像化，不能產生文化的一致性。

文化符號是文化群體共同認可的文化標誌，是文化共同意志的標誌，人們可以在文化符號中找到現實中的自我和想像中的自我。一個民族兩個形象，一個是現實中的自我，另一個是想像中的自我。我們現在的毛病是太重視現實中的自我，沒有想像中的自我。現在，我們認為不追求虛的東西了，忽略了文化的作用。我們現在這樣，那將來是什麼樣呢？將來靠什麼支撐，將來靠現在支撐不了。我想問問大家，我們想像中的自我是誰？想像中的民族是什麼樣的？我之前講過理想的問題，理想的特點就在於未實現性，實現的東西就不是理想。真正的理想不是拿來實現的，是信念。我不是說大家現在要重新來研究共產主義。當年共產主義出現的時候很多知識分子追捧它，是因為它好，沒有壓迫和剝削。而當時的社會狀況就是很多人受壓迫和剝

削，所以當時許多青年知識分子認為只有把它實現了，人類才能夠實現大同，人類才能解放自己。但是它真的能實現麼？這不重要，重要的是追求一個好東西，這個目標成為我靈魂、思想、生命的寄託。我為它死，也是值得的。而現在富起來了，為它死是不可能的。窮一點也能活，富人能活，窮人也能活。解決不了想像中的自我的問題，所以在文化中看，我們的這種心態所缺的東西比較明顯。毛澤東為什麼能成功，是因為他用想像中的自我，征服了當時的社會中的青年人和普通民眾。

文化符號有助於文化的繼承和傳播。文化符號是濃縮的和抽象化的人們的活動成果，它解決的是承傳問題。教育是什麼活動？是傳承文化符號的活動。在生活中，父母、老師為了你們排除了許多危險，這就是教育的好處，有了教育，人就能繼承和傳遞我們的成果。所以動物的活動永遠都是零起點，人的活動是高起點。人的活動用馬克思的話說是，人們創造自己的歷史，但是這種創造不是沒有前提的，每一代人都是在進一步的生產方式的前提下開始自己創造歷史的過程。這就是一種傳承過程，你沒有辦法選擇，前人給你留下的東西就是你活動的起點。在這個理論上，人的每一代比前一代站在更高的起點上。歷史為什麼是進步的？根源就在這裡。我們過去老是說，歷史進步是因為生產力，生產關係，矛盾運動，那是從經濟的角度來說的。如果從文化上看，就是傳承的關係。傳承造成了文化的積累，文化的積累造成了我們活動的起點越來越高，人類的活動效率也越來越高，因此人類的歷史是進步的。所以，教育就是在傳承文化符號。我們的語言文字、國旗國徽、英雄人物、神話故事、唐詩宋詞、禮儀道德都是符號化了的成果。這種符號化的結果就是一個民族的文化不但承傳

下來，還發揚光大。我們為什麼是中國人？你只要小學、中學不斷背唐詩，你就是中國人，因為你的境界、意境、用詞、用語已經深受中國傳統文化的影響。我們不是客觀地觀察自然事物，杜甫說：「感時花濺淚，恨別鳥驚心。」看的是景，想的是人。「國破山河在，城春草木深」，想的是「悲天憫人」的事。我們在這種文化的薰陶中長大，想把個人和家國完全分開，這是做不到的。它不是持一個純自然主義的立場去觀察，這就是中國文化的一個顯著特徵。

我們了解了文化符號的重要性及功能，接下來談談中國文化符號傳承的矛盾問題。當代中國文化在傳承的過程中遇到了一系列挑戰，首先是全球化、資訊化的挑戰。中華文化歷史悠久，從不缺乏文化符號，但是當今世界正處在大變革、大發展、大調整時期，世界多極化，經濟全球化，單一民族文化和傳統結構已經被打破，文化發展進入了多樣化並存的競爭的時代，各種思想文化的交流與交鋒日益頻繁。我們現在上網就可以看到，我提醒大家，我認為現在網路上發的一些文章可能是有組織的，這些文章「逢中必敗」，是中國的都是錯的，告訴你一些所謂的真相，你受的教育都是錯的，炎黃是不真實的，岳飛和秦檜的關係是顛倒的，等等。大家不要被這類文章誤導。新中國其實正處於巔峰時期，而且越來越強大。也存在一些問題需要改進，這些代表什麼呢？代表多樣化。多樣化的時代帶來一些新問題。

文化符號的傳承出現了問題，出現了多元文化的矛盾。我們面對的是，當代文化早已不是鐵板一塊了，是四種文化交互融合、碰撞衝突的矛盾體。哪四種文化？古代的傳統文化，現代的革命文化，當代改革開放創造的新文化，外來的西方文化。這四種文化的體系是不同

的。傳統文化是儒家思想，目前主要影響的是道德倫理、日常生活，發展的態勢逐漸弱化。這是現代化進程導致的。首先，傳統文化是農業文化，孔子講的「君子喻于義，小人喻於利」，是儒家文化的基本精神。進入市場經濟，儒家文化與現實不相適合。當然，很多學者努力證明儒家文化能適應市場經濟，例證就是新儒學，就是日本、韓國、東南亞四小龍，儒家文化圈。但是不能回避一個基本問題，儒家的文化是重義輕利的。儒家文化強調「和」而不是「競爭」，它和市場經濟還是有所差別的。隨著市場經濟的泛化，在中國，社會達爾文主義的影響正在逐漸超過傳統儒家文化的影響。什麼是社會達爾文主義呢？片面地理解競爭，認為競爭就是一切，市場就是競爭，競爭就是淘汰弱者，所以叫作「物競天擇，適者生存」。一些單位提出的口號，也很具有社會達爾文主義精神。例如：「減員增效，不養閒人。」而儒家講的不是這個精神，「四海之內皆兄弟」，「老吾老以及人之老，幼吾幼以及人之幼」。如今的社會受社會達爾文主義的影響比較大。儒家文化的傳承弱化的另一個原因，舉個例子，獨生子女政策的崛起實際上是使儒家文化的社會基礎漸漸弱化，現代化的過程實際上就是儒家文化的社會基礎弱化的過程。新中國成立的基礎是土改，土改連帶著產生了一個社會學的後果，改變了傳統中國的基層社會結構，由以家庭為單位變成以社會組織為單位。原來的中國社會叫作「皇權不下縣」，鄉紳、家族的族長結合在一起就治理了縣以下的中國社會。中華文明歷經五千年，但是中國社會的基層治理方式一直沒有變。土地改革之後，中國實行了嚴格的計劃生育制度，進一步把家庭縮小為核心家庭，複合家庭基本消失。複合家庭是父母和子女還有祖輩生活在一起，這在城市裡基本上不存在了。對獨生子女來說，沒

有兄弟姐妹，忠孝節義之類的事兒基本上在家庭範圍內不存在了。那麼儒家的整個社會基礎基本上就結束了。

接下來談談革命文化，它的標誌就是毛澤東思想。毛澤東思想是以理想主義、積極主義、英雄主義為代表。它的影響範圍主要在政治和道德領域。改革開放後，黨中央提出要建設中國特色社會主義，中國特色社會主義包括社會主義核心價值觀。市場經濟，發展是硬道理。「自力更生，艱苦奮鬥」這是延安精神。

外來文化主要是西方文化，其影響範圍是全方位的，並逐漸強化。實際上，我們現在的大學教育是西方化的。我們要建設中國特色的社會主義，但我們的教育是西方化，可想而知現在的青年知識分子的一些基本傾向，教育非常重要，但是這是不可逆的。

接下來談談全球文化符號的比較。現在已進入全球化時代，中國社會正在轉型，當然我們現在也遇到了嚴峻的挑戰，這些挑戰同樣體現在中國文化上。據網上所載，美國《新聞週刊》根據美國、英國、加拿大等國的投票，評選出進入二十一世紀以來最具影響力的十二大文化國家和這些國家最有代表性的二十個文化符號。美國的二十個文化符號包括百老匯、華爾街、麥當勞、可口可樂、好萊塢、NBA、希爾頓、萬寶路、爵士樂等等，其中好萊塢等十項屬於二十世紀出現和產生影響的，更新率達到百分之五十，可見美國文化的創造力很強。英國文化的二十個符號包括英語、白金漢宮、大英博物館、巨石陣、哈利波特、勞斯萊斯、邱吉爾、BBC、貝克漢姆等等，其中甲殼蟲樂隊等六項屬於二十世紀出現和產生影響，更新率達到百分之三十。日本的二十個符號包括菊與刀、天皇、富士山、櫻花、日本沐浴、新幹線、法隆寺、空手道、和服、索尼、新幹線文化等等，其中

索尼等三項屬於二十世紀出現和產生的影響，更新率達到百分之十五。中國的二十個文化符號包括孔子、道教、孫子兵法、針灸、中國烹飪、毛主席、中國功夫、京劇、少林寺、孫悟空、天壇等等，其中除了毛主席以外，都屬於傳統文化，更新率為百分之五，也就是說我們自二十世紀以來文化的創造力很弱。韓國人發表了一篇文章——《中國需要標誌性的文化符號》，起因是鳥叔一曲《江南style》在二〇一二年火遍了全球，成為韓國的文化符號。但是中國的文化符號如孔子、瓷器等有些過時了，中國需要在傳統的基礎上創造出能代表現代中國的文化符號。

接下來談談當代中國文化符號發展的矛盾。對於這些文化符號是否代表中國傳統文化，我們先不評論。五四運動以來，提出兩個口號——「科學」和「民主」，這兩個口號是西方的，這對於我們創新中國文化只起了一個借鑑的方法和作用。新中國成立以後，革命文化成為主流，我們的文化創新也有文化符號的痕跡和更替，例如毛澤東思想、解放軍、雷鋒、焦裕祿、大慶精神等成為新時代的文化符號。改革開放以後，革命文化逐漸淡出，新文化成為主體，其基礎是市場經濟和全球化。兩者在本質上是一致的，交融的市場經濟，全球化的母體，就是西方文化。我們新創造的東西到頭來還是源于西方文化。我們現在能拿出些什麼，只靠皮毛是得不到什麼的。如果說我們的改革開放三十年取得了輝煌的經濟成就，在文化上就不會這麼簡單了。一是文化符號的產生需要一定的積累；二是西方文化解決不了中國文化崛起與發展的問題。所以我的結論是，我們依靠市場經濟和全球化實現了經濟崛起，如果用同樣的方式發展文化，結果必然是西勝中衰。經濟成為中國的文化符號，這樣的崛起在文化上基本屬於自殺，

經濟是強大了，但中國文化卻缺乏創造力。這就是中國文化在現代化進程中的特殊矛盾，也是三十年來文化符號中亟待解決的問題，它是個相對論。

最後講一講當地中國文化符號創造與更新。第一，要增強全民族的文化創造活力，要處理好文化和政治的關係，努力擺脫政治實用主義的消極影響。文化和政治不一樣，政治是走進現實的，而文化是超現實的。第二，要處理好文化和經濟的關係，要努力擺脫經濟孤立的影響。我們現在的文化創造受到經濟孤立的影響比較大，我們常常說：「文化搭臺，經濟唱戲。」把文化作為經濟的手段。第三，要處理好多元文化之間的關係，努力擺脫文化虛無主義的影響。我們現在受文化受虛無主義的影響太大了，尤其在網路上。我建議青年朋友們，看完網上的文章都記得反思一下。我們應該把當代文化多元板塊之間的互動看成一個多層次融合的過程，加強文化共性的溝通和融合，提倡文化個性的相對獨立存在和豐富多彩，用現代化和市場經濟進行文化的創新和改造，這就是我們的目標，就像費孝通先生所說的，我們的追求是各美其美，美美與共，美人之美，天下大同。這就是當代中國文化發展的重要任務。

2014年於華中科技大學演講

田小桐根據錄音整理

東西文化與思維差異

盧秋田　中國駐德國首任大使

　　今天的主題主要從四個方面來講。第一，為什麼要重視跨文化交流？為什麼要重視東西方文化的差異？其重要性在哪裡？第二，要講一下思維方式的定義。第三，要講一下思維方式的特點。第四，要講東西方文化存在的四個差異。因為學校建立了德國中心，所以我想特別講一下德國人的思維。人們經常說德國人思維嚴謹，那麼他們的嚴謹表現在哪裡？他們嚴謹的內涵是什麼？

　　我最不喜歡套話、空話，最欣賞短話、真話和實話。我在當大使的時候，我們有十幾個參贊，我曾對他們說，如果你們要去大學講話，一定要做到以下三點：一是要有信息量；二是如果信息量不夠，就要有很清晰的邏輯；三是如果信息量和邏輯都不夠，那就必須要講得生動。

　　首先講跨文化交流的重要性。為什麼要了解中西方文化差異的重要性？理論上說有三點。一是時代的需要，因為我們已經進入了一個政治多極化、經濟全球化、社會資訊化、文化多元化的時代。這個時代國家與國家、民族與民族之間的交流無論是深度還是廣度都達到了歷史上前所未有的程度。二是我們國家發展的需要。我們很多的企業要走出去，中華文明也要走出去。大家可能也在報紙上注意到了，習主席在聯合教科文組織上講過中華文明和世界文明怎麼攜起手來為人

類的精神家園創造一個強大的動力和引領的作用。所以我們經濟和文化要走出去的這種發展需要更迫切地需要我們了解外部世界是怎麼想的，他們為什麼有這種思維方式。三是人際交流的需要。有時候看起來我們聽得懂外語，但是並不意味著能進行深入溝通，甚至有時候我們會感覺很好，但實際上產生了誤解，只是因為你們不夠熟，而他沒有告訴你。

　　舉兩個我們平時用到的例子，談談在翻譯上遇到的困難。比如一位重要領導到德國訪問時說：「我們一回生，兩回熟，三回是緣分。」我們的翻譯能把「一回生，兩回熟」勉強翻譯出來，但對「緣分」的翻譯不恰當。在德國翻譯過來的話聽起來是「一回生，兩回熟，三回是命中註定。」「緣分」這個詞在英文、德文、法文裡面都沒有，只有日文和韓文中有。聽不懂的話還怎麼交流呢？關於這一點，中央領導給了我任務：「盧大使，你想辦法讓德國人把『緣分』這個詞聽懂。」當時黃梅四祖廟的淨慧和尚是中國佛教協會的副主席，他是學過哲學的，我特別過去請教他。我說我現在遇到一些困惑，「緣分」這個詞究竟怎麼翻譯才能讓歐洲人聽得懂？淨慧法師告訴我說：「很簡單，你就和歐洲人講，緣分是人與人之間在一定情況下的因果關係。」我說：「法師，因果如果翻譯成外文的話，他們還是不懂的。因為中國的因果有前世和今生，很複雜。德國人是講究哲學的民族，所以能不能用哲學的語言解釋一下緣分是怎麼回事？」大師想了一下說，「你不是給德國人講哲學麼，你就說，緣分是人與人之間在一定情況下的必然性和偶然性的統一。」我說這個的確是哲學的語言，你能不能再舉個例子使這個偶然性和必然性的統一使人聽起來像是個緣分。他說：「盧大使你有沒有主持過婚禮？」我說我當過婚禮的證婚

人。「那當證婚人有時需不需要發言？」我說會啊。「那你就這樣講：這位美女，這位帥哥，你們的相逢相遇和相識可能是偶然的，但是你們的結合由許許多多的共同點組成，相互欣賞對方，愛護對方，相互有共同的追求，共同的愛好，有許多地方合得來，這些共同點和你們相遇相識的偶然性，就是必然性和偶然性的統一，使你們步入婚姻的殿堂。」我用這個例子和德國人講了，他們說：「啊，這個偶然性和這個必然性是統一的，這是一種緣分。」我說對，因為再深的解釋可能我也不會了，因為中國還有有緣無分呢！這就是一種從翻譯來談文化溝通的例子。

前不久我參加了一個談判，中方發言人說：我給你講這些並不是忽悠。「忽悠」這個詞該怎麼翻譯？德國、英國都沒有這個詞。我就說翻譯這個「忽悠」需要三個德文詞加在一起才行，有三層意思：第一層就是北京人所說的，賣什麼吆喝什麼，是一種推廣和廣告，這種是可以考慮接受也可以合作的。第二層意思是誇大，這就需要當心了，三分的東西誇大成七八分。「忽悠」的最壞的一個層次就是欺騙。這樣一個詞，問一個對德國比較熟悉的人，他就很難翻譯到位。所以在這種交流中，我們的思維沒有問題，是在語言的選擇上有問題。

我當外交官的時候，給人做翻譯。一次去醫院看病人，大使說：「小盧，我這個地方酸。」我說：「大使，我學過的字典裡邊有疼、有腫、有脹，沒有『酸』這個詞。」然後他就說外國人難道就不酸麼？我說這個詞不好翻譯，總不能翻譯成醋吧？他說我們都是人，怎麼就不能有酸呢？還有一次也是看病，他說：「小盧，我今天上火了。」我說翻譯成感冒行不行？他說我只是上火還沒有嚴重到感冒的

地步。這種故事太多了。我主要是想說人和人之間的溝通，有很多在語言上碰到了問題。但是，我對中西方文化的重要性的認識是從一次外交事件上的非常大的刺激得來的，讓我覺得一定要去研究。

我在荷蘭時，荷蘭的首相夫婦第一次來中國訪問。因為我學過荷蘭文，外交部就讓我全程陪同。第一站到了北京，安排首相夫人去參觀第五幼稚園，原定的參觀時間是一個小時。但是她過了五分鐘就要走，我說：「夫人，您這樣走了不太禮貌，是不是因為您的身體不舒服？」她說不是。我就問那怎麼就五分鐘就要走了，還什麼都沒有看。她說：「盧先生，等到了賓館我再告訴您。我對這個幼稚園已經感覺非常糟糕了。」到了賓館我就問她說：「夫人，今天您這個情況是非常意外的，大家都不能理解，而且就外交禮儀來說，您今天這樣是不太禮貌的。」她說理由很簡單：「今天下著毛毛細雨，為什麼你們讓孩子們在幼稚園門口排隊，拿著鮮花，說『歡迎，歡迎，熱烈歡迎』，不需要這樣的。進去以後來到第一個教室，幾乎每個孩子都安安靜靜地坐著，端端正正，鴉雀無聲，我就不能再參觀下去，我心裡非常難受。」我說為什麼？她說：「過去聽說中國從小孩開始，就進行正式化的訓練，我就看到了端端正正、鴉雀無聲的孩子，這還是幼稚園麼？我看不下去了。」我說：「夫人，為了做到今天的端端正正、鴉雀無聲，你知道幼稚園的院長和老師們做了一個多月的工作：『孩子們，貴賓要來了，你們要聽話，不要吵，不要鬧，要好好地坐著。』才達到今天你看到的效果。反過來，如果我們的總理到荷蘭參觀會是什麼樣的？」她說：「第一，我們不會和孩子們講是誰要過來，什麼人來都可以，不需要準備，幼稚園平時什麼樣就是什麼樣。第二，你在幼稚園裡看到的將是：這裡在唱歌，那裡在跳舞，孩子看

見外國人可能會給你做個鬼臉或者和你拉把手，天真活潑，熱熱鬧鬧，這就叫幼稚園。」這帶給我很大的刺激，為什麼我們覺得是一種禮貌而外國人心裡就覺得難受呢？這是一種什麼樣的思維邏輯？為什麼和我們有那麼大的不同？

這個故事還沒有完。首相夫婦到了西安，看了兵馬俑，然後省長有一個歡迎宴會的講話。他前面講了很多，但是最後三句話，首相聽不懂了。首相說：「盧先生，可能是翻譯有錯吧？」我說就是這樣的。省長講的第一句話是「女士們、貴賓們，今天是一個非常好的日子」。第二句話是「今天沒什麼菜」。第三句話是「菜也不好，請多多包涵」。首相說：「今天沒什麼菜，但是桌子上已經擺上了十個涼菜，我看了看功能表，裡面點心加湯還有十道，加在一起有二十道，怎麼能叫作沒有菜呢？你知道英國的伊莉莎白女王到荷蘭訪問，我們只有三道菜。這麼多菜為什麼要叫作沒有菜呢？使我更加不能理解的是主人自己說菜不好，那為什麼不把好的菜給我們呢？」為什麼我們這種謙虛的表達會讓對方感到是一種虛偽？這種思維方式難道不值得思考麼？所以這一事件使我感覺到我們是不是在交往背後有一種思維方式要挖掘，使之不致妨礙我們的交往。

我對於思維方式的定義主要有兩點：第一，思維方式是一個民族在其發展的歷史長河中所形成的一種思維模式或思維定式；第二，人們自覺或者不自覺地用這種思維模式來觀察、思考和處理問題。思維方式是文化的一部分，國家的文化是人的文化。對文化應如何定義？我比較認可的定義為：文化是人類精神文明和物質文明的組合，它是一種精神層面的東西。很多人有財富而沒有文化。

思維方式有四個特點。第一個特點是普遍性。用我們中國人的說

法，就是一方水土養一方人。不同民族之間有，同一民族之間也有。我的老家是紹興，和溫州不太一樣，即使在遼寧，可能瀋陽和大連也不太一樣，山東的濟南和青島也不太一樣，廣東人、上海人、東北人都有各自的特點。這是由於我們的自然生態環境、社會鄉土文化都不一樣。有人問我說，如果是這樣的普遍性，為什麼我在國外沒發現什麼差異？我說只要踏上歐洲無論哪一個國家的土地，你至少可以發現兩點差異。一是歐洲的教堂大都建在市中心，而中國的廟宇或者道觀大都建在深山老林，我們有些廟宇現在已經不遠了，但是在他們建設的時候都是很遠的，為什麼？主要是文化的差異。基督教認為人是有原罪的，他們每個禮拜要去做禮拜，要去懺悔；道教和佛教講的是修身養性，要遠要靜。這個差異可以很明顯地看出來。二是歐洲的城市一般沒有牆，而中國的城市一般都有牆。當然，現在一些城市為了亮化工程，將牆拆了。我在歐洲的時候，一位僑民請我到他的家鄉去參觀。到了之後，他非常自豪地告訴我：「大使，你看我院子的牆比中南海的牆還要高六十釐米。」庭院深深，高牆是中國人地位的象徵，當然也可能是出於安全的需要。為什麼歐洲沒有牆？羅馬尼亞和中國非常友好，我在羅馬尼亞當大使的時候，每年國慶招待會，總理帶著所有的部長來參加。當時美國大使很鬱悶地問：「盧大使，你是怎麼把他們都請來的？我為什麼請來的只有一兩個？」羅馬尼亞一九七二年發大水的時候，中國提供了五千萬元人民幣去支援他們。一九六八年蘇聯侵略捷克，坦克開到布拉克，還要往布加勒斯特開的時候，周恩來總理在北京羅馬尼亞大使館發表聲明說，十億中國人支援羅馬尼亞的獨立和領土完整，於是當時的蘇聯坦克沒有繼續往前開。因此，羅馬尼亞對中國很感激，哪個黨派在羅馬尼亞反華，都會失去選票。

如此友好的國家，當我跟他們外交部交涉，為了安全要在中國使館建個牆的時候，他們不同意。我問為什麼，他們說：「大使，中國對我們實在是很好，在羅馬尼亞，高牆就是監獄，我們不願讓中國大使館看起來像個監獄。」這些是大家看得到的，但不去想。

思維方式的第二個特點是相對穩定性，當它一旦形成以後就有相對穩定性，不會變來變去。我想中國人不管隔多少代都不會變成日本人的思維，德國人也不會變成法國人的思維。德國人給我講過兩個故事，我覺得很有啟發意義。在十九世紀末，有一個德國人、一個英國人、一個法國人被判處死刑。當時的死刑主要是絞刑，不是槍斃。但是那天絞首架壞了，法官就宣布死刑推遲一天，對每個人來說又多了生命的二十四個小時。在生命的最後二十四小時，這三個人是如何度過他們認為最重要、最幸福、最後的一天的？英國人給家裡打電話：「把我最喜歡的一套宴會禮服，我最愛喝的威士忌酒、皮鞋和拐杖給我拿來。」送去以後，英國人右手拿著威士忌酒瓶，左手拿著拐杖，穿著燕尾服和皮鞋，就在監獄裡走來走去，他覺得生命的最後二十四小時應該是紳士。法國人給家裡人打電話：「把我抽屜裡的老的、新的電話本都拿來。」拿來以後他就去借電話，給他巴黎的、里昂的、馬賽的情人都打一遍電話，法國人認為生命的最後二十四小時就是浪漫。德國人給家裡打電話：「我現在又多了一天，把我車庫後邊的工具箱拿來。」家裡把工具箱送來以後，他拿著工具箱去敲法官辦公室的門，進去以後說：「我聽說絞首架壞了，請允許我來修一修它。」這個故事的真實性如何，沒法考證，但這三種確實是不同的選擇。另一個故事是這樣的：德國的動車非常小，一個車廂中間放一張小桌子，對面各坐兩個人，一共是四個人。在法蘭克福到柏林的動車上，

有一個車廂坐著一個德國人，一個日本人，一個中國人，中途上來一個拿著魚缸的阿拉伯人，這個阿拉伯人把魚缸放在那張小桌子上。三個人開始提問，德國人說：「請問先生，你能解釋下這個魚缸裡面的魚在動物學上應該怎麼歸類？它有些什麼生物學的特性？」日本人的提問是：「先生，這個魚我引進到日本之後要怎麼注意飼料、溫度才能使魚長得又快又好？」中國人的提問是：「先生，這個魚紅燒還是清蒸好？」這兩個故事說明思維方式的形成有其相對的穩定性，不是說絕對不變的。

　　第三個特點是思維方式具有很難返回性，很難回饋給本人。也許你的自我感覺很好，甚至覺得交了很多朋友，但你往往無法得到別人的回饋。這裡有兩個我親自經歷的例子。一個是中國代表團訪問德國以後，最後一個程式是互贈禮品。當大家走了以後，德國人就開始問：「大使，我今天是不是做錯什麼事了？」我說沒有啊。「我是不是不應該送禮品啊？我給10個中國人都送了禮品，他們好像是毫不在乎的。」我說：「為什麼？」「因為他們好像沒有人把包裝紙撕開看看！」我說：「他們回到旅館的第一件事就是把包裝紙打開，他只是當著你的面不能把包裝紙打開看。」他不明白這是為什麼。我說：「北京有一句話叫作：燒得慌！怎麼能夠迫不及待就打開看呢？講到這裡，中國人對你們也有意見。」他問是什麼意見，我回答他說：「有人問我：『大使，我送給他們的禮品每件都是經過檢查的，為什麼他們要每樣都打開檢查一遍呢？』」我說，歐洲也有一句話說：「Oh，very beautiful！」然後說：「Thank you very much！」當他沒有看到裡面的東西的時候，他怎麼能說是very beautiful呢？他沒看到東西之前是沒辦法說的，因此必須要打開看一下。」

還有一次更絕，我們有個招商代表團到德國招商引資，團長覺得非常成功，所以他要借我們使館的禮堂搞一次答謝酒會，整個會議都非常熱鬧。酒會散了以後，他說：「盧大使，這次我們取得圓滿成功，也結交到了很多新朋友，見到了老朋友，我們回去以後，省委、省政府一定寫個報告對使館表示感謝。」酒會結束後，代表團返回北京。當他們可能還在飛機上的時候，我接到一個電話：「大使，這個代表團的團長如果下次還來德國，我們不歡迎他，我也不會再見他。」我問為什麼，他說：「我沒見過如此不尊重人的。」我就問是哪裡不尊重人。他說：「進來的時候我和他握手，但是他的眼睛就一直不看我。然後他一邊握著我的手，眼睛不看我，一邊和後面的一位中國人講了半天的中文。這種如此不懂禮貌的人怎麼能夠交往呢？」這些都是細節問題，但是你不會想到這些細節會讓歐洲人如此發火和感到受傷害。這位團長返回時一直帶著良好的自我感覺，而且說交了很多新朋友。所以說這是一種很難返回性，正因為如此，我們必須去研究和了解它。

　　最後一個特點，思維方式是一種文化。從哲學上來說：文化是一種上層建築，它雖然漫長，有相對穩定性，但畢竟是有時代的特點或局限性的。因此思維方式不能說是一成不變的，這和相對穩定性沒有矛盾。我想，各位同學大都是「90後」，並沒有經歷過計劃經濟下那個大鍋飯的年代，那個時候我們的思維和現在是有差別的。在大鍋飯的年代，我們的思維裡邊強調競爭、效益，說時間就是金錢，這是要受批判的。我們現在鼓勵競爭，要開放，多元，這些都是在變的。所以思維方式歸根結底有它的時代性。從歷史的長河來看，我們是有變化的，儘管我們的根和源頭沒變，但是我們每個時代的文化都有時代

的特徵。

下面講東西方文化的四個差異。這裡有一個前提：差異是有的，但人類都有共同點是主要的。對美好生活和愛情的追求，被人尊重和理解，要文明，要真善美，這些都是人類的普遍特徵，不管是白人、黑人，拉丁民族或者斯拉夫民族，或者中華民族，都是一樣的。在這個基礎上才來談差異，而且這個差異應該縮小來說。東西方差異，東方並不是指印度或者南亞的一些國家，我講的東方更多的是我們中華大地或者東北亞受儒家文化影響比較大的地區。西方的範圍也很廣，但我主要是講歐洲，而且我的例子主要是在我成長和工作過的四個國家，三個在西歐，一個在東歐，因此我是在把界限劃定以後再來講這四個差異。

第一個差異：東方人更多地持一種整體性思維，西方人更多地持一種個體性思維。關於整體性思維與個體性思維的差別，一個主要的例子就是中藥和西藥的差別。中藥本身具有一種天人合一、陰陽平衡或道法自然的一種哲學，對中華民族一代代繁衍下去起了很大的作用。天人合一的思想把人看作是宇宙的一部分，是對天和地有對應關係的，不是孤立的。我們的醫學現在如此發達，但是對我們自身或者生命體的了解還是處在很初級的階段。有人曾經講過，最好的醫藥是人體本身。我曾經請教過一位非常有名的主教，他九十六歲，懂義大利文、拉丁文、法文和德文，默克爾總理來，他不需要翻譯，和默克爾總理交談一個半小時。他告訴我，健康的秘訣是三個平衡：一是快和慢的平衡，兔子很快但活得很短，烏龜很慢但活得很長，並不是越快或越慢就越好，要獲得一個平衡點；二是陰陽平衡，現代觀點是吃進去的食物要酸鹼平衡；三是理智和情感的平衡，即心態平衡。幾乎

每個人都在說要心態平衡，但是心態平衡不是一種方法而是一種境界，當你的境界沒有達到的話，是很難做到心態平衡的。心態平衡的量化指標有三條：第一條是不著急，第二條是不發怒，第三條是不發愁。中醫不光是治身還要治心，因為它把人看作是宇宙的一部分，這也是中國人整體思維在中華民族傳統醫藥裡邊的體現。西醫的源頭，可追溯到蘇格拉底、柏拉圖、亞里斯多德的哲學，然後是解剖學、細胞學、化學，哪有毛病就攻哪。二○○三年，非典爆發的時候，廣東有一個專家叫鐘南山，是學中醫的，他說西醫研究是先分析病毒的分子結構，然後通過生物製藥來消滅病毒，中醫是看病毒進入身體後的反應是什麼，然後扶正祛邪，通過清熱解毒、活血化瘀、以毒攻毒這三種辦法把病毒趕出去。這兩者之間有很多的不同，一個是整體性思維，另一個是個體性思維。中文和英文、法文、德文等各種語言有什麼不同？中文可以說是世界上獨一無二的可以稱作是一種藝術的語言，儘管中國古今書法家有顏體、柳體等流派，但其共同點是都要進行布局，做到整體美、結構美、和諧美，而通過英文字母是很難營造出這種美感的，這是整體性和個體性之間的一種差別。

日常交往裡的表現也有很多。比如中國代表團到德國，德國人說：「今天晚上我們可以去吃西餐，有法國菜、義大利菜、希臘菜和德國菜，也有幾十家中國菜館，請問我們吃中餐還是西餐？」中國人的回答是「隨便」。德國人就睜大眼睛，「隨便」用英文翻譯過去就是up to you，而德國人是一定要說出個性化的答案的，很頭痛。接著討論第二天（禮拜六）的活動，德國人問：「大家是去購物還是去旅遊？」這個團長因為不能說隨便了，就說了一句「客隨主便吧！」這句話翻譯過去仍然是up to you，沒有任何個性化的要求。西方人一定

會給出確定的答案，是吃中餐還是吃西餐。雖然大家的意見可能不一樣，有些人想去吃中餐，有些人想去吃西餐，但是他們一定都會說出來，因為這是一種個性化的表達需要。

最鬱悶的一件事發生在荷蘭。一九七七年，我們有個商務代表團去考察。當時由於出去的人很少，北京有出國人員服務部，一個在王府井百貨大樓，另一個在東交民巷（又叫洪都），整個北京就只有這兩個地方可以做西服，所以當時這個代表團的成員都在王府井百貨大樓定做了西服。當時他們一下飛機，荷蘭人就問我：「盧先生，這個代表團不會出錯吧？是商務代表團？」我說對啊，他說這個不像，因為他們的衣服都是一樣的灰色，箱子也是一樣的，皮鞋也是一樣的，都是部隊發的，是部隊的代表團吧？我說不是的，就是商務代表團。然後就辦簽證和拿行李，代表團共十六人坐在貴賓席等著。這時對方問喝點什麼飲料，前面的那個團長說要茶，然後其餘十五個人都是要茶。荷蘭負責接待的那個人過來說：「盧先生，你們不要再騙我了，一定是部隊的！」我說真不是。這些人全部要茶的高度一致對於有差異性的荷蘭人來說是很難接受的。

第二個是求同思維和求異思維的差異。東方人更傾向於求同思維，西方人更傾向於求異思維。比如在德國的教室裡面，老師講完課以後，問同學們對今天的課有什麼評論。假如一位同學說：「老師，您今天的講課非常精彩，我受益匪淺。」老師可能就會笑笑，說聲謝謝。如果另外一個同學說：「老師，您今天講的幾個觀點我是不贊成的，我很希望約個時間和你辯論一下。」這個老師就不光是說謝謝了，他會很高興地和該同學預約時間，聽聽到底有什麼需要辯論的意見。西門子公司接待中國某代表團時表現得更典型。當時西門子公司

總裁對我說：「大使，你是不是對來西門子公司考察的代表團統一了口徑？」我說：「沒有，很多代表團來了我都不知道。」他說那就奇怪了，中國代表團在告別的時候總會說三句話，雖然用詞不同，但基本上意思都是差不多的：第一句說你們的國家是美麗的，第二句說你們的人民是友好的，第三句話你們的接待是周到的。沒有批評和意見令德國人很鬱悶，代表團千里迢迢從北京跑到這裡，待了十來天居然沒有意見，讓他們很奇怪。後來這個總裁再碰到我時說，上次說得不全面，後來碰到的代表團在離開西門子的時候就很好，因為他們提了三條意見：第一條，我們在德國的中國留學生有三萬，你今天講的這些資料來之前完全可以翻譯成中文的，這樣就不會浪費時間了；第二條，我們來一次不容易，你們不要老是在會議室講，應該讓我們多看看實驗室或者培訓中心；第三條，我們在這裡待了十天，你們能不能給我們一些稀飯或者麵條讓我們調理一下腸胃？這三條意見讓德國人非常開心，他們真正感覺到你說的是真實的。有意見你要講出來，不要怕提意見。關於求同和求異，譬如要探究為什麼西方人會有求異的思維，難道和商品經濟的高度發展有關係？商品經濟的發展需要不斷更新換代，標新立異，為什麼是這樣的？這是需要研究的。

第三個是友誼跟生意的差異。我們喜歡將友誼與生意混在一起，但歐洲人認為友誼和生意是兩碼事。德語說：公事是公事，喝酒是喝酒。德國的一個商務代表團到了北京以後，接待單位到機場去接，一路上問的是：累不累？路上用了幾個小時？現在德國的天氣怎麼樣？開始座談的時候也是這樣，因為我們總覺得先要營造友好氣氛再交談，而德國人就會想著說應該立即進入主題。我在盧森堡當大使的時候，去火車站接一個代表團。看時間還有二十分鐘，我就去附近的報

亭買份報紙。這個報亭的老闆正好是昨天參加過宴會的那位，一見我就感謝：「昨天的宴會非常好，真正的中國菜就要到使館來吃。」我說我要買一份報紙，他就帶我到收銀臺，收了三盧森堡法郎，約合一元人民幣。這個時候，我的秘書和司機不高興了，說我們昨天才請他吃過飯，怎麼那麼小氣？連一塊錢的東西都要收錢呢？我說，他們這裡的人生意就是生意，友誼就是友誼，三盧森堡法郎要收你的，但說不定哪一天會回請你。果然，過了三四個禮拜之後，這個老闆在盧森堡最高級的五星級酒店花了四千多盧森堡法郎請我吃飯。花四千多盧森堡法郎免費請你吃飯，卻收你一張報紙三盧森堡法郎的錢，我們不很理解，但這就是東西方思維方式之間的差別。

第四個是東西方在感情表達方式上的不同。東方人比較含蓄，西方人比較外露；東方人比較委婉，西方人比較直接。我們有很多話，比如比喻，歐洲人都聽不懂。我在盧森堡當大使的時候，因為我的家鄉紹興有越劇，所以我就搞了一個電影招待會，放《梁山伯與祝英台》的電影。盧森堡的官方語言是法文和德文，我寄請帖的時候，用兩種語言把愛情故事翻譯過來；電影開始前，我又用德文把這個故事梗概講了一遍。電影放完舉行酒會的時候，我就問大家電影看懂了沒有，他們說看懂了，但是都感覺很累，還反對這個故事的結局。於是我們坐在一起討論這個故事累在什麼地方。他們就說：「電影裡有一個十八裡相送，我們叫作九公里，祝英台對梁山伯說了很多的話，但是關鍵的話『I love you』老是不說，到了最後，這句話也沒有說，最糟糕的是祝英台和梁山伯分開的時候都沒有講她是女扮男裝。你們故事梗概的結論，認為梁祝悲劇是封建主義造成的，但是我們不這樣看，我們覺得是祝英台的不透明造成的。」他又說我們在這裡是作為

朋友討論的,如果不對,請大使回答一下。我當時是這樣回答的:「美有幾種不同的表現,北京有個北戴河,風浪滾滾的北戴河和風平浪靜的北戴河都很美;安徽有個華山,煙雨濛濛的華山和風和日麗的華山都漂亮。所以我們的審美應該是多視角的。」立即就有人舉手反對:「大使,這兩者是自然的美,梁祝之間是一種感情,希望你回到感情問題上,不需要再講北戴河、華山。」他又說:「在我們德國有四種情,其中兩種是與生俱來的,不能選的,另外兩種是我們自己可以選的。不能選的是鄉情和親情,你誕生在什麼地方不是自己選的,你誕生在什麼家庭是不能選的,自己能選的是友情和愛情。我們現在既不是講北戴河、華山,也不是講鄉情、親情、友情,我們現在講梁祝的愛情,請你回頭來講這個。」我說,對美好愛情的追求,東方人和西方人是一致的,但是愛情的表達方式可能各個民族不一樣。阿拉伯人和歐洲人對愛情的表達方式是不一樣的,拉美人如墨西哥人、智利人、阿根廷人的表達是不一樣的,我們東方民族的表達也是不一樣的。熱烈的是一種,含蓄的也是一種,有些人覺得含蓄更有深度。我們能不能統一在三個觀點上:第一個,文化是多樣的,我們應該像保護生物多樣性那樣來保護文化多樣性;第二,文化需要相互尊重而不是相互衝突;第三,每個民族的文化都不要以本民族為中心,而應該取長補短、相互學習。這樣總結大家沒意見,電影招待會就結束了。

這就是我想跟大家交流的內容。

2014年於華中科技大學演講
牛婷婷根據錄音整理

文化與人生

「儒釋道」三教的人生智慧

郭齊勇　武漢大學哲學學院、國學院教授

　　今天講這麼幾個問題：儒家德性的智慧、道家超越的智慧、佛教解脫的智慧。我們主要從實用和空靈兩個層面來解釋儒釋道智慧的現代意義。可以說，儒家、道家、佛教傳統的精神資源在東亞起到很多作用，有很多現實意義和價值。

　　松下幸之助先生曾對《大學》的「三綱領」作了一個新的解釋，並把它作為商業道德的實踐指南。松下先生培養他的高管和員工讀中國的古典書籍，通過學習儒家的和諧、忠誠、紀律、自省、獻身精神，強調和親合作、全員至誠、團結一致、服務社會以及順應自然，培養了很多人才，包括松下政經塾培養的很多政治人才。他們培養政治人才和商業人才時，都強調通過對中國古代典籍的學習來進行政治理念和經營理念的培訓，確立其人生的遠大志向。在當代社會，無論你是從政還是經商，抑或是做學問，都需要精神資源作為自己的指南，這是無用之大用。

　　「松下精神」突出《大學》的「三綱領」，即：「大學之道，在明明德，在親民，在止於至善。」這三個「在」是一個遞進的關係。此外，還有格物致知、誠意正心、修身齊家、治國平天下「八條目」，這些主要是培養君子之道的儒家理念、人文關懷和價值理念。儒家思想是傳統社會的主流，因為在身、家、國、天下的維繫方面和社會的

構成方面，儒家起了很多作用，甚至成為東亞地區文明的主軸。儒家的精神關係到很多方面，比方說和諧幸福。

《論語‧學而篇》中，孔子的弟子說：「禮之用，和為貴；先王之道，斯為美，小大由之。」這句話強調要講究一種平衡。禮的用途是調節社會的秩序，我們要用禮來節制一些東西。我們說「和而不同」，多元統一，「和」就是保留一些差異，強調適度和恰當。「禮」就是強調待人接物要適度，因此，它並不是一團和氣的「和」，不是無原則的和，而是人與自然、人與社會、人與人、人的身心之間的適度的和諧。

孔子解釋儒家的核心範疇——「仁義禮智信」之間的關係時，說了這樣一段話：「仁者人也，親親為大；義者宜也，尊賢為大。親親之殺，尊賢之等，禮所生也。」（《中庸》）。「仁者人也」，用仁德來界定人。「親親為大」是指我們從親愛親人中，能夠體會到仁愛之心。「義者宜也，尊賢為大」，尊重賢人是義的重要內容，社會要尊重賢人，把賢人放在合適的地方。「親親之殺，尊賢之等」是禮的一個基礎，「親親」有親疏遠近等級上的差別，禮是把這些差別規定出來。這簡短幾句話，就把仁、義、禮這些儒家的價值理念做了基本的界定。

仁德是人最核心的指向，把親親的愛加以推廣，即是仁愛，這是仁德的中心議題，我們從對親人的愛中得到體驗。義德是一種合宜和恰當性，是在社會上尊重賢人，讓他們在社會中工作。「禮」就是一種社會生活的秩序，講究敬和讓，突出禮樂的次序。我們知道孔子繼承周代的人文精神，將人文素養進行提煉，發展出儒家獨特的價值理念。「仁」字在古代文字中的寫法很有意思，戰國初期，「仁」字為

上下結構，上邊是身體的身，下邊是心，後來身體的身演變為單人旁，上下結構變為左右結構，用身心不二、感同身受來體驗仁德、仁愛更為恰當。如果人沒有仁德、仁愛精神，只有禮樂，那禮樂就成了形式、軀殼、虛偽的儀節。

孔子因材施教，顏淵向孔子請教什麼是「仁」，孔子說「克己復禮」。克制自己，回復到禮的秩序中，在這個過程中學習仁德，這是我們人格養成的過程。一旦我們都做到了克己復禮，天下就歸附於仁德，為仁也由自己決定。知人善任是一種智慧，孔子說：「仁遠乎哉？我欲仁，斯仁至矣。」我們知道，孔子在春秋末期宣導仁德，在《論語》中「仁德」出現的次數最多。孔子的思想有兩種講法，一個是正面積極的講法，另一個是反面的講法，這兩種講法是一體兩面的關係。「夫仁者，己欲立而立人，己欲達而達人。能近取譬，可謂仁之方也已。」自己要想在這個社會上站得住腳，同時也要讓周遭的人站得住腳；自己想通達於世，同時也要讓周遭的人通達於世。因此從最切近的地方打比喻，從周遭的人出發，是實現仁德的最好方法。這是正面積極的講法。

子貢問孔子有沒有一句話是可以終身奉行的，孔子說：「其恕乎，己所不欲，勿施於人。」這句話使我終身受用。這是一個反面的講法，正面的講法是「夫仁者，己欲立而立人，己欲達而達人」。這兩句話比較代表孔子思想的核心理念，說明了孔子的觀點。「夫仁者，己欲立而立人，己欲達而達人」是對「忠」的表述，「其恕乎，己所不欲，勿施於人」是對「恕」的表述，此即忠恕之道。

曾子是孔子的得意門生，很會領悟孔子的意思。有一次孔子看到同學們在一起，他覺得同學們之間的交流比老師的教導更重要，就走

到曾子他們的面前說「吾道一以貫之」，然後就走了。只有曾子理解孔子這句話的意思，其他同學問曾子什麼意思。曾子說：「夫子之道，忠恕而已矣。」「忠恕」是「仁德」的一體兩面。「忠」，就是盡己之心，儘量把自己的內心展現出來、擴充出來。「恕」就是推己及人，將心比心。這就是孔子思想的核心。

在義利之辯中，孔夫子講人人都想富貴，甚至他說只要能發財，做一個市場管理員，他也是願意的。但是「君子愛財，取之有道」，在義和利發生衝突的時候，要選擇義。但是君子也不拒絕利，可是要靠正當的途徑取得。君子離開仁德，就不能成就自己的名聲。仁德對君子來說，是片刻不能離的，哪怕是吃完一頓飯的時間，他也沒有離開過仁德。孔夫子一生周遊列國，推行自己的文化理想、價值理念、治國思想，顛沛流離，但他心底坦蕩。他說：「天生德於予，桓魋其如予何？」他有這樣一種大智慧，歷朝歷代的知識分子都有這樣的心聲。

比如像梁漱溟先生，一九七四年上半年，全國批林批孔，他認為批林應該，批孔不應該，因為孔子是中國文化的代表。可以說他是那個時代少數清醒的人。人家要批判他的時候，說他要是不投降，就讓他滅亡，他脫口而出的是「三軍可奪帥也，匹夫不可奪志也」。從孔夫子到梁先生，他們這樣的仁人志士是中華民族的脊樑。歷朝歷代都有這樣的知識分子，追求正義，擔當道義。在古代，社會空間很大，政府很小，基本上是儒生在主宰和組織這個社會，整個社會以這樣的方式運作，所以儒家的關懷和理念，通過士紳階層傳遞到民間，哪怕是不識字的民眾都能了解和接受。

孔子有他的憂愁和快樂。他的憂愁是大家都不修德，不講學，聽

到道義也不往那邊去，不改過行善；他的快樂是吃粗糧、喝冷水，「不義而富且貴，於我如浮雲」。我們可以從文天祥、史可法等歷朝歷代的仁人志士那裡，體會到儒家傳統精神對人們人格的涵養。孔夫子講「女為君子儒，無為小人儒」，他講「文質彬彬」，「君子坦蕩蕩，小人長戚戚」，這些都是中華民族的傳統美德。人能夠弘揚大道，人的主體性雖然離不開家國天下，但總體上需要一種道德的支撐，背後是上天。「其身正，不令而行；其身不正，雖令不從」，「君子成人之美」，「以德報怨」，「君子求諸己，小人求諸人」，我們可以從這些格言看出儒家的基本訴求。「傲不可長，欲不可縱，志不可滿，樂不可極」。「玉不琢，不成器；人不學，不知道」。儒家以文化修養作為自己的財富。我們從《禮記》中可以看出，儒家經由德行的修養，對人民進行涵養。

戰國中期的孟子以孔子為自己的榜樣，以不能作為孔子門下的學生為遺憾。他講君子的人格，君子所以異于人者，是因為人不同於禽獸的差別，也即君子與小人的差別，這裡指的是道德之心。道德心非常重要，仁德在我們的心中，禮也在我們的心中。他講「仁者愛人」，「愛人者人恒愛之，敬人者人恒敬之」。如果你以禮來對待他人，他還是不講道理、不以禮來對待你，你要反省自己，你可能沒有做到仁。假如你做到了仁和禮，他還是這樣對待你，你還要自我反省，自我檢討，你是否做到忠。假如你都做到了，他還是這樣對你，那這個人就是不可救藥的人，你就不用管他，不用和他計較。這其中有一種自省的精神和智慧。

孟子說：「仁，人心也；義，人路也。舍其路而弗由，放其心而不知求，哀哉！人有雞犬放，則知求之；有放心而不知求。學問之道

無他，求其放心而已矣。」所以不管我們怎麼樣，君子的修德，是為了自己，不是為了別人，儒家是為己之學。清心寡慾不僅是道家所提倡的，儒家也強調精神的富足。東西丟了你可以找到，但是人心丟了，你是找不到的。仁德是人心，義德是人路，禮是門，如果你把人心丟了，那是非常悲哀的，所以「學問之道無他，求其放心而已」。

荀子也強調禮，主張的是性惡說，他和孟子對人性的界定不一樣，不在一個層面上討論問題。孟子是在更超越的層面上強調人性本善，他是從先驗上、天賦上、人的內在本質上說人是善的，至於在實際行動上的不善是違背人的本心的。荀子則講教育訓練的重要性，「本始材樸」是人的性。所以他們對人性的界定是不一樣的，荀子通過教育和訓練來培養人的德性。孟子說：「生，亦我所欲也；義，亦我所欲也。二者不可得兼，舍生而取義者也。」「窮則獨善其身，達則兼善天下」，我要是不能為老百姓服務時，我就獨善其身。古代很多名篇都反映出儒家的情懷，如杜甫的詩歌反映的就是儒家對民間疾苦的關懷，所以儒家思想有一種人文關懷，對這個國家和社會有責任感和憂患意識，其背後有一個終極性的支撐。孔夫子說：「道之將行也與，命也；道之將廢也與，命也。」「君子有三畏：畏天命，畏大人，畏聖人之言。」儒家知識分子，有一顆敬畏之心。我們知道對天和天道的信念與崇拜是中國文化裡的大崇拜，是終極信仰，在這個意義上，它的人文價值背後有對天命的敬畏和崇拜。雖然它是積極出世的文化，但它不是沒有終極性、沒有終極關懷的文化。

孔夫子講到自己生命歷程：十五歲勵志向學，三十歲能夠懂得禮儀，在社會上立足，四十歲以後慢慢成長，五十歲能懂得天命，到六十歲什麼話都能聽得進去，七十歲達到一個自由狀態。其生命的體

驗，讓我們感到儒家的修養是通過人文修養和訓練來體驗和實現的。孔夫子說：「志於道，據於德，依於仁，游於藝。」可見，他也是非常浪漫，非常有情懷的。這些仁人志士，知其不可為而為之，在社會上拼命奔波，為小民的利益去爭鬥，但是他們有自己的人文理想。他們的禮教、樂教、詩教，是人文藝術的修煉。他們把詩教當作藝術的修養，把禮教當作宗教性的情懷。「志於道，據於德，依於仁，游於藝」，把宗教和藝術融合在一起，所以「智者樂水，仁者樂山」。孔子和諸弟子曾表現出灑脫之氣，暮春三月和弟子去洗澡，享受日光浴，唱著歌回來，這是非常優雅瀟灑的事情。孔子希望自己的弟子做各種事業，儒家的人文精神不只是個人的人文精神，它也有自己的趣味和終極性的支撐，這就是儒家的人文關懷和價值理念。

儒家文化對民間影響很大，對東亞地區的影響更是非常深遠，像韓國、日本、越南等國的很多書院和學府中，蒙學書中《三字經》、《千字文》、《百家姓》、《千家詩》等，流傳很廣。這也是儒家文化在社會上深入人心，在文化整合方面非常重要的體現，即使不識字的人也是按照這些典籍培養孩子。這是中國文化的一個方面，而且是一個主流的方面。

我們從杜甫的詩歌中，可以看出儒家的憂患意識和民間的疾苦。我們從李太白的詩歌中，可以體會到道家的超越精神和智慧，以及對理想人格的追求。「得志，澤加於民；不得志，修身見於世」。它也有兩面，一種是對於朝廷，另一種是對於民間。所以儒家精神兩面都有。但道家呢？如果儒家是正，道家就是反，宋明理學就是和——儒釋道三家之和。道家精神和儒家精神不一樣，它把孔子放在文化典型代表的範疇中來說，而把老子當作哲學家來講。

《老子》八十一章、五千言是逐漸演成的，最初並沒有這麼多字。孔子曾向老子問禮，老子作為國家檔案館的館長，知識很豐富，當然也很有智慧。老子是智慧的化身，他講「道可道，非常道」。第一個「道」，當然是天地萬物為一體的最大的東西，是天之道、人之道上的一個抽象。第二個「道」是言說，假如「道」可以用名詞加以界定，那就是個有形的東西，那就是個事物，不是我們所講的常道。我們講杯子，就把它的有限性作了規定。但「道」呢？它是個無限的東西，我們只是勉強用道路的「道」，表明天地萬物為一體的狀態，但你不能坐實地看。

　　「名可名，非常名」，也是「道可道，非常道」的意思。「道」可以分成一個有名的世界和一個無名的世界，或者一個大有的世界和一個大無的世界。這裡的天地之始、萬物之母，是一個形容的講法，不是一個時間的概念，而是一個價值的概念。假設無的世界和有的世界，兩者共同構成「道」的世界，那麼無名的世界也許邏輯上可以看作天地之始，但不是時間上的開始。那麼有名的世界是萬物的主體和根源，人只有以無欲之心才能體會到「道」的奧秘，以佔有之心只能體會到「道」的邊界。有名和無名的兩個世界，同出於「道」，是不同的兩個講法，它們同謂之「玄」。假如我們用「道」的名稱去界定它，我們就不要拘於名詞本身。

　　《老子》所反映的世界，就像我們的銀河系一樣，最初是混沌的，先於天地所生的，不是時間的先在而是邏輯的先在。它在反復運作，它是天地之母，我們不知道它是什麼，只能勉強用「道」來命名它，或者用最大的一個東西來表達，這個東西走得很遠很遠，然後又反復地回來。老子認為有四個偉大的存在，一個是道，一個是天，一

個是地，一個是人。在存在的領域中，有四個大的存在，人居其一，人效法地，地效法天，天效法道，道沒有可效法的，它是最高的存在。道效法自然，這個自然不是我們今天所說的自然，它是自己的樣子而已。老子所講的天地間四個偉大的存在，最高的存在就是「道」，它沒有可以效法的，只能效法自己。

「道」是什麼東西呢？它是無形無象、混沌的存在。它也運動，並以原初的狀態運動。天下萬物生於有，有又生於無。「道」又被形象地比作山谷，「道」並不是光彩奪目的明星，它是藏在最深處的谷神。也就是說，這個超越的「道」就在我們的日常生活之中。所以，道家的「道」雖然虛，但它也走向一種實，所以「道生一，一生二，二生三，三生萬物」。

在還沒有天地的時候，有一種混沌未分的氣，後來這種氣起了分化，輕清的氣上浮為天，重濁的氣下沉為地，這就是天地之始。輕清的氣就是陽氣，重濁的氣就是陰氣。在陰陽二氣開始分化而還沒有完全分化的時候，這種狀態下的氣就叫作沖氣。「沖」是道的一種性質，「道」是一種氣。它講「天下皆知美之為美，斯惡已；皆知善之為善，斯不善已」。有比較就有存在，就能看到世界的不同。有善就有不善，在這裡，老子看到的是，向相反的方向運動是事物運動的規律。因此他在人的社會生活中，強調相輔相成，委曲才可以保全。舊的不去新的不來，貪多可能嚼不爛，樹大了可能就會被砍掉。

其實老子是在擔任國家圖書館的館長時，看到國家的一種亂象，他才悟到這種「道」。一個國家強大，人家就會聯合起來攻打你。所以他講「天下莫柔弱於水，而攻堅強者莫之能勝，以其無以易之。弱之勝強，柔之勝剛，天下莫不知，莫能行」。任何事物都有可能走向

自己的反面，我們如何防止它走向反面，延續它的生命之路，才是最重要的。任何時候不要把事情做滿。

古代的智慧可大可久，講究時間的延續性，強調對生態的保護，「儒釋道」三教都有關於生態保護的內涵。太過強勢，太過佔有，太多的有為，恰好是適得其反，所以老子強調學習要做加法，求道要做減法，減損又減損，一直到無為。無為不是不做事，而是不妄作妄為。所以老子的智慧和孔子的智慧是互補的。孔子為了理想，知其不可而為之，為了道德的理念、社會的理想而拼命奮鬥。而老子可以洞見這個世界深邃的問題，減損自己的功名利祿，達到大有為而不是盲目有為的狀態，才能無所不為，才能洞悟道的本體。老子講無為而治，以正道治國。因為什麼都要政府管，是很難的，政府無窮大，也是有問題的。

從管理學的角度看，老子的智慧強調萬物作興的時候，要能看到最後回歸到它的根。最大的聰明是知常，懂得各類事物發展的規律。不懂得它而盲目地做，那肯定是凶兆。只有知常，才是聰明，才能有寬容之心，才能知道天下的公道，這才是與道相符的心態，一生才不會有危險。太多的動要守守靜，太多的實要守守虛，這也是道家修煉的功夫。從老子、莊子身上，我們看到很多的無和虛。在法律的範圍內，我們的「為」、我們的「欲」、我們「思」都非常正常，大家也要相互包涵，但是我們也要學會調節生命，不能一根筋地往前走。道家的玄關，是啟發我們超越現實、透視無窮。

我們知道惠子相梁的故事。惠子和莊子是好朋友，他們倆經常「過招」。惠子在魏國的都城梁做宰相，有一天惠子說莊子可能奪自己的相位，下令把城門守住。結果莊子不請自到，坐在惠子家的堂屋

裡。莊子說你下班了，我給你講個故事吧。南方有一種鳥，它的名字叫鵷鶵，你知道它嗎？那鵷鶵從南海起飛飛到北海去，不是梧桐樹不棲息，不是竹子的果實不吃，不是甜美的泉水不喝。在此時老鷹拾到一隻腐臭的老鼠，它生怕鵷鶵搶老鼠，說不要搶，一開口老鼠就掉了。這個故事旨在說明惠子一時不開竅，把魏國的宰相看得很重要，莊子在揶揄他。但他們還是好朋友，惠子也深感愧疚。

大家都知道濠梁之上的故事，莊子和惠子一道在濠水的橋上遊玩。莊子說：「白鰷魚遊得多麼悠閒自在，這就是魚兒的快樂。」惠子說：「你不是魚，怎麼知道魚的快樂？」莊子說：「你不是我，怎麼知道我不知道魚兒的快樂？」惠子說：「我不是你，固然不知道你；你也不是魚，你不知道魚的快樂，也是完全可以肯定的。」莊子說：「還是讓我們順著先前的話來說。你剛才所說的『你不是魚，怎麼知道魚的快樂』的話，就是已經知道了我知道魚兒的快樂而問我，而我則是在濠水的橋上知道魚兒的快樂的。」我們會發現不同的事物的極限，有的物理學家就欣賞這個故事。

另外，《莊子》裡還有運斤成風的故事。莊子送葬，路過惠子的墓地，回頭對跟隨的人說：「郢城有個人的鼻尖上沾了白粉，像蒼蠅的翅膀一樣。讓一個名叫石的工匠用斧頭削掉這點白粉。匠石揮動著斧頭，帶著呼呼的風聲，聽任斧頭去砍白粉，白粉被削得乾乾淨淨，郢人的鼻子卻一點沒有受傷。郢人站在那裡，面不改色。宋元君聽說這件事，將匠石叫來，說：『你為我也這麼試試。』匠石說：『我確實曾經能夠砍掉鼻灰。即使如此，我的配手已經死了很長時間了。』自從先生去世以後，我沒有辯論的物件了，我也沒有說話的人了。」這是莊子在懷念惠子。

莊子的逍遙游是在齊物論的前提下進行的。齊物就跟我們坐飛機一樣，在天上俯視萬物，差別不是那麼大。天下的物是不齊的、不平等的，我們要有一種心胸，把不齊的東西看成齊的，這樣我們就能獲得一種解脫。這是一種哲學思想，一種瀟灑精神，這也是道家的思想。中國藝術的兩個源頭，一種是儒家精神的充實之為美，另一種是道家精神的空靈之為美。我們古代的藝術無不體現出這一點，這是古代藝術的來源。

　　最後我們來介紹一下佛教。佛教有三法印，即三個最主要的規律。一是諸行無常，很多事物都處在一種無常的狀態。二是諸法無我，法就是物，萬物都沒有自性，所有事物都在因緣之中，因緣而生。諸法因緣生，法亦因緣滅。諸法（包括有為法和無為法）依緣起之法則，互相依存，而無「我」之實體可言。空並不是我們講的沒有，由於是因緣而生，我們才說空。很多事物都是各種條件生成的。因是根據，緣是條件，萬物因條件而生。一個俄羅斯佛教學者說，「空」可以翻譯成一個普遍的相對性。空不是虛無，世界上的各種事物是由因緣而生的。因此，我們不應執拗於某一個事物的狀況。

　　佛教的哲學思辨，一個是緣起論，另一個是中道觀。它有一個說法：「因緣所生法，我說即是空。」這一套議論，是為了破除偏見，不要執著於某一種狀態。佛教的菩提就是智慧的代表。在道和言的關係上，有時候你話說得越多，越傷害道。道家和佛教在證悟論上有共同之處。其實我們不用把佛教看得過於神秘，佛教的理論當然有它值得深究的地方，但它的本義，是說人的無明狀況。我們在肯定自己的生存價值和追求、尊嚴時，不善於肯定他人也有這些追求。如果這些追求是相互矛盾的，就要想辦法調節。假如我們一味肯定自我，就會

陷入難以自拔的迷潭。佛教就是一種智慧，它要我們破除與生俱來的貪念，它用烘雲托月的方法，破除我們對宇宙人生表層世界的執著，它的智慧是一種解脫的自由，要我們尋找心靈的自由。

佛教講成菩薩、成佛陀，與儒家成賢人和道家成真人，都是一種道德人格的追求，並不是對虛無縹緲東西的追求。你做好人佛祖才保佑，佛就在我們心中，我們人人都有佛性，就像我們的性善論。佛教認為，人心中就有佛，佛並不是外在權威的東西，而是喚醒我們內心存在的東西。儒家也講寬容，道家講齊物，而佛家講菩提的智慧，講慈悲。如果我們稍微有一點修養，讀一點儒釋道的東西，都可以為自己、為他人進行排解。我們要消減一定的不安和緊張，我們冷靜下來，回過頭去看，我們可以變得更聰明一點。

五祖弘忍大師命眾弟子在牆上寫偈語，希望能找到第六代傳人。最熱門的繼任者是大師兄神秀，他驕傲地在牆上寫道：身是菩提樹，心如明鏡臺，時時勤拂拭，勿使惹塵埃。自以為必得衣缽真傳。廚房裡一個帶髮修行的小伙夫看到外面這麼熱鬧，也去湊一下，但他是文盲，就問旁邊的小和尚，小和尚把大師兄的作品念給他聽。小伙夫聽了直搖頭，大師兄未得真髓啊，對小和尚說，我念你幫我寫。於是寫下流傳千古的偈語：菩提本無樹，明鏡亦非臺，本來無一物，何處惹塵埃。弘忍大師過來檢查作業，驚歎此人悟性之高，一問之下，才知道是一帶髮修行的小伙夫所作，於是命人通知小伙夫半夜來見。此伙夫，就是後來的六祖慧能。半夜，慧能見到大師，大師將袈裟親手傳給他，命他連夜逃跑，因為大師兄神秀勢力很大，對衣缽志在必得，如果知道衣缽傳給了慧能，一定派人追殺。當晚，大師圓寂。神秀知道消息後對慧能一路追殺，希望追回衣缽以繼正統。慧能好不容易逃

到了南方，來到了現在的廣州光孝寺。

　　我們不要盲目地崇信什麼東西，主要是把內在調節好，用一種智慧來超脫於俗世，把引起你煩惱的東西放下來。達到佛教的境界有三種。第一種是「落葉滿空山，何處尋行跡」，看山是山，看水是水。第二種是「空山無人，水流花開」，看山不是山，看水不是水。第三種是「萬古長空，一朝風月」，時間和空間的變換，那就是永恆，看山還是山，看水還是水，但自身的修養提升了，滿街都是賢人，是因為我們看到別人的長處。「日日是好日」，我們要把每一天當作好的日子，轉換一個參考系，以平常心去看待，懂得愛人、做人，用智慧珍惜人生，去擔當一切困難和痛苦。我們將來走向社會，參與社會活動時可能會緊張，但要學會放下，不要使它們變成你的負擔和煩惱，要善於破，要善於空，學會排解。要超越一切，包括生死的束縛。

　　孔夫子之所以周遊列國，知其不可而為之，是有宗教性品格的支撐的，道家、佛家更是看破生死。面對死亡，越是在高科技下，人越無能為力。儒釋道的智慧終究還是人的智慧，包括人如何去理解人，如何去理解自我，如何在現實生活中和別人相處，如何在精神上充實自己和有尊嚴等。因此，儒釋道在今天並沒有失去它的意義。

2013年於華中科技大學演講

朱夢珍根據錄音整理

重新認識傳統文化
——從《近思錄》談起

朱高正　臺灣地區知名學者

　　親愛的同學們，大家晚上好！今天我演講的題目是《重新認識傳統文化——從〈近思錄〉談起》。為什麼要從《近思錄》談起，我們要從宏觀歷史來看。大家都知道二十世紀著名歷史學家湯因比，他研究人類二十二種文明，並從中發現文明也有生老病死的規律：文明大概會經歷出生、成長、輝煌、衰落直至消亡。但是他在研究了二十二個文明單元後發現一個例外，也就是說中華文明歷經生老病的規律時竟然出現了第二週期，這第二週期指的是什麼時候呢？建議大家有時間去大同看看雲岡石窟，大同那時候是北魏的都城，歷史上叫作平城。大家知道淝水之戰發生在西元三八三年，前秦苻堅的失敗為北魏的崛起創造了機會。北魏是鮮卑人的政權，北魏政權最強盛的時候東到大海，西到西江，土地廣袤。後來北魏以太行山為界分為東魏和西魏，東魏都城在鄴城，也就是曹操銅雀臺的所在；西魏的都城在洛陽。後來北齊取代了東魏，北周取代了西魏。之後北周滅北齊，最後北周被楊堅篡位，歷史發展到了隋朝，隋滅陳統一中國。在此期間，佛教變成國教，中國差點就成為一個佛教國家。

　　眾所周知，儒學的創始人是孔子，孔子編撰了六經（《詩》、《書》、《禮》、《樂》、《易》、《春秋》），但並不是孔子自己突然創造了儒學，而是要追溯到堯舜禹湯文武周公時期。孔子死後，戰國時期

出現了孟子，同時期還有荀子。荀子才高八斗，收了兩個門生——李斯，韓非。李斯是秦始皇的丞相，韓非是秦始皇最崇敬的法家的集大成者。這兩人居然都出自荀子門下，所以荀子的儒學的地位就不能和孟子相比。秦朝滅亡後，漢武帝於西元前一三四年接受董仲舒的建議，在此之前孔子只是傳播他的文化理想，而董仲舒提出的「罷黜百家，獨尊儒術」，則使得儒家思想開始成為一種國家意志，成為主導中國意識形態的主流，在這之後設置五經博士。大家知道後來出現了什麼狀況？《易經》分為四家，《詩經》分為三家，各有自己的理論體系。到東漢時期，為了注解經文中的一個字，動輒就是幾千字的解釋，最高紀錄為一個字的注解達兩萬字。學者們皓首窮經，搞得整個儒家文化支離破碎，這就是東漢末年的文化格局。

東漢末年起，從西元一八四年黃巾起義到西元五八九年隋朝統一天下，歷經多個朝代。不斷的朝代更迭使得讀書人連固定的效忠物件都沒有，在此期間，佛教傳入中國。佛教傳入中國之後，很多讀書人皈依佛教，本土的道教就開始跟佛教對抗。到了隋朝統一中國時，基本上讀書人不是皈依佛教就是皈依道教，儒家逐漸被邊緣化了。到唐朝，有五經正義，還是沿襲了漢儒制定的格局，所以在唐朝出現了一個很重要的人物——韓愈，他提出「文以載道」，這顯然是要突出孟子的地位，同時期的李翱也開始注意到中庸的重要性。到宋代，這就要講到《近思錄》。這本書主宰了東亞文明七百年左右，但現在這本書對大家很陌生，就像《易經》作為眾經之首，但現在了解的人很少。在北宋，出現了五位大儒——周敦頤、程顥、程頤、邵雍、張載，號稱北宋「五子」。這五位大儒，每一位都是易學大師。周敦頤是兩位程夫子的啟蒙老師，邵雍跟兩位程夫子住在洛陽，張載是兩位

程夫子的表叔，也是他們的學生，可見這兩位程夫子是何等傑出。這五位大儒為弘揚儒學做了很多努力，比如說佛家講前世今生，而儒學中孔子曰「不語怪力亂神」，這應該如何應對呢？周敦頤認為最重要的經書是《易傳》，因為《易傳》講鬼神講得十分玄奧，他後來寫出了一本重要的著作《太極回‧易說》，並提出了一個宇宙生成論的體系。

程門有四大弟子，其中楊時也就是程門立雪的主人公，來自福建。當楊時學成歸鄉的時候程顥講了一句話「吾道南矣」，意思是我的學問將會傳到南方。這句話有一個典故：東漢末年，山東有一名叫鄭玄的學生，他跟當時的經學大師馬融學習，學習的時候有歌妓在旁邊操古琴跳舞，鄭玄在那裡學習三年從來目不斜視。三年學成，鄭玄要回山東，那時都城還在洛陽，馬融說了一句話「吾道東矣」，後來鄭玄果真成為中國歷史上數一數二的經學大師，他的成就超過了其師馬融。楊時最傑出的弟子是羅從彥，羅從彥最傑出的弟子是李侗，李侗正是朱熹父親的同學。朱熹幼年喪父，在很小的時候就見過李侗。後來，朱熹於二十四歲時前往泉州出任主簿，途中路過延平，李侗當時被稱為「延平先生」。他探望李侗時，李侗雖然很欣賞朱熹，但認為其思想不純正，夾雜了很多佛教、道教的思想，朱熹不以為然。後來朱熹在泉州做了四年地方官，發現用佛道的思想無法治理百姓，他就開始不斷地反思自己的思想，在二十九歲時終於下定決心徒步四五百里拜李侗為師。所以說李侗是造就朱熹的關鍵人物，而正是因為李侗，朱熹才能上接到楊時、程夫子那裡去，並成就後來的「程朱理學」。

下面我們來談談《近思錄》這本書，它是朱熹在四十六歲的時

候，與好友呂祖謙兩人在寒泉精舍相與讀周敦頤、張載、程顥、程頤等人的著作。感其「廣大宏博，若無津涯」，初學者不易把握其要義，於是用十二天時間從十四本書中精選出六二二條語錄，輯成《近思錄》。按照朱熹對整個儒學的理解，分為「道體」、「為學」、「致知」、「存養」等十四卷。因編纂此書，朱熹由此集理學之大成。更因為編纂此書，理學不再是零散的材料，而有了完整的體系，它成為新儒學和朱子學的綱領，所有的朱子學都要從《近思錄》開始講起。因為《近思錄》，儒學又成為整個中國文化圈的主流，同時引進了《中庸》、《大學》等經典的很多精華，尤其是《易傳》。《易傳》是孔子為《易經》做的注解，這本書不讀太可惜了，講得非常好。隨便舉例，孔子在其中講道：「知幾其神乎！君子上交不諂，下交不瀆，其知幾乎！」「幾」的意思是善和惡剛剛分開的地方，這句話的意思是能夠懂得區分善惡把握度的人多麼神妙啊！君子和上面的人交往，就是年紀、輩分、學術修養比你好的人，要恭敬但不能諂媚；和下面的人交往要親切而不隨便。中國傳統文化的精妙就在一個「中」字裡。

在《尚書》中有一段話，這段話在《論語》中也有記載：當初堯要把天下禪讓給舜的時候說了四個字「允執其中」，意思是我現在把天下交給你，處理任何事情都要處理恰當而不要太過，一定要恰到好處，這樣才能長保天下太平。後來舜傳位給禹，將這四個字略作調整後在前面又加了十二個字：「人心惟危，道心惟微，惟精惟一，允執厥中。」意思是一般人的心很不安定，很容易受到外界的誘惑，道心和人心對立也稱為天心，天心是至公無私的。你如果要把每一件事情都處理得好，就一定不能有個人的私欲算計在其中，要很專一地讓道

心駕馭人心。《易經》將「中」這個字闡釋得非常經典，《易經》中最重要的也是從「中」、貴「中」的思想。「中」是什麼？不偏不倚、不急不過叫作「中」。中醫講的是陰陽調和，「中醫」就是平衡陰陽的醫學。在《中庸》中，如此闡釋「中」：「喜怒哀樂之未發，謂之中；發而皆中節，謂之和。中也者，天下之大本也；和也者，天下之達道也。」要觀察一個人的素質其實很簡單，在其靜時觀察其面貌，如果他在靜中有一種沖和之氣，則表示其修養很好。動的時候恰到好處，喜怒哀樂都不會太過，做人只有做到如此才能暢行無阻。《近思錄》中記載的眾多大儒思想，正是比照著孔孟思想並且將《大學》、《中庸》、《易傳》等的長處發揮出來，同時也吸收了佛、道兩家的長處，融合而成新儒學。由此，儒學成為整個東亞文明圈的主流。

眾所周知的太極圖，本是道教修真煉氣的一個圖，經過周敦頤引用至《中庸》、《易傳》並將其改造，《太極圖說》從此開始影響整個東亞文明圈，最終影響東亞文明的價值觀、宇宙觀、世界觀和人生觀。湯因比講的儒學的第一次復興就是指朱熹編撰《近思錄》而讓儒學煥發出新的生命力，也正是因為這樣，朝鮮、日本、越南等國接受朱子學說並將其作為治國平天下的依據。為什麼邵雍的學說沒有被收進《近思錄》？其實，在北宋五子裡，朱熹評價最高的就是邵雍，因為《近思錄》是來自《論語》，《論語》裡面子夏講過一句話：「博學而篤志，切問而近思，仁在其中矣。」意思是除了要通過廣博的學習讓人心志篤誠以外，也要求我們不要胡思亂想，而要從身邊的事情開始反思。邵雍的思想太高遠，不符合《近思錄》編輯的主旨，所以就把他排除在外。朱熹是很靈活的，他雖然沒有直接將邵雍的著作收錄進來，卻借了程顥之口把邵雍的理論介紹出來。比如《近思錄》中提

到程顥講授《詩經》抑揚頓挫，在快慢之間讓學生頓悟，講授「他山之石，可以攻玉」的本意之後引申出邵雍的理論：玉是溫潤之物，兩塊玉相互切磋不能得到好玉，必須用堅硬的石頭去磨它才能磨出好玉。邵雍認為，同理，兩個性格溫和的君子在一起不能成就聖人，只有那些氣量狹隘的小人才能不斷地磨煉出他們。

朱熹的《近思錄》代表的是儒學沒落之後，面臨國外傳來的佛教的強大衝擊，經過把已有的《大學》、《中庸》、《易傳》等儒家經典重新挖掘出來，並將佛教、道家的思想理論融合而成的一個新的儒學，它完成了儒學的第一次復興。我們現在面對的是儒學的第二次復興。八十多年前在抗戰的時候有人提出一個問題：中國儒家文化有沒有可能開啟第二次復興？我告訴大家，二次大戰之後日本很快就完成經濟復蘇，脫亞入歐，二十世紀七〇年代出現亞洲「四小龍」，它們具有一個共同點：深深受到中國儒家文化的薰陶。二十世紀九〇年代以來中國作為超級巨龍崛起，中國的儒家文化背景是能夠應對西方文化衝擊和挑戰的，因為我們在經濟上的成就更有底氣，所以我們今天要談的是重新認識傳統文化。我們在很長的時間裡認為傳統文化是現代化的阻力而不是助力。在今天我們為什麼要重新認識傳統文化？很多人批評也好弘揚也好，但我首先要問：「你對傳統文化了解多少？」所以說現在批評孔子的人沒有幾個人讀過孔子的學說並了解孔子，我們現在講科學，最重要的就是要實事求是。

什麼是傳統文化？傳統文化是指一個民族在生存發展的過程中遭受衝擊並積累下來經過選擇後的生活與思維方式的綜合，就相當於一個人的過去。比如說很多人寫近代德國的締造者俾斯麥的傳記，俾斯麥是容克貴族，在大學時期戴著獵人帽子拿著拐杖，看誰不順眼就說

明天下午在哪決鬥。後來傳記學家有了新的發現，俾斯麥中學的時候寫了一封情書被心上人的爸爸收到了，被羞辱後發誓說：「我以後一定要娶一個比你女兒更優秀的女人。」他後來娶了一個英國貴族的女兒。每個人都有不能和別人講的過去和秘密，很多人覺得過去的就是過去，但其實過去、現在、未來其實是交互影響的，我們必須珍惜過去，只有這個是獨屬於你並且不可被剝奪的。你做的決定可能會影響你一輩子，我們每個人的過去都是自己決定的，哪裡不夠好就去完善它，在這個基礎上我們創造了新的自己。同理，中華民族的文化如果是不好的當然可以改，如果是好的為什麼一定要拿掉呢？所以說傳統文化不是不能批評，但我們不能全盤否定，我們老祖宗在人類歷史長河中的貢獻大部分時間都是領先世界的，我們不能因為一百多年的挫折就全盤否定幾千年的歷史。主張全盤西化的人也許根本不了解西方世界。怎樣去了解我們的傳統文化？我建議好好讀一本經典，琴、棋、書、畫學一樣就好，練習太極拳健身也很好，這樣就可以從不同角度進入傳統文化，並且對你的專業也會有很好的影響。現在我們講經典，讀經典有時容易走火入魔，在讀經典的時候一定要把經典背誦下來，不是為了誦讀。當你能夠記下它，就能隨時隨地了解吃透。然後將經典作為我們立身行事的準則，用經典來指導我們的思想和言行。我們為什麼要讀經典？因為經典是先賢們身體力行對大道有所體會後記錄下的。

儒家經典經過了兩千多年的考驗，《近思錄》經過了八百多年的考驗。從微觀角度研究《近思錄》的內容，其中摘錄了伊川先生對科舉的三條看法，而《伊川全集》中有三百多條，結果後世研究完全不能脫離朱熹摘錄的三條，也就是說沒有相互重疊、相互矛盾，僅三條

就可代表他的思想。一部《中庸》大概四千字，《大學》不會超過三千字。重新認識傳統文化不僅僅是要從理論上，我們更要和實踐結合起來，做學問不要太功利，要多讀一些其他方面的書，拓寬自己的基礎和視野。我們要珍惜傳統文化，我們不能全盤否定傳統文化，它不是十全十美，但畢竟是我們獨有的，是我們的先輩們經無數代積累挑選下來的。《近思錄》是朱熹在他那個儒學不斷被邊緣化的時代，以《易傳》為基礎、把《大學》《中庸》等傳統思想凸顯出來並吸收佛、道長處而形成的新儒學，它值得每一個熱愛傳統文化的人好好讀一讀。我們現在面臨同樣的瓶頸，也就是說我們如何以孔孟程朱這一條主幹做基礎，在現代基督教文明、資本主義社會的挑戰下吸收其長處並融合到孔孟程朱這條主幹上來。這就是文化的主體性，我們也要保持我們文化的主體性。

2013年於華中科技大學
何丹根據錄音整理

禮樂人生

彭　林　清華大學歷史系教授

　　今天舉國上下乃至全世界都在談論發展，但毋庸諱言，我們腦子裡講的發展都是物質發展。人類社會的發展說到底是人自身的發展。那麼就像現在研究哲學問題，西方有哲學家曾經說過全部哲學問題可以歸結為一個問題：人是什麼，或者說我們怎樣定義自己。什麼叫人？人類社會是從什麼地方來的？我們要往何處去？

　　到現在為止，人類社會實際上經歷兩個階段。第一個階段已經走完了，這個階段是距離現在兩百萬年左右開始的，這個階段開始的標誌是在東非的肯亞發掘出了一個編號為1470的古人類頭骨，它的測年距離現在約兩百萬年。從那個時候，人類開始了艱難的進化步伐，一直走到距離現在一萬年左右，人才走完了第一步。這第一步是什麼？就是從古猿變成了長相和今天一模一樣的人。北京有個周口店，在那裡發掘的時候，突然發現山頂上還有一個洞穴，這個洞和下面的遺址年代相差很大。上面的遺址距今約一萬年，著名的人類學家裴文中先生講：「山頂洞人的樣子已經和我們很接近了。」可是在山頂洞人以前的人是亦猿亦人，所以我們叫他爪哇猿人、北京猿人、海德堡猿人。我們人類用了兩百萬年的時間才把猿的體質特徵給去掉了，我們成為體質上的「新人」，這是走完了第一步。

　　什麼叫人？這個問題全世界都在回答。希臘神話裡面有個著名的

故事叫斯芬克斯之謎，講的是有一頭怪獸，臉像人，身子像獅子，但是背上又有翅膀，叫斯芬克斯。斯芬克斯在路口擋著，凡是走過的人它都要讓猜一個謎：「有一樣東西，早上起來的時候有四條腿，到了中午它就只有兩條腿，晚上就成了三條腿，這是什麼？」無數的人回答不出來，被斯芬克斯吃了。終於有一天，古希臘三大悲劇之一的主人公俄狄浦斯來到這裡，他聽完以後笑笑，說答案是人。因為人在童年時代，他在地上爬，所以他四條腿；但他成年了，在路上走是兩條腿；到老年要用拐杖，所以是三條腿。這個答案令斯芬克斯非常慚愧，就跳崖自殺了。西方人津津樂道，說斯芬克斯之謎體現了極高的智慧。但這個故事沒有把人是什麼、人跟動物的區別是什麼說清楚，所以在它之後，我們許許多多的學科繼續在回答「人是什麼？」

在人類學裡面，有個分支叫體質人類學。他們的基本任務就是說清楚人和動物的最大區別。學者們要從動物界中找出一種和人最接近但又不是人的動物，並來比較二者的差別。我們可以看到大猩猩骨骼的結構和人幾乎一樣，解剖學表明大猩猩身上肌肉的塊數和人一樣多，雌性大猩猩甚至也有月經的現象，大猩猩的某些特徵和人很接近，那麼為什麼說它不是人呢？人類學家給出了這樣一個答案：地球在地質年代有四個冰川時代，每兩個冰川時代有一個間冰期，間冰期的氣候非常溫暖。大家知道我們地球的南北兩極終年都是冰雪覆蓋的，就像兩個帽子，我們稱之為冰帽。在冰川時代到來的時候，冰帽非常大，範圍非常廣，分別向南北兩個方向延伸。最後一次間冰期要結束的時候，地球上的氣候非常溫暖，把大量的冰融化了。而這時地球的轉速非常快，就把許多巨大的冰塊甩出去了，甩出去的結果就是毀掉了許多生命。人類的祖先原來是在森林裡面生活的，而這個時候

失去了既有的生存環境，他們不得不來到草地上。來到草原上以後，生存狀況非常複雜，他要慢慢站起來，他要觀察周圍的情況，加上後來要勞動，要採摘果實，久而久之，他就站起來了。所以人類學家認為，人是唯一會直立行走的動物。直立行走，使我們的身體發生了革命性的變化。人類由於直立行走分化出七節頸椎，由於要站立把腦袋頂起來，這個大椎就變成了S形。人原來在地上刨食吃，所以他的視野非常狹小，吻部非常發達，大猩猩的吻部在腦袋上要超過一半。由於不在地上找食吃了，人站起來了。根據力學的原理，頭如果還是那麼大，人就會站不住，就會往前栽，所以慢慢就變小了。我們現在牙都不太好，你看原來三十幾顆牙，現在縮到這麼一點點。那麼慢慢地腦袋就變成了一個球形。球形的容積是非常大的，大猩猩平均的腦容量只有五百毫升，人類的腦容量平均達到一千四百毫升，高的可達二千毫升。現在考古挖出了一個頭骨，要是腦容量超過六百毫升，那它在統計學上就屬於猿人，五百毫升以下是沒有意義的。人類學家定義「什麼叫人」，人就是能直立行走的，這標準太低了。考古學家說，人是能製造工具的，他能製造工具並開發自然資源，這才有資格叫人。所以大家注意沒有，現在歷史教科書講北京猿人的時候，一定要說北京猿人已經能夠直立行走，北京猿人已經懂得使用工具，那些工具實在粗糙，但那是工具。這是兼顧到了人類學家和考古學家的立場。

人類用了兩百萬年的時間走到現在，有了現在這樣一副體質和長相，是不是人的進化就已經結束了？在我看來沒有。因為人是從動物進化而來的，而人有兩個主要的方面，一個是體質，另一個是心靈。而人類心靈的進化和體質的進化不同步，體質的進化完成了，可是心

靈的進化才剛開始。從這個意義上講，我們今天還是半人。我們到了這個時代了，但是還有很多人的心靈還停留在一個很早甚至很野蠻的時候。人是從動物界進化來的，所以人的身上難免或多或少殘留著動物的野性。只有我們全社會，每一個人都關注自己心靈的進化，只有我們每一個人都變成了一個高尚的人，一個純粹的人，一個脫離了低級趣味的人，一個大寫的人，人類的進化才算真正完成。我們要這樣來看待社會的發展，如果人的進化始終是在原地踏步，即使物質生活再發達、再豐富，這個社會依然不是理想的社會。

中國人很早就意識到人跟動物要有區別。在孔子所處的時代，大家都知道那是個亂世。那時，為了掌握一個國家的政權，兒子可以殺老子，弟弟可以殺哥哥，所以孔子非常感慨「鳥獸不與同群」。所以二千多年前的《禮記》裡面就討論什麼是人，裡面有一段著名的話。有的人說人是什麼？人是會說話的，可是人家就反駁了，鸚鵡也能說話，一只好的鸚鵡比你們家一歲多的孩子說得還要好。大猩猩也能說話，大猩猩甚至能使用簡單的工具，可是我們知道這些還是飛鳥走獸。長得像個人，但是他沒有禮，他不懂禮，那顆心就還停留在禽獸的階段，所以古人特別重視禮。我們說西方是以神為中心的文化，它是宗教文化，中國是以人為中心的文化，那麼這個時候就有聖人。聖人不是神仙，他是特別聰明的人，他一看，知道人要和動物不一樣，他的行為舉止都要和動物不一樣，他就制定了禮儀，讓人有禮，讓人有文化自尊、文化自覺，在本質上有別於禽獸。所以在中國人看來，什麼叫作人？人就是按照「禮」來生活的。「禮」是按照道德要求制定出來的，你按照它的規定去做，你身上就有道德禮儀，你就有君子的風範和風采。

那什麼叫觀光呢？中國人造的這個詞，它的含義很深刻。《周易》裡面有一個卦，就叫「觀」。觀就是看，「觀國之光」是什麼意思呢？很早的時候，當時有一個周文王，周文王以德立國。旁邊有兩個小國，一個叫虞，另一個叫芮。虞和芮因為兩國間有一塊歸屬未定的土地而互相爭鬥，爭了幾年，誰也不讓。後來有人說，周文王是天下最有道德的，他處理問題最公正，應該找他來評判。兩個國家的君王就相約來到周，一進到周的國境，就看到馬路上的人都非常文雅，男女分道，年輕人幫助老年人，這個景象是他們國內沒有的。再到朝廷裡一看，正在討論空缺了一個職務，大家互相謙讓。來到田裡，看到兩個農民在開荒，開到中間，田地歸屬未定，也是互相謙讓，兩個人都不要。結果虞跟芮兩個國的君王看得羞愧難當，跑回去後互諒互讓把問題解決了。這被後人稱為「觀國之光」。治理一個國家要有物質和精神兩個方面，《周易》裡面有個卦叫作「比」，它就說我們是農業社會，靠天吃飯的，所以要關護天文，所以節令變了就要有變化，這樣農村才有好的收成，才有好的物質基礎。但僅僅這樣是不夠的，還要關護人文。人文是什麼？《周易》中講，「人文」是禮樂教化之後，人身上的那種文雅的光彩。我們這個國家乃至這個世界人文日興，天下才能大治。

中國人很有智慧，兩河流域的人們最早成功培育了小麥和大麥，中國最早成功培育了小米和大米，印第安人最早成功培育了玉米。所以我們北方的旱作農業小米跟我們南方的水田農業實際上是兩個大區。這兩大文明在一起交流匯通幾千年，最後塑造了燦爛的青銅文明。到商朝的時候，青銅文明當時在世界上可以說是位於前列。但是，一個社會要是它的經濟很差就會引發社會問題，而一個社會要是

經濟發展了而沒有人文的引領，同樣要出問題。這個問題集中出現在商朝末期，酒池肉林，暴政，最後被推翻了。所以政治家就思考了，商末的物質文明那麼發達，為什麼說結束就結束了呢？我們發現社會的進步和發展離不開道德，誰要是失德，誰就要亡國。所以從周朝開始，中國人特別重視對於道德的建設。大家知道春秋的時候齊桓公有個相叫作管仲，他留下一部叫《管子》的書，這部書內容非常豐富，包括經濟、政治、農業等等，有一句話非常經典：「倉廩實而知禮節，衣食足而知榮辱。」以前我在街上看到一個農民，靠在牆上曬太陽，吐了口水。管理的人過來了：「誰讓你隨地吐痰，罰款。」那個農民一臉的惶恐：「吐口水還要交錢？」他吃了上頓，還不知道下頓在哪裡呢，他考慮不了這個。但一般你的生活基本需求解決後，會比較講究禮節。管子講治理一個國家要用四維，這四維可以說是四個柱子或四根繩子，這四個東西一個也不能少。這四個東西就是禮、義、廉、恥。

第一條就是「禮」。歐陽修寫《新唐書》的時候就對管子的這個話倍加讚揚，錢穆也曾說過，要了解中國文化，必須看到中國的核心思想，就是禮。所以我們古代有人生禮儀、冠婚喪祭。人生的道路是漫長的，但是在人生進入關鍵的節點的時候，家庭和社會給你必要的引導和提示，對你一生的成長都非常重要。比方我們有成年禮，新中國成立後，把這些東西都廢掉了，孩子沒有了成年意識，三十來歲了還不獨立。中國古代男子二十歲成年，那天就告訴你，你心理的斷乳期到今天結束了，從此以後你對家庭、對社會有責任，儘管你還是父親的兒子，但你是成年的兒子，對你的要求不一樣了。現在，我們全國在做成年禮，意識都起來了，但根據我的觀察，還沒有做得很理

想，還有改進和提高的空間。然後到了結婚了，叫婚禮，現在我們結婚還有禮嗎？現在人們結婚主要是吃、喝、擺闊，而沒有禮，但古代的婚禮是一種教育，合二姓之好，這個家庭好不好，關係到兩個家庭將來的幸福，而且夫婦是「仁」的開始。有了夫婦，才有父子，才有兄弟，才有君臣、上下，才有朋友。所以古人非常重視婚姻，整個婚禮充滿了教育意義。喪禮是親人離開我們，我們要怎麼去繼承親人的美好品德？我們通過祭祀的方式去追思他們，我們永遠不要給他們抹黑，這也是教育。所以古代有人生禮儀，一個人一生中要經歷許多禮儀，這些禮儀都是要讓人受到教育。中國古代國家制度叫禮，治禮卓越，你去看看二十四史，哪個朝代沒有禮樂制？你要了解一個朝代你就去讀它的禮樂制，一個好的制度破壞了，叫禮崩樂壞。中國古代人跟自然怎麼相處，這也是禮。在《禮記》裡頭有一篇叫《月令》，就是講每一個月，什麼樹長葉子了，什麼花開了，什麼蟲子出來了，我們該做什麼農活了。春天不能砍伐幼樹，不能掏鳥窩，不能捕捉懷孕的獸，這都是禮。人跟自然怎麼相處，那個時候的人比現在少得多，資源比現在豐富得多，但是人們已經知道，人類要生存也得讓其他生物生存，我們只有共存才能共贏。人跟人怎麼相處是禮，衣服怎麼穿，凳子怎麼坐，房子怎麼建，這些都是禮。你到故宮看看，哪個不是禮？所以錢穆先生講，你要了解中國文化，一定要了解禮。

中國的禮體現了哪些人文精神。首先明確一點，人和禽獸最大的不同是人具有群體性或者說是社會性，人從原始社會開始，就是依靠集體力量戰勝自然，人誰能離開集體？那麼我們怎麼處理小我和大我的關係、此我和彼我的關係？如果每個人都強調自己，以自我為中心，這個社會是要亂套的。現在西方有種理論：「人都是自私的，每

個人都想把個人利益最大化。」大家想想，如果一個國家要是人人都有這樣的念頭，社會就要亂套了。中國古人不是這樣的，下面我們來看看中國的禮儀，幫助你正確處理小我和大我、此我和彼我的關係。我們要多看別人的長處，我們跟別人相處，不論說話、言談舉止都要對別人有足夠的尊重，我這樣尊重你是希望你能夠用同樣的態度來對待我，這樣就實現了更高層次的平等與和諧。我們來看看，禮教了我們哪些東西。

下面我們說到的禮叫主敬。如果在座的是喜歡哲學的，還比較喜歡宋代的哲學，就會知道宋代的知識分子每天做一個功夫叫主敬。早在佛教傳入之前，我們的祖先就教導我們人要有敬意，我們現在很多事做不好，是因內心沒有敬意。古代要求人的精氣神要提起來的。宋代有一個叫胡元的人，他當時痛感宋代面臨內憂外患，國家各方面不振。那怎麼辦呢？要培養人才，他就開始在蘇州、湖州一代辦書院，辦得非常好，好到什麼程度？范仲淹把自己的兒子交給他去教。他教書很有風範，不管很熱的天還是很冷的天，衣服都穿得整整齊齊，非常端正地坐那裡。學生也是，要做一個正派的人，內心要正，你的形體要正，你的形體要整天歪的、斜的，你這個心很難正，所以人要把自己的精氣神提起來。有一次，他的一個學生進來了，頭是歪著的，他馬上指著那個學生，讓那個學生頭擺正，那個學生一聽，馬上就意識到自己的整個形體是懈怠的，馬上就想著做人，我連這個形體都保證不了，還能保證什麼？後來這句話對他一生都有很大作用。當時胡元教書到什麼程度呢？吏部到民間來選官員，最後名單拉出來一看，將近一半都是胡元的學生。他的學生能到什麼程度？站在市井當中，你一眼就能看出來哪些是胡元教出來的學生。清華大學有個老教授，

是南開中學畢業的，有一次我們在校長辦公室開會，他說了一段話，讓我對胡元更是敬佩。他說：「南開中學是唯一一個出過兩個總理的中學。我到現在都記得開學典禮的時候，我們校長說胡元教出來的學生，在市井當中，一眼就能辨認出來。我們南開中學要以他為榜樣，我們的學生個個要有氣相，以後我們一定要讓我們南開的學生站在市井當中，一眼就能認出是南開培養出來的。」

　　《禮記》四十九篇，第一篇叫《曲禮》，《曲禮》開頭第一句話叫「毋不敬」。我前幾天讀康熙皇帝的《庭訓格言》，康熙皇帝受《禮記》的影響非常深，所以他從小開始到哪裡坐著都是端正挺直的。他自己說，他到那麼大歲數了，他和大臣在一起討論問題，一討論半天，他這個身子骨是挺直的，沒有一點點的懈怠；哪怕天非常熱，他穿著龍袍，也從來不穿個坎肩來和大家聊天。他和他的子女在一起談家訓，他說你看看，我和你們在這裡閒聊，我的身體都是正的。所以人的修養，要從很小的一個地方開始培養起來。禮教我們對別人要尊重，那麼尊重到什麼程度呢？就是不要因這個人有錢或者是高官才尊重他。沿街叫賣的小販，弱勢群體，這樣的人也有他做人的尊嚴。所以「禮」是謙恭待人，這個禮不是卑躬屈膝，而是謙卑。我們以後看到這些工友、保安同志，我們對他們要有足夠的敬意，知道自己也沒有什麼了不起的地方，這樣這個社會才會和諧。

　　君子和小人的差別在哪裡呢？孟子講，君子跟一般的人的不同在哪裡呢，以其誠信也。君子裡面有兩樣東西，一個是「仁」，就是愛心。你沒有愛心，你這個人還能叫君子嗎？君子是博愛的。既然仁，就會拿禮來對待別人。你對所有的人仁愛，對所有的人懷有敬意。「仁者愛人，有禮者敬人」，我們要尊重我們的同胞，我們的同類。

「愛人者，人恆愛之」。「人敬我一尺，我敬人一丈」。我們小時候受的都是這種教育。「敬人者，人恆敬之」，所以中國的禮儀和西方的禮儀不一樣，西方的禮儀都教你怎麼描眉呀，怎麼塗口紅，怎麼塗眼影……這東西對我們人生的修養幫助不大，但中國的禮儀一定要從內心開始，從修身開始。

我們對人要謙虛，這個道理在中國文化裡太有意思了。我們小時候都聽過一句話，「滿招損，謙受益」。自滿的人，會招致損失；謙虛的人，虛懷若谷的人，就會進步。這也體現在《周易》裡面。周易的六十四卦中，只有一個卦六個爻全部是好的，其他的乾卦、坤卦，不管哪個卦，都至少有一個爻是不太好的。所以我們古人早就注意到這個卦很特殊，謙卦六爻皆吉。謙這個卦六個爻皆吉，下面三個爻皆吉而無凶，上面三個爻利而無害。這個謙，我們今天通常叫低調，沒有人會喜歡飛揚跋扈的人。曾國藩這個人是了不得的。曾國藩在外面打仗贏了，慈禧太后獎他一棟宅子，他怕家裡的人從此就耀武揚威了。趕緊寫信，信裡面就講到，天下哪裡有把所有的好事都給我們一家的，我們在日子好過的時候要想想，出了什麼事情的時候有人同情你沒有，你一天到晚這樣家裡面要完蛋的。那怎麼辦呢？「天不概（用小木片把鬥裡滿出的糧食鏟平）人概，與其被別人概還不如自己概」。這個裡面都有哲學，人要謙虛，天外有天，人外有人。所以我們什麼時候都要謙，敬跟謙是一起的。周公的兒子要去魯國當第一代的魯侯了，周公就告誡他，你看聖賢怎麼教育孩子，大可以守天下，中可以守國家，小足以守身，這就是謙虛。每個人要從謙虛開始，謙虛要從學禮開始。

中國就是這樣重視禮的，古代的禮儀要求人們應當文質彬彬。孔

子講了，我們人身上有兩種東西，一種叫質，一種叫文。這個質是鐵的，這個質是金的，這個質是玉的。人類和禽獸是不同的質，人之所以為人，而不是禽獸，是因為他具有為人的品質。可是我們只有這個質，這個社會發展到這個程度了，我們說起話來非常粗俗不堪，這樣是不行的。孔子就說了，這個質和文在我們身上經常是不協調。一種叫質勝文，質勝過了文，壓倒了文，掩蓋了文，我們看不到他身上有文，這就讓人感到野蠻；還有一種是文勝質，最好的就是文和質兩個東西都有。《論語》中講到魏國有一個人叫精子城，他問孔子的學生子貢：「質就行了，為什麼還要文呢？」子貢文思敏捷，馬上就給他駁回去了，子貢就說你看過虎豹和犬羊嗎？虎豹不但有強大的質，身上還有紋。它的紋不像熊貓眼睛上有紋，它的紋是身上很均勻，一個那麼強健的質再加上相得益彰的文采就更好了。

正如魯迅講的，如果要拿我的肉去餵動物，我要餵虎豹，不要餵癩皮狗，癩皮狗吃了讓人不舒服。虎豹之所以是虎豹，因為有它的質，有它的紋。如果把它的皮剝下來之後，把花紋都剃光了，把光的皮掛在那裡，人不會想這是虎豹的皮，而是想「喲這狗的皮這麼大啊」，犬羊和虎豹的區別有質還有文。所以我們在座的想做君子，你想想你身上的質還有沒有。按照孔子的話，仁義禮智這四個東西你每天要反思自己有沒有，所以要文質彬彬。我們要經常想到文跟質的重要性。《禮記》裡面講到「足隆重」，這個重，經學家的注解就是要緩慢。我們在莊重的場合下要穩重，老成持重。足要重，所以我們古代上臺階，特別重大的典禮，上臺階的時候一定是一個腳踩上了再併攏，第二個臺階再併攏。走到臺階上之後再往前走。

現在的年輕人，很時髦的一種說法就是「下面我們有請誰誰誰閃

亮登場」，音樂起來了，然後上場的同學就像領導一樣揮手，這樣做不合適。古人站的時候叫拱立，手是端握的。另外，我們給人東西，不能用一隻手給，我們給人遞名片要用兩隻手。這裡還要說到握手，我看學校授予典禮，校領導想給每個學生留一張跟校領導在授予儀式上的照片。學生上去了，校長給他撥穗，握手，授予證書。有的同學上去後，大模大樣地用一隻手和校長握手。校長是院士，在年齡上也是長輩，怎麼能用這種平輩之間的禮？學生上去應該用兩隻手和校長握手，表示親熱和尊敬。

《論語》裡面孔子有個學生叫子路，子路問成人，這個成人不是二十歲的叫成年人，是一個成就了的人。什麼樣的人叫一個成就了的人？拿我們今天的話叫一個大寫的人，一個純粹的人。而孔子的回答非常有意思，他說，如果你有臧武仲之智，你把這四樣東西加起來還不夠，還要加一個文之以禮樂，你身上還要有禮還要有樂。有的人品德很好，但他沒有禮樂，他很有本事但是受教育程度不足。把這四樣東西再加上禮樂，你就能叫成人了。朱熹在這裡有個解釋，成人叫作全人，就不是一個殘缺不全的人。如果堅持培養長處，你的智足於窮理，廉足以養心，勇足以力行，藝足以泛應，但是還要節之以禮，用禮來節制你的行為。「和之以樂，使德成於內，而文見乎外，則材全德備，渾然不見一善成名之跡，中正和樂，粹然無復偏倚駁雜之蔽，而其為人也亦成矣」，這就是「成人」。錢穆先生在辦新亞書院期間寫了很多東西，他就提到孔子理想中的完人是要於智慧、技能、德行之上，更有禮樂修養。要有禮樂人生，經過禮樂陶冶的才是人生最高境界。禮樂不是技能，也不是智慧，也不是品德，它在三者之上。如果人類日常生活沒有了禮樂，縱使人們具備了才藝、智慧、品德，我

們互相之間卻是不尊重的。無禮樂的社會是個不安定的社會，無禮樂的天下是個不安定的天下。所以錢穆先生辦新亞書院，他把「禮樂」這兩個字作為學校辦學理念的最高層面。我們現在的大學都講技能，講知識，其實任何學問都有道和術。「道」是靈魂，是思想，「術」是手段，是方法。

最後講講禮樂教育的緊迫性。現在一些人痛感中國的社會是個失範的社會，在迎接北京奧運會的時候，報紙上很多人寫文章談這個問題，行為的失範影響國民的形象。現在尤為突出的是海外的遊客，都在國內不覺得，一到國外去，不道德、不文明的行為一下就被別人發現了。人家就說中國人是富而不貴，有錢但身上沒有貴族氣，所以中國人的整體形象受到一定的影響。我給《環球時報》寫了篇文章，裡面提到韓國二十世紀九〇年代舉辦奧運會，韓國全國都意識到這是讓韓國走向世界、讓世界了解韓國的百年不遇的機會，所以他們思考怎樣利用這一機遇提升民族形象。經過八年的準備期，韓國人把很多壞習慣改掉了，我們完全可以學習這個經驗。要弘揚中國傳統文化，要抓住核心。儒家的核心都是通過禮來呈現的，你尊重別人嗎？你愛別人嗎？你仁嗎？你義嗎？這個都是通過禮表現出來的。一個文化只有落實到每個民眾的身上，這個文化才是鮮活的。如果一個文化在博物館裡面才能看到，在資料裡面才能翻到，現實中很難看到，那就成了「木乃伊」。那現在怎麼辦？我現在提出大家學學禮樂，做一個文質彬彬的君子。

2014年於華中科技大學講堂講座
何丹根據錄音整理

中華文化思想叢書・當代中華文化思想叢刊 A0103011

中國大學人文啟思錄　第十卷（上冊）

顧　　問	楊叔子
主　　編	歐陽康
副 主 編	劉金仿、余東升
責任編輯	陳胤慧
發 行 人	陳滿銘
總 經 理	梁錦興
總 編 輯	陳滿銘
副總編輯	張晏瑞
編 輯 所	萬卷樓圖書股份有限公司
排　　版	菩薩蠻數位文化有限公司
印　　刷	百通科技股份有限公司
封面設計	菩薩蠻數位文化有限公司

出　　版　昌明文化有限公司
桃園市龜山區中原街 32 號
電話　(02)23216565
發　　行　萬卷樓圖書股份有限公司
臺北市羅斯福路二段 41 號 6 樓之 3
電話　(02)23216565　傳真　(02)23218698
電郵　SERVICE@WANJUAN.COM.TW
大陸經銷　廈門外圖臺灣書店有限公司
　　　電郵　JKB188@188.COM

ISBN 978-986-496-425-3

2019 年 3 月初版

定價：新臺幣 400 元

如何購買本書：

1. 轉帳購書，請透過以下帳戶
　合作金庫銀行　古亭分行
　戶名：萬卷樓圖書股份有限公司
　帳號：0877717092596

2. 網路購書，請透過萬卷樓網站
　網址 WWW.WANJUAN.COM.TW

大量購書，請直接聯繫我們，將有專人為您
服務。客服：(02)23216565　分機 610

如有缺頁、破損或裝訂錯誤，請寄回更換
版權所有・翻印必究
Copyright©2019 by WanJuanLou Books CO., Ltd.
All Right Reserved　　　　**Printed in Taiwan**

國家圖書館出版品預行編目資料

中國大學人文啟思錄　第十卷 / 歐陽康主編.
-- 初版. -- 桃園市：昌明文化出版；臺北
市：萬卷樓發行, 2019.03
　冊；　公分
ISBN 978-986-496-425-3(上冊：平裝). --

1.人文學　2.文集

119.07　　　　　　　　　　　108003027

本著作物經廈門墨客知識產權代理有限公司代理，由華中科技大學出版社授權萬卷樓圖書股
份有限公司（臺灣）、大龍樹（廈門）文化傳媒有限公司出版、發行中文繁體字版版權。
本書為金門大學產學合作成果。　　　　　　校對：江佩璇／金門大學華語文學系三年級